日本の都市YMCAにおける
スポーツの普及と展開

―― 大正期から昭和期（戦前）を中心としたYMCAの「体育事業」――

服部 宏治

HATTORI, Koji

溪水社

目　次

序章
第 1 節　本研究の目的と意義 …………………………………… 3
第 1 項　本研究の目的 ………………………………………… 3
第 2 項　研究の意義 …………………………………………… 5
第 2 節　先行研究の検討と本研究の課題 ……………………… 6
第 1 項　YMCA 体育事業に関する先行研究 ……………… 6
第 2 項　本研究の考察対象 …………………………………… 7
第 3 項　本研究の構成と課題 ………………………………… 8
第 3 節　本研究の史料と用語 …………………………………… 14
第 1 項　本研究の史料 ………………………………………… 14
第 2 項　本研究の用語 ………………………………………… 16

第 1 章　日本における YMCA 設立と活動 …………………19
第 1 節　欧米における YMCA の設立と活動 …………………19
第 1 項　ロンドン YMCA の設立 ……………………………19
第 2 項　北米における YMCA 活動の始まり ………………22
第 3 項　北米 YMCA における「体育事業」の始まり ……29
第 2 節　日本における YMCA の設立と活動 …………………33
第 1 項　日本における YMCA の設立 ………………………34
第 2 項　YMCA の全国への普及 ……………………………38

第 2 章　「体育事業」の黎明期 ………………………………59
第 1 節　「会館」建設と YMCA 活動 …………………………59
第 1 項　「会館」建設と社団法人認可 ………………………60
第 2 項　「会館」建設後の YMCA 活動 ……………………75
第 2 節　日本 YMCA 同盟の結成と「体育事業」の開始 ……87
第 1 項　日本 YMCA 同盟の結成 ……………………………88

第2項　「日本YMCA同盟」総会と「体育事業」の推進 ………… 92

第3章　「体育事業」の普及期 …………………………………… 99
　第1節　「屋内スポーツ施設」設置と「体育事業」………… 99
　　　第1項　「屋内スポーツ施設」の設置 ……………………… 100
　　　第2項　初期の「体育事業」……………………………………… 113
　第2節　体育指導者の育成 …………………………………………… 131
　　　第1項　YMCAの体育指導者 …………………………………… 131
　　　第2項　外部指導者の育成 ………………………………………… 137
　　　第3項　「外部（YMCA会員外）指導」の展開 …………… 139

第4章　「体育事業」の発展期 …………………………………… 147
　第1節　「体育事業」の展開とクラブ発足 ……………………… 148
　　　第1項　体育部の「屋内スポーツ施設」利用実態 ………… 148
　第2節　競技大会の開催と参加 …………………………………… 188
　　　第1項　東京YMCA ………………………………………………… 189
　　　第2項　大阪YMCA ………………………………………………… 201
　　　第3項　横浜YMCA ………………………………………………… 215
　　　第4項　神戸YMCA ………………………………………………… 219
　　　第5項　京都YMCA ………………………………………………… 229
　第3節　体育大会と実演会の開催 ………………………………… 236
　　　第1項　東京YMCA ………………………………………………… 236
　　　第2項　大阪YMCA ………………………………………………… 238
　　　第3項　横浜YMCA ………………………………………………… 239

終章 …………………………………………………………………………… 257
　第1節　本研究のまとめ ……………………………………………… 257
　　　第1項　ロンドン・北米におけるYMCAの設立状況と体育重視の方針 ………………………………………………………………… 257
　　　第2項　日本におけるYMCA（東京、大阪、横浜、神戸、京都）の

設立経緯 ……………………………………………… 259
　第3項　日本のYMCA初代会館建設と法人化の経緯、並びに体育事業の重点化 ……………………………………………… 260
　第4項　日本のYMCAにおける初期（大正期）体育事業 ……… 263
　第5項　昭和期（戦前）を中心とする体育事業の展開 ………… 264
第2節　日本の近代スポーツの普及と展開に対するYMCA「体育事業」の意義 ……………………………………… 265
第3節　今後の課題 ……………………………………………… 268

史料及び参考文献 ……………………………………………… 269
あとがき ………………………………………………………… 279
索引 ……………………………………………………………… 281

日本の都市YMCAにおけるスポーツの普及と展開
―大正期から昭和期（戦前）を中心としたYMCAの「体育事業」―

序　章

第 1 節　本研究の目的と意義

第 1 項　本研究の目的

　本研究は、日本における近代スポーツの普及と展開において日本の「YMCA」（Young Men's Christian Association ＝ 基督教青年会）が果たした役割の一端を解明するために、大正期から昭和期（戦前）に日本のYMCAが行った「体育事業」の実態を明らかにすることを目的としている。

　YMCAはキリスト教を基盤とした青少年の教育を目的として世界的に展開されている団体である。明治に入り、キリスト教伝道を大きな目的として、主に北米のYMCAから日本に活動を広げようと宣教師達が派遣され、日本のYMCAは組織された。

　1880年（明治13）5月4日に東京YMCAが設立されたのをきっかけに、各地で「YMCA」と称される団体が形成された。大阪、横浜、神戸、京都などの大都市のほかに中小の都市（山形、新潟、奈良、岡山、高知、熊本など）においても「YMCA」が結成され、活動を始めた。しかし、これら中小都市に結成された都市YMCAは、教会の組織の一部として活動していた。一方、明治期に各地に設立されたYMCAの中には、函館YMCA（1881年設立）のように定着することなく消滅したものも多かった。

　大阪YMCAの本間重慶は、1888年（明治21）に『基督教新聞』10月3日号において、この頃日本において設立されたYMCAのあり方について次のように述べている。

　　「（要約）YMCAはその事業を通じて、教会の教えを受け入れる心の

備えのない人々に対し、伝道の準備をする。そのためにはまず、YMCA はキリスト教会であってはならず、また 1 個の宗派であってもならない。YMCA は、ただ世の中の不徳を矯めて人を心理に導く門戸であり、諸教会の会員はお互い一致協力して YMCA を設立すべきである。」[1]

　さらに、1889 年（明治 22）5 月に開かれた北米 YMCA 同盟総会において、海外における YMCA 事業の原則や方法に関し、その土地において自立自給の YMCA を植え付けることが「海外事業」の目的として掲げられた。これにより日本の YMCA は、自ら財政を維持し、組織的にも自治を守り、事業上にも自力で発展することを原則とした。
　ところで、日本に YMCA を組織しようとした北米 YMCA の指導者達は、青少年の健全育成の手段としてスポーツを重視していた。そのため明治初期に設立され始めた日本の YMCA は、大正期に入り、主に青少年の体育・知育・徳育・社交の「四方面的人格」の完成をめざし、「体育事業」（Physical Work）を奨励した。
　日本の都市 YMCA における「体育事業」は大正期・昭和期（戦前）において、「屋内スポーツ施設」を併設した「会館」が建設されてから進展した。この施設を利用して、会員同士がつくった競技志向の強いクラブによって専門的な練習を実施し、さらに、少年を対象としたクラスを開設するなど、定期的な体育事業が行われた。その一方で、「ビジネスメンクラス」や「デンマーク基本体操」といった都市に働く勤労者を対象とした YMCA 独自の体育事業が展開された。そして、YMCA の会員や指導者が各都市の学校に出かけての技術指導も実施され、「体育実演会」や「エキジビション」も開催された。これらの活動によって会員達が日頃の活動を発表すると共に、一般の人達にもバスケットボールやバレーボールをはじめとする新しい種目が紹介された。また、バスケットボールやバレーボールなどの競技大会を開催し、これらの競技を日本に定着させ、発展させる様々な内容の活動を行った。

第2項　研究の意義

　わが国における陸上競技や庭球そして野球などの近代スポーツのほとんどが明治時代に輸入されている。それについて、今村嘉雄は「これらの運動は、あるいは断片的に、あるいはきわめて素朴な形式において、課外運動として、また正課時の教材として初等、中等学校に取り入れられ、大学、専門学校などでは一層盛んに行われていた」[2]と指摘している。このように、陸上競技や庭球そして野球などは明治期には主として高等教育機関を通じて広まったといえる。その後、大正期から昭和期（戦前）においても高等教育機関を中心とするスポーツ活動は、日本における近代スポーツの普及と発展に大きな役割を担っていた。

　他方で、今村は「今日のレクリエーション運動につながるものとしての、近代的レクリエーション運動は、日本におけるYMCAの活動の中にその萌芽を見出すことができる」[3]と指摘している。また、竹之下休蔵は「YMCAの特色は、社会体育の普及と指導者の育成に努め、今日でいうレクレーション主義をはじめから主張したこと」[4]にあると述べている。

　今村や竹之下が指摘するように、日本における近代スポーツの普及と発展を学校体育ではなく、社会体育といった立場から支えたのがYMCAであった。そして、近代スポーツ種目の多くは海外から輸入されたものであるが、YMCAもその窓口の一つであった。前述したように、北米からやってきたYMCAの外国人指導者達は、組織を広げるという目的を追求する過程で、近代スポーツ種目の多くを日本に紹介し、YMCAの中でスポーツ指導を行った。そして、YMCAは一般の人々を対象としたスポーツ指導、特に指導者養成にも力を注いだ。

　日本の主要な都市（東京、大阪、横浜、神戸、京都）でYMCAが行った具体的な「体育事業」の展開過程を明らかにしていくことは、日本における近代スポーツの普及と展開に関してYMCAが果たした役割の一端を明らかにすることができるであろう。さらに、都市YMCAの体育活動を解明することは、近代から現代にかけての社会体育の普及・発展のための方策を検討するいくつかの視点を示すことにもつながると考えられる。

第2節　先行研究の検討と本研究の課題

第1項　YMCA「体育事業」に関する先行研究

　近代日本のYMCAが行った「体育事業」については、今村嘉雄が『日本体育史』[5] (1951) の中で、レクリエーション運動の先駆としてYMCAをとりあげているが、その内容は簡単で、具体的内容までは検討されていない。また、竹之下久蔵は『体育五十年』[6] (1950) の中で、YMCAは始めからレクリエーション主義を主張したと紹介しているだけで、体育事業についてはほとんど言及していない。

　一方、都市YMCAの「体育事業」については、各都市のYMCAがまとめた年史によって紹介されてはいる。しかし、それらは概略的な記述にとどまっており、「屋内スポーツ施設」を中心とした活動の詳細については述べられていない。他方、安村正和[7-8]の研究は、日本各地のYMCAが行った体育に関連する事業をまとめ、歴史年表として作成したものであるが、個々の事業内容についての詳しい記述は見られない。上和田茂[9-10]は、戦前のYMCAの「屋内スポーツ施設」を中心にその変遷をみている。そこでは、各YMCAの「屋内スポーツ施設」は、球技の進展にしたがってその性格と形態を変化させていることを明らかにした。しかし、対象としているのは、あくまでも「屋内スポーツ施設」についてであり、「体育事業」を直接分析したものではない。

　近代日本のYMCAの「体育事業」に関連した人物の研究としては、水谷豊の研究が挙げられる。水谷[11-14]は日本のバスケットボールの起源と歴史における功労者として、ブラウン (F. H. Brown)、大森兵蔵、佐藤金一、宮田守衛を取り上げ、各人の人物史をまとめた。この中で、彼はこれらの人物とYMCAとの関わりを述べているが、YMCAの「体育事業」全般について言及しているわけではない。しかし、彼らが北米の「国際YMCAトレーニング・スクール」(International YMCA Training School) などに留学し、そこで受けた教育課程に関する水谷の論述は、彼らが留学によってどのような知識を得て、帰国したかを理解する上で重要な資料とな

る。また、水谷の『バスケットボール　その起源と発展』[15]や『バレーボール　その起源と発展』[16]は、バスケットボールやバレーボールを開発し、普及させた北米YMCAの活動について紹介しており、明治・大正期における北米でのYMCA「体育事業」の一端を理解する上で参考となる。

さらに、日本におけるバスケットボールやバレーボールの歴史に関連して、YMCAの貢献について記述しているものとして、『バスケットボールの歩み』(財団法人日本バスケットボール協会)[17]や『日本バレーボール協会五十年史』(財団法人日本バレーボール協会)[18]が挙げられる。しかし、これらはYMCAの「体育事業」に焦点をあてたものではなく、詳細な記述は見られない。

このように、近代日本における都市YMCAの「体育事業」については、バスケットボールやバレーボールに携わった人物や組織に関連した研究や、社会体育の方面の研究において断片的に取り上げられてはいるが、日本の都市YMCAが行った「体育事業」に直接焦点を当てた歴史的研究は未だなされていない。

第2項　本研究の考察対象

本研究は、特に明治期から昭和期（戦前）を対象として、日本の都市YMCAが行った「体育事業」の普及と展開の実態を明らかにすることを目的としている。明治期は都市YMCAが設立された時期で、大正期から昭和期（戦前）にかけては都市YMCAに会館が整備され、「体育事業」が活発に展開された時期であった。

本研究では日本の都市YMCAの中から特に東京YMCA（1880年設立）、大阪YMCA（1882年設立）、横浜YMCA（1884年設立）、神戸YMCA（1886年設立）、京都YMCA（1903年設立）の5つを取り上げる。その理由は、これらの都市YMCAが日本に現存する都市YMCAの中でも明治期に設立されており、組織的な活動が早くから行われ、大正期に入って本格的に始まった「体育事業」も継続した展開がみられるからである。

YMCAの活動を発展的に行うためには独自の会館の存在が大きな効果を及ぼした。最初の会館が建設されたのは大阪YMCAが1882年、東京

YMCAが1880年、横浜YMCAが1884年、神戸YMCAが1886年、京都YMCAが1903年であった。

　京都YMCAは明治期後半に会館を建設するにあたって、ワナメーカー（John Wanamaker、米国郵政長官、百貨店経営）からの資金寄付を受けることとなったが、寄付の条件の一つとして「敷地は位置及び坪数に於いて第1等地にして1等の会館を建つるに相応すべきこと」[19]と定められていた。日本において東京、大阪、横浜、神戸、京都の各都市YMCAはそうした条件を十分に満たしていた。

　こうした会館という活動拠点を得た5都市のYMCAにおいては、先駆的な取り組みをみることができ、他都市のYMCAの事業モデルともなった。

第3項　本研究の構成と課題

(1) 4つの時代区分

　本研究が対象とする時代は、明治期から太平洋戦争前の昭和期までである。本研究では、さらに次の4つの時期に区分し、論述を進める。すなわち、第1期は都市YMCAの設立期であり、明治期における各YMCAの設立と初期の活動を開始した時期である。

　第2期は明治末期から大正期におけるYMCA事業の黎明期であり、各都市のYMCAが宗教的あるいは教育的活動等を継続的に行いながら、会館建設を行い、また組織を確立してきた（社団法人認可の）時期である。各都市YMCAでは、会館建設という活動場所を確保したことにより、様々な活動プログラムが展開されるようになった。その中で日本基督教青年会同盟が第4回日本YMCA同盟総会（1912年　明治45）において、「今後3ヶ年の方針」を打ち出し、「体育事業」推進の基盤が作られた。この方針の決議を機に、体育指導者養成や極東選手権競技大会への貢献など、外国人指導者たちの力を借りながら「体育事業」を展開していくようになったのがこの時期である。

　第3期は大正期における「体育事業」の普及期であり、「体育事業」の振興決議に従って会館内に「体育事業」専用の屋内スポーツ施設が設置さ

れることになり、「体育事業」が本格的に展開され始めた時期である。関東地域では関東大震災後、会館復旧とともにYMCA内にも様々なクラブが発足し、また日常的な体育活動に加え、体操講習会や各種大会が各地で開催された。

　第4期は昭和期における「体育事業」の展開期であり、初代の会館の建替えや改築により、屋内スポーツ施設の一層の充実がなされ、さまざまなクラブがYMCA内にできるとともに、YMCAの組織外にも「体育事業」の対象が広げられていく時期である。

　なお、論述の対象を太平洋戦争前までとしたのは、この時期において日本YMCAが社会体育の推進母体の一つとして形作られたからである。

（2）本書の構成と課題

　本研究は、上記の時代区分に対応して、6つの章から構成されている。

　序章においては、本研究の目的と意義を示し、先行研究の検討と本研究において明らかにする課題を提示した。そして、これら課題を明らかにしていくために以下の章を構成した。

「第1章　日本におけるYMCA設立と活動」では、東京YMCAが設立されたのを始めとして、各都市にYMCAが設立されるに至った状況を概観し、設立当初においてどのような活動を展開していったかを明らかにする。

　第1章は「第1節　欧米におけるYMCAの設立と活動」、「第2節　日本におけるYMCAの設立と活動」から構成される。第1節では、YMCA発祥の地であるロンドンでのYMCA誕生の状況、北米での広がり、さらには北米での「体育事業」の始まりについて概観する。

【明らかにする課題】
　①ロンドンにおけるYMCAの発生状況
　②北米YMCAの組織や活動状況とアメリカでの運動の広がり
　③北米スプリングフィールド体育指導者養成学校（国際YMCAトレーニングスクール）でのバスケットボールやバレーボールの開発など、体育重視の方針を打ち出した経緯

イギリスのYMCA発生は、産業革命による近代都市が生み出した産物である。発足当時は、青年のための宗教的事業（祈祷会や聖書研究）が主であって、体育的活動には羨望や失望の感情を生ずるとして否定的であった。その後、北米においても1800年代の産業革命とともに都会に押し寄せた青年の悪徳を憂い、ボストンにYMCAが設立された。さらに、北米では南北戦争（1861）後、YMCAの目的が「霊的、知的、社交的向上を計ることを目的とする」内容から「霊的、知的、社交的及び体育的状態の向上改善にあり」に改定され、「体育事業」がYMCAの四大事業の一つとなった。この背景には、ギューリック（L. H. Gulick、スプリングフィールドの国際YMCAトレーニングスクール体育学部長、ニューヨーク市の体育主事など歴任）によって体育活動が人間形成にとって重要な意味をもつものとして紹介され、多くの賛同を得たことがある。最後に、北米において、多くの指導者を養成した北米スプリングフィールドの国際YMCAトレーニングスクールでのバスケットボールやバレーボールの開発、体育重視の方針を打ち出した経緯について明らかにする。

　第2節では、日本ではじめてYMCAが設立された東京での活動と東京以外の主な都市（大阪、横浜、神戸、京都）で設立されたYMCAの誕生と初期の活動について設立順に明らかにしていく。

【明らかにする課題】
　①東京におけるYMCA設立の経緯
　②大阪、横浜、神戸、京都におけるYMCA設立の経緯

　日本におけるYMCAは、欧米列強に追いつくことが課題であった時期に東京において設立された。この東京YMCAを皮切りに大阪、横浜、神戸、京都などにYMCAが設立された。この時期のYMCAの活動は、宗教的演説や伝道的集会が主であり、体育の必要性は意識されていなかった。体育の必要性が意識されはじめたのは、外国人指導者が日本に派遣され、また日本YMCAの主事たちが欧米への視察をおこなってからのことであった。

　「第2章『体育事業』の黎明期」は、YMCAが社団法人として認められ、会館を建設するまでの経緯を概観した上で、第4回日本YMCA同盟総会

において「体育事業」が重点活動に決議された前後の状況を明らかにする。第2章は「第1節 『会館』建設と社団法人認可」と、「第2節『日本基督教青年会同盟』の結成と『体育事業』の始まり」から構成される。

【明らかにする課題】
　①各YMCAの会館建設と法人化の経緯
　②第4回日本YMCA同盟総会の「体育事業」振興の決議による事業展開

　日本の主要都市（東京　横浜　名古屋　京都　大阪　神戸）に設立された各YMCAは、多角的なプログラムを遂行（霊・智・体・社交の四方面事業）するためには独自の会館が必要であり、しかもYMCAが対外的に認知され、組織として確立されるためには法人として認可されていることが重要であった。

　第1節では、まず、様々な事業を行う上で重要な意味をもつことになる会館建設について概観する。早くから会館を建設（1894年）し、法人の認可（1903年）を得た東京YMCAを皮切りに、各都市YMCAにおいても会館建設と法人化（横浜1914、京都1907、神戸1909、大阪1910）に向けての活動が盛んにおこなわれ、各都市YMCAが組織として明確な位置付け（組織的基盤の確保）を行った経緯を明らかにする。

　第2節では、1912年に開催された第4回日本YMCA同盟総会において「体育事業」をこれからの重点活動とする「体育事業」振興の決議がなされたのを受けて、各都市YMCAが「体育部」（運動部）を設け、体育指導者の養成と施設の増設など、「体育事業」を積極的に展開するようになった状況について明らかにする。

　「第3章　『体育事業』の普及期」では、初期の「体育事業」に関して、どういった指導者がその指導にあたり、どのような活動を始めたのか、そしてどのように展開しようとしたのかを明らかにし、「体育事業」普及の過程をみていく。具体的には、「屋内スポーツ施設」を中心として行われた日常的なクラブの利用状況、各種講習会の開催、競技会の主催や大会参加状況、実演会の開催状況の実態を解明する。第3章は「第1節　『屋内スポーツ施設』設置と『体育事業』」と、「第2節　体育指導者の育成」か

ら構成される。

【明らかにする課題】
　①体育部設置当初の「体育事業」と「屋内スポーツ施設」の設置状況
　②体育指導者の育成

　第1節では、各YMCAにおける体育部設置当初の「体育事業」と、「屋内スポーツ施設」の設置状況について概論する。専用の体育施設を持たない状態での初期の「体育事業」の活動には限界があり、会館建設と同様にYMCA独自の「屋内スポーツ施設」設置は「体育事業」を展開する上で重要な要素であった。1917年、東京YMCAの国内初となる室内総合体育館（「屋内スポーツ施設」）の設置は、ハンドボール、バスケットボール、バレーボールならびに室内体操を行うのに適し、また室内プールやボーリングアレーの設置は「体育事業」における多彩なプログラムを計画するのに十分な施設であった。

　第2節では、体育指導者を養成するために行われた講習会と同時に、外部（学校や企業など）に出張指導にでかけた状況について明らかにする。YMCAが「体育事業」を展開する上で重点を置いた活動の一つが、体育指導者を育成することであった。指導者を育成することで、YMCAの体育活動を広く会員たちに普及させることを目的とした。そして、そのために指導者講習会を開いた。また、有望な体育指導者は北米のスプリングフィールドの国際YMCAトレーニングスクールに留学した。また、YMCAの体育指導者たちは、学校の体育教師たちを対象としたバスケットボールやバレーボールの講習会を開くなどして、指導法を広めた。

「第4章　『体育事業』の発展期」では、大正期から昭和にかけて本格的に活動を展開した各都市の「体育事業」の取組みについて、明らかにする。即ち、「第1節　『体育事業』の展開とクラブ発足」、「第2節　競技大会の開催と参加」、「第3節　体育大会と実演会の開催」に分け、「体育事業」の実情をみていく。

【明らかにする課題】（「体育事業」の実情）
　①計画的な体育事業
　②新興スポーツの紹介・多様な種目と多様なクラブ、幅広い年齢層、

様々な目的をもった活動
　③大会や競技会の開催と参加
　④実演会の展開
　第1節では、「屋内スポーツ施設」を中心とした継続的な施設利用の変化を利用時間割から分析していく。さらに、昭和初期から広がりを見せ始めた種目やクラブ・クラスの状況について分析する。昭和に入ると、「屋内スポーツ施設」を利用した計画的な「体育事業」が展開されるようになってきた。それに伴い、継続して施設を利用する団体が増え、施設利用のための時間割も頻繁に変更されるようになった。また、東京YMCAや横浜YMCAでは、デンマーク基本体操やフェンシング、バドミントンなど新興スポーツが紹介され、企業の名を掲げたクラブや婦人クラブ、幅広い年齢層による施設利用、勝利志向や健康志向など多様な種目と多様なクラブ、幅広い年齢層、様々な目的をもった活動が行われるようになった。
　第2節では、近代スポーツの普及と展開において重要な意味を持つ大会や競技会を中心にどのような大会や競技会をYMCAが開催し、参加していったか、その展開状況を明らかにする。1917年には第3回極東選手権競技大会に京都YMCAバスケットボールチームが日本代表として出場し、1921年には横浜YMCAで第1回全日本バレーボール選手権大会が開催され、YMCAも参加した。その他、東京YMCAでは、水泳大会などが開催され、関西においても、神戸、大阪、京都を中心に関西バスケットボール大会や卓球大会を開催するなどした。そして、バスケットボールやバレーボールなどの全国的組織の設立にもYMCAの職員は積極的に関与した。これらの大会は、YMCAの会員たちにとっては、日頃の練習の成果を発揮する格好の「場」でもあると同時に、一般の人たちにも見てもらえる格好の「場」であった。
　第3節では、この実演会の展開について明らかにする。YMCAが行った「体育事業」の一つに「実演会」の開催がある。横浜YMCAでは、会員たちの親睦と日頃の運動の成果を広く一般の人たちに見てもらい、会員獲得のための宣伝効果の意味も込めて、「実演会」を定期的に開催した。この「実演会」の資料は、主に横浜に多く存在していた。

「終章」においては、先ず本研究の総括を行う。次に、日本の都市 YMCA が近代スポーツを普及させるためにとった「体育事業」を「見せる」（実演会）、「育てる」（指導者の育成）、「続ける」（定期活動）、「発揮する」（競技会の開催）という活動に大きく分類し、近代スポーツの普及・発展に関する都市 YMCA の「体育事業」の意義について考察する。

第 3 節　本研究の史料と用語

第 1 項　本研究の史料

　近代における都市 YMCA の活動を明らかにする手がかりとしては、先ず YMCA の全体的な活動に関連する雑誌『開拓者』[20]（1906 年に創刊し、1956 年まで続く）が挙げられる。この雑誌は日本 YMCA 同盟の機関誌として、月に 1 回発行され、宗教関連の記事や社会問題、各 YMCA の関連記事、論考などを掲載し、当時の都市 YMCA の活動について重要な情報を与えてくれる。

『基督教新聞』は、1883 年（明治 16）8 月 8 日に小崎弘道と植村正久らによって創刊された『東京毎週新報』（警醒社発行）が 1 年後に改題されたものである。この新聞は、最初は、各教派共同、または YMCA などの団体を含めた教会共同の機関誌として刊行されていた。しかし、1900 年（明治 33）に『東京毎週新誌』と改題された。内容は宗教、文学、科学、政治、社会、経済の評論、あるいは伝導記事などであった。この新聞における情報の信頼性は比較的高く、編集者が YMCA の会員や指導者であったため YMCA 関連の記事が比較的多い。

『六合雑誌』は 1880 年（明治 13）10 月 11 日、小崎弘道を中心に編集され、「東京基督教徒青年会」から東京 YMCA の機関誌として刊行された。その目的はキリスト教の論証と伝播にあったが、宗教論に限らず実益記事なども掲載されていた。東京 YMCA の財政難もあって、『六合雑誌』は創刊 3 年後の 1883 年（明治 16）9 月より、湯浅治郎や小崎弘道らが興した出版社である警醒社に発行を引き継いだ。『六合雑誌』は設立当初の YMCA の精神、あるいは創立者たちの志を知る上では重要である。

本稿の対象となる 5 つの都市 YMCA の活動に関しては、各 YMCA が発行した機関誌（『東京青年』[21]『横浜青年』[22]『京都青年』[23]『大阪青年』[24]『神戸青年』[25]）を活用した。『東京青年』は 1913 年（大正 2）に、『大阪青年』は 1916 年（大正 5）に発行された。『横浜青年』は 1913 年（大正 2）に発行されたが、それ以前の 1904 年（明治 37）に『横浜基督教青年会会報』として発刊されていた。『神戸青年』は 1913 年（大正 2）に発刊され、『京都青年』は 1911 年（明治 44）に発刊されている。これら機関誌はほぼ毎月 1 回発行され、事業紹介やプログラム予告、論説、YMCA としての主張、「体育事業」、競技会の結果などが掲載されており、当時の各 YMCA の活動を知る上で貴重な資料である。しかし、これらの雑誌の中には、関東大震災や太平洋戦争による戦災あるいは会館の引越し等によって紛失している期間も多々あり、残された資料を活用せざるを得なかった。この外、各都市 YMCA に残存していた事業報告書や会議議事録をも活用した。
　また、横浜 YMCA については廣田兼敏（横浜 YMCA 体育主事）が残したメモや記録（「廣田資料」と呼ぶ）も活用する。廣田は 1919 年（大正 8）に横浜 YMCA 体育部職員となり、ブラウン[26]やライアン[27]等の指導を受けた。彼は後に体育主事となり、1959 年（昭和 34）の定年まで、横浜 YMCA の「体育事業」に従事した。その間、彼は神奈川県バスケットボール連盟理事（昭和 5 年就任）や神奈川県バレーボール協会理事（昭和 7 年就任）などを歴任し、横浜文化賞や神奈川県知事賞などを受けた人物である。「廣田資料」は、廣田自らが関わった「体育事業」について整理するために彼が集めた事業プログラムや各種試合結果や事業状況等について記述したものであり、当時の事業の様子をうかがう上で重要な資料となる。
　さらに、本稿の対象となる都市 YMCA の活動や組織の概略を知る上で、次の年史を参考にした。齊藤実、東京キリスト教青年会百年史、東京キリスト教青年会、1980。[28] 世良田元、大阪 YMCA 史、大阪キリスト教青年会、1969。[29] 大和久泰太郎、横浜 YMCA 百年史、横浜キリスト教青年会、1984。[30] 神戸 YMCA100 年史編纂室編、神戸と YMCA 百年、神戸キリスト教青年会、1987。[31] 野村武夫、京都 YMCA 七十年史、京都キリスト教青年会、1975。[32] 奈良常五郎、日本 YMCA 史、日本 YMCA 同盟、

1959。[33]

第2項　本研究の用語

本書の論述を進めるに当たって、以下の用語について補足的説明を加えておきたい。

(1)「近代スポーツ」

イギリスでは18世紀に入り、産業革命による社会変化に伴って、中産階級を中心とする都市の生活に適した人工施設でスポーツが行われるようになった。それは、気の合った仲間が組織するクラブを単位とし、社交や楽しみのために行われた。さらに、このようなスポーツはさらにパブリックスクールやオールドユニバーシティで洗練され、組織化された。[34] 本稿では近代スポーツを、明治期より太平洋戦争終結までに海外より日本に入ってきた、野球やバスケットボール、バレーボールなど、ルールや規則が整備されたスポーツとしてとらえる。

(2)「体育事業」

本書で使用する「体育事業」という用語は「フィジカルワーク」(physical work) の邦訳である。YMCAの目的は青年の霊的、知的、社交的、体育的方面の向上改善にあるとされ、これらに関する事業を「四方面事業」として進めてきた。体育に関わる事業（体育事業）は会員の健康と精力の増進に貢献し、生活によりよく適応するために行われたものであった。

(3)「都市YMCA」

日本YMCAは、1897年（明治30）1月、日本学生YMCA同盟が結成され、次いで1910年（明治34）7月、日本市YMCA同盟が結成された。そして、1903年（明治36）7月2つの同盟は合体し、日本YMCA同盟が成立した。本書において都市YMCAとは、日本学生YMCAや日本市YMCAと区別し、日本YMCA同盟成立後の各都市に存在したYMCAのことを示す。

注

1）基督教新聞、1888、10月3日号、p.4。
2）奈良常五郎、日本YMCA史、日本YMCA同盟、1959、p.274。
3）今村嘉雄、日本体育史、不昧堂、1970、p.551。
4）竹之下久蔵、体育五十年、時事通信社、1950、p.104。
5）今村嘉雄、前掲書、p.551。
6）竹之下久蔵、前掲書、p.104。
7）安村正和、YMCA年表を作成して 1842～1945 体育事業関係を中心に、プール学院大学研究紀要 28・29、1989、pp.383-388。
8）安村正和、YMCA体育事業年表作成に関する一考察、南京都学園研究紀要 第7集、1992、pp.18-29。
9）上和田 茂、戦前のYMCA体育館における計画概念と形態に関する史的考察 社会用体育館に関する建築計画史的研究 その1、日本建築学会系論文報告集 第379号、1987。
10）上和田 茂、我国最初の総合体育館・東京YMCA旧体育館に関する史的考察、社会用体育館に関する建築計画史的研究 その2、日本建築学会系論文報告集 第465号、1994。
11）水谷豊、バスケットボールの歴史に関する一考察Ⅶ－日本における発展の功労者F・H・Brown略伝－、青山学院大学一般教養部会論集22号、1981、pp.199-209。
12）水谷豊、バスケットボールの歴史に関する一考察Ⅷ－大森兵蔵略伝－、青山学院大学一般教養部会論集23号、1982、pp.177-190。
13）水谷豊、バスケットボールの歴史に関する一考察Ⅸ－佐藤金一略伝－、青山学院大学一般教養部会論集24号、1983、pp.265-278。
14）水谷豊、バスケットボールの歴史に関する一考察（Ⅹ）－宮田守衛略伝－、上越教育大学研究紀要 第4号、1985、pp.309-322。
15）ネイスミス、J.著、水谷豊訳、バスケットボール その起源と発展、YMCA同盟、1997。
16）水谷豊、バレーボール その起源と発展、平凡社、1995。
17）（財）日本バスケットボール協会（編）、バスケットボールの歩み、（財）日本バスケットボール協会、1981。
18）（財）日本バレーボール協会（編）、日本バレーボール協会五十年史、（財）日本バレーボール協会、1982。
19）野村武夫、京都YMCA七十年史、京都キリスト教青年会、1975、p.82。
20）日本YMCA同盟（編）の『開拓者』は1906年（明治39）に創刊し、1956年（昭和31）まで発行された。内容は、YMCA内部の事業報告やキリスト教

界、一般社会の問題にまで幅広く網羅し、これらに関する論文や資料を数多く掲載している。
21) 東京YMCA発行の『東京青年』は、1913年（大正2）より発行した。発行当初は週刊（毎週水曜日に発行）であったが、後に月刊誌となった。齊藤実、東京キリスト教青年会百年史、東京キリスト教青年会、1980、p.165。
22) 横浜YMCA発行の『横浜青年』は、1904年に発行された『横浜基督教青年会々報』の後を受け，1913年（大正2）から刊行されている。
23) 京都YMCA発行の『京都青年』は、1911年（明治44）に第1号を発刊し、翌年には、一時的に月1回が月2回発行になった。野村武夫、前掲書、p.130。
24) 大阪YMCA発行の『大阪青年』は、1916年（大正5）より、月刊誌として発行した。YMCAの事業のみならず、会員との意思疎通としての役割も期待された。世良田元、大阪YMCA史、大阪キリスト教青年会、1969、p.128。
25) 神戸YMCA発行の『神戸青年』は、1913年（大正2）に第1号が刊行された。
26) F. H. ブラウンは1913年（大正2）10月に北米YMCAより体育専門の主事として東京YMCAに着任し、横浜YMCAをはじめ全国のYMCA体育事業の指導に奔走した。彼は1924年（大正13）パリオリンピック大会では日本チームの技術顧問として、1930年（昭和5）第9回極東選手権競技大会（東京）では総務委員・交渉委員・記録委員として活躍するなど、日本の体育スポーツの発展に功労のあったアメリカ人の一人であった。
27) W. S. ライアンは1917年（大正6）北米YMCAより派遣され、横浜YMCAで廣田らに対し各種目の指導法や用具の使用技術等を教授した。彼は途中一旦帰国したが、1924年（大正13）に再来し神戸YMCAや大阪YMCAで指導に従事した後、1925年（大正14）帰米した。
28) 齊藤実、東京キリスト教青年会百年史、東京キリスト教青年会、1980。
29) 世良田元、前掲書。
30) 大和久泰太郎、横浜YMCA百年史、横浜キリスト教青年会、1984。
31) 神戸YMCA100年史編纂室偏、神戸とYMCA百年、神戸キリスト教青年会、1987。
32) 野村武夫、前掲書。
33) 奈良常五郎、前掲書。
34) スポーツ大辞典、大修館書店、1987、p.523。

第1章　日本における YMCA 設立と活動

はじめに

　YMCA が創立されたのは、1844 年 6 月 6 日、ロンドンにおいてであった。ウィリアムス（G. Williams）は、11 人の仲間とともにキリスト教に基づく祈祷会や聖書研究会などの宗教事業をもって YMCA を創立した。そして、その活動は北米、さらには日本に伝えられた。日本においては、明治期より欧米の文化や制度を導入し、近代国家の仲間入りをする施策が推し進められた。このような中で、日本における YMCA は東京をはじめとして各地に設立されていった。この章では、YMCA の設立と日本に大きな影響を及ぼした北米 YMCA の設立、そして日本における YMCA の設立と活動について概観していく。

第 1 節　欧米における YMCA の設立と活動[1)]

　YMCA は 1844 年 6 月 6 日、ロンドンにおいて設立された。初期の活動は会員のための祈祷会や聖書研究などであった。この活動はアメリカにも影響を与え、1851 年 12 月 15 日ボストンにおいて YMCA が設立された。そして、北米 YMCA において「体育事業」に関心が向けられたのは、1850 年代後半からであった。

第 1 項　ロンドン YMCA の設立
（1）YMCA の設立
　18 世紀よりはじまるイギリス産業革命は工場の数を驚くほど増やし、

経営者は婦人や10歳から14歳頃までの児童を多く雇うことになった。これにより、心身の発育期にある児童は過度の労働のために身体の発育は妨げられ、悪習慣のために良心は麻痺し、堕落の淵に沈み、社会の厄介者となることが多かった。

　このような状況の中、1841年10月、19歳のウィリアムス（George Williams）はイギリス南部のサマセット州ブリッジウォーターの呉服商店での年期奉公を経て、ロンドン市聖ポール寺院の向かいにある「ヒッチコック・アンド・ロジャース」という呉服商会の店員になった。ここでの店員の勤務時間は17時間内外で、土曜日でさえ次の日の午前1時あるいは2時まで働かされ、食事時間は平均30分以上は与えられなかった。店員たちは一日の労働を慰めるため、酒と女と賭博に救いを求めていた。ウィリアムスは同僚140人と寄宿生活をしていたが、多くの堕落した生活をしていた同僚をみて、彼らを悔い改めさせ、キリスト教によって正しく生きるよう導こうとした。そうして、1844年6月6日、ヒッチコック呉服商会2階の小さなウィリアムスの部屋で、彼を中心とする12人の勤労青年によって「基督教青年会」（YMCA, Young Men's Christian Association）が設立された。[2]

（2）YMCAの組織と活動
　1844年に創設されたロンドンYMCAの役員として、ジェイムス・スミスが委員長、エドワード・バレンタインが会計、ジョン．C．シモンズとウィリアム・クリースが書記として選ばれた。そして、手狭だったヒッチコック呉服商会2階のウィリアムズの部屋からYMCAの事務所をルドゲート丘の南側の広場のセント・マーティンスのカフェーハウスに置いた。1844年7月4日には組織の名称について議論され、「ベリアン会」（The Berian Association）、「基督教青年団」（The Christian Young Men's Society）、「基督教青年会」（The Young Men's Christian Association）の三つの名称から「基督教青年会」（YMCA）の名称が選ばれた。同日、以下の「憲法（会則）」が定められた。

「1、本会を基督教青年会と称すること。
2、本会の目的とするところは、呉服店員、及びその他の店員間に、宗教的事業及集会によって、その霊的救済をなすこと。
3、本会事務は会長、副会長、会計、書記2名、委員12名（必要に応じてその数を増すことを得）より成る委員会に於て処理し、7名以上の出席あるを要す。
4、委員会は一般事務を進捗せしむる為め月2回之を開く。但し必要ある場合はその度数を増すことを得。
5、年2回委員の適宜に定めたる日、社交的『お茶の会』を催す。この集会に於いて、青年会の運動の経過を報告すること。
6、総会は2週間に1度開き、各商店内に於ける神の事業拡張につき会員より報告を開き、且つ委員の誤らざる計画をなすを目的とす。（但し必要に応じては適宜回数を増すことを得）総てこの会は、会員及会員の誘導せらる友人の為め、或いは委員会より招待をうけたる人々のために開くこと。
7、凡てどの総会に於ても、その議長は、委員会により推され、会員過半数によりて選挙さるべきこと、而して総ての集まりは祈りによって始め、祈りによって終わること。
8、基督教教会の会員であるか、悔改をなした明らかな証明あるに非ざれば、会員たることを得ず。
其他委員の会員許可につき、会費につき、会員につき、規定した。」[3)]

　ロンドンYMCAの初期の活動は、会員のための祈祷会や、未信者及び青年キリスト者のための聖書研究、商店内の宗教的事業及び集会、さらには個人会見や冊子及び印刷物の配布などであった。例えば、祈祷会は毎週日曜日の晩に開かれた。聖書研究会は毎週火曜日の晩に開催された。この研究会は、専門的に聖書の研究を行うのではなく、直接キリストの道を伝えるために、教会に属していない青年やまだ日浅い青年キリスト者を対象に行われた。各商店内の宗教事業としては、祈祷会が商店内にも開かれ、

聖書研究会や奨励会そして講演会などが催された。このような宗教的集会をなす商店は、200人の青年を雇用する20余りの商店に及んだ。個人的会見は、キリスト者同士あるいはキリスト者と未信者とが個人的に会見して、宗教観や過去の宗教的経験を語り合うものであった。これによって、青年の煩悶や疑惑に対して同情ある解決と助言が行われた。冊子印刷物の配布は、例えば1851年のロンドン市大博覧会において36万2千枚のチラシと小冊子が配られ、キリスト教の伝道に役立てられた。このような宗教的活動は、欧州大陸や植民地そしてアメリカ大陸にまで影響を与え、YMCAの事業を国外に知らしめることとなった。

　YMCAが体育に注目するようになったのはYMCA活動が米国に渡ってからであり、この時期には体育は全く顧みられていなかった。[4]

第2項　北米におけるYMCA活動の始まり
(1) ボストンYMCAの設立

　北米におけるYMCAの起源は、1851年、ニューイングランドのボストン市における「ボストンYMCA」の設立であった。ニューヨークのコロンビア大学の学生であるダーリップ（George M. Van Derlip）は、英国エジンバラ大学留学のため、1849年から1850年までロンドンに滞在した。彼はこの留学中にロンドンYMCAのことを知り、その事業を記した手紙をボストンのバプテスト派（キリスト教プロテスタント派の一教派）の機関紙（雑誌名不明）に送った。この手紙がYMCAをアメリカに拡張する契機となり、YMCAの基本的な骨子を作る源となった。ダーリップの手紙の内容は、以下のようなものであった。

　　「グレシャム街に漆喰造りの大きなキリスト教青年会の建物がある。階段を上ると、60尺に30尺の大きな部屋があり、マホガニーのテーブルに安楽椅子、長椅子等で美しく飾られ、英国の新聞をはじめ、各国の新聞が置いてあり、さらに階段を上ると、あらゆる評論雑誌、その他の雑誌を備えた1室があり、その隣に8000冊程度の蔵書を持った図書室がある。図書室では時々講演会が開催され、毎日曜日には青

年が集まって聖書研究会を持ったりしている。この会の卒業生は立派な日曜学校の教師となれる。図書室の上階には浴室、教室などがある。仏語、独語、ラテン語、ギリシャ語、ヘブライ語クラスのための部屋もある。特記すべきは食堂。午後5時から8時の開業で、会員に茶、コーヒー、チョコレート、その他の茶菓子を市価の約半値で提供する。この会があるおかげで田舎から一人で出てきた青年も、都会の誘惑に負けて道を踏み外すようなことはなくなった。アメリカにもこの青年会のような青年の居場所を作り出すべきだ」[5]

バプテスト教会員のサリバン（Thomas V. Sullivan）はこの手紙を読み、近代化する都市に集まって来る青年たちを、農村から都市への激しい環境の変化と、それに伴う誘惑から救済する、というこの新しい運動を熱望した。そして、彼はこの事業をアメリカ大陸でも発展させようと、1851年12月15日ボストン市の20の教会の代表者32人によってYMCAを組織した。

（2）ボストンYMCAの組織と活動

サリバンによって組織されたYMCAは、次のような4章からなる「憲法（会則）」を採用した。

> 「第1章　名称及び目的
> 　　　　本青年会はボストン基督教青年会と称し、青年の霊的並びに知的向上をその目的とす。
> 　第2章　会員
> 　第1条　正会員。福音主義の教会に属する者を正会員とす、年に1弗の会費を納るものとす。
> 　　　　投票権と役員たるの権を有するものは正会員に限る。
> 　第2条　准会員。品性善良なる青年は何人と雖、年に1弗の会費を納ることによって本青年会の会員たるを得、青年会の全特権を享有す。然れども投票権及び役員たるの権は之を有せ

ず。
第3条　終身会員
第3章　役員の選挙
　　　　本青年会の役員は会長1名、副会長4名、記録書記、通信書記、会計、図書委員より成り、毎年投票によって之を選挙す。
　　　　常務委員会は当市の各福音主義教会より選ばれたる2名ずつの会員をもって組織す。
　　　　常務委員会に於いて常務委員中より12名を選出し、既に選挙されたる役員と共に理事会を組織す。
第4章　理事及び役員の職分
　　　　理事会は該中より委員摘出せられたる5名よりなる4つの委員会を組織す。
　　　　各委員会員の1名は青年会副会長たること。
　　　　委員会の名称左の如し
　　　　　1. 図書及び部屋に関する委員会
　　　　　2. 講演に関する委員会
　　　　　3. 出版に関する委員会
　　　　　4. 会計に関する委員会」[6]

　ボストンYMCAの特質、及びロンドンYMCAの組織と異なる点として、以下の点があげられる。第1点目は、ボストンYMCAにおける准会員の設定である。門戸はロンドンYMCAより広く開放され、教会と全く関係ない青年、及び教会が引き付け、導くことのできない青年をも招く目的で設定された。第2点目は、投票権資格である。ロンドンYMCAでは、投票権を有する者は、各個人が各々その信仰を告白した真のキリスト者でなければならなかった。これに対して、ボストンYMCAは福音主義の教会員であればよいとした。会員になろうとする者の信仰を一々調べるとすると、YMCAが神学上の一種の裁判所と化すことになる。福音主義の教会の会員をもってYMCA会員となすのは、こういった障害を取り去り、

神学上の紛争の渦中に巻き込む危険を避けるためである。3点目は、委員会制度を採用したことである。ボストン YMCA では、委員は YMCA の種々の計画を実行するために任命され、福音主義の立場を明らかにした。4点目は、ボストン YMCA では、都市に出た田舎の人を社交によって霊的で道徳的な人に導くという、社会的使命を特に強調したことである。

事業は、一般公衆のための福音伝道集会や祈祷会（青年会の霊的事業の最初のもの）、聖書研究会などであった。

（3）YMCA 組織の普及と「北米 YMCA 同盟」の発足

ボストン YMCA 会員は、設立5ヶ月後には1,200人となり、1854年には25,000人にまで増えた。ボストン YMCA の活動の報告は、出版委員によって広く北米に配布された。1852年4月に、ランドン（William Chauncy Langdon、アメリカ合衆国専売特許局の役人）は、彼の属する聖公会の牧師バトラーによって、ボストン YMCA の「憲法」を紹介され、ワシントンにもボストン同様の組織が必要であると説得された。そこで同年7月、ランドンの努力によって、ボストン YMCA と同様の憲法を持つワシントン YMCA が設立された。このように、1852年から1854年までボストン YMCA の影響を受けて北米の22の都市に YMCA が設立された。（ウースター、スプリングフィールド、バッファロー、ニューヨーク、ワシントン、ニューロンドン、デトロイト、コンコード、ニューオリンズ、バルチモア、アレクサンドリア、シカゴ、ピオリア、サンフランシスコ、プロビデンス、ブルックリン、レキシントン、ケンタッキー、クインズ、ポートランド、メーン）

やがて、各都市の YMCA は、互いに交流をはじめた。ワシントン YMCA の設立者であるランドンは、「これら青年会は、同じ型のもとに同じ目的を有している。これらが独立の青年会としての組織を失わずして、同盟に加入し年々相会して協議し或いは事業のために力を協せるならばどうだろう」[7]と考えた。そして「独立、平等ではあるが、しかし協力する青年会の同盟」[8]という意味において、同盟設立の呼びかけを行った。

ランドンの呼びかけを受けて、1854年6月、バッファロー YMCA 会館において北米 YMCA 総会が開催され、「北米 YMCA 同盟」（The

International Committee of YMCAs of North America）の目的及び組織について、次のような決議がなされた。

「決議1　本会は、各青年会が相互の激励、協力、発展を目的として自発的同盟を組織せんことをアメリカ合衆国及び英領諸州の基督教青年会に進言す。而して、以下の提議に対して22個の青年会が賛同したるときに本同盟は実施せらるるものとす。
　　2　アメリカ合衆国及び英領諸州の総会は所定の時場所に於いて開催すること。
　　3　本同盟は、総会に於いて組織及び事業に関して屡々協議を催すことを得ると雖も加盟青年会の地方的事件については何等の権威又は管理権をも有せざるべし。
　　4　中央委員会は、11名より成り其中5名は該委員会所在地の在住者とし、各々異なる教派の会員たること、而して他の6名は一般青年会より選出すること、但し一つの青年会より1名を限り選出するものとす。
　　5　中央委員会は、アメリカ及び諸外国の青年会と絶えず通信をなし、青年会の新設を促すこと、適当なる報告を集め或いは之を頒布すること、且つ時々各青年会が共通し目的を達成せんがため其の実行方法等を青年会に宣言すること。但し地方青年会に進言したる計画を青年会が賛成せざる間は其の計画の実行を促す権威を有せざること、又同意なくして金銭上の要求をなすべからざること。
　　6　中央委員会は総会によって選任され、次の協議会によって彼等の後任者を選任さるるまで其の事務を続行すること。
　　7　中央委員会は各青年会の希望を考慮して毎年催さるる総会の場所と時日等を定め速やかに通知状を発すること。」[9]

その後22都市の賛同を得て、1855年1月11日に北米YMCA同盟が組

織された。

(4)「北米 YMCA 同盟」と YMCA 活動

　1854 年に北米 YMCA 総会が開催されて以来、1855 年以降、総会は北米 YMCA 同盟総会として毎年開催された。1854 年の北米 YMCA 総会では、各 YMCA の報告或いは一般宗教問題及び社会問題等についての論議が行われた。ここで報告された YMCA の活動は青年のための読書室、図書館、祈祷会、聖書研究、講演、文芸会などであった。そして、北米 YMCA 総会の事業として、連合日曜学校、伝道事業、小冊子配布、一般伝道、テントその他の野外集会、地方伝道、慈善事業等を行うことが承認された。[10]

　1861 年 4 月の南北戦争（1861 – 1865）の勃発により、多くの YMCA は 1865 年までその活動の多くを中止せざるを得なかった。しかし、1865 年の戦争終結と共に、南北戦争のために不振であった各地の YMCA の活動も復興し、発展を遂げた。

　1868 年、デトロイトにおいて開催された北米 YMCA 同盟総会で、「基督教青年会は神性を有する救世主キリストを愛し之を信じることを告白し、福音主義教会の会員であることによってその信仰を立証する者にのみその事業経営を委ぬべきである」と決議された。つまり、同盟加入の YMCA 会員たる基準が福音主義教会の会員であることと定められた。そして翌年 1869 年ポートランドで開かれた総会で「福音主義の教会」の意味を「聖書を信仰と行為の完全なる規範となし、且つ主イエスキリスト（父なる神の獨り子、諸王の王、主の種として造物主の実質をやどし、而して罪なき身を我等のために罪せられて十字架に懸り給ふた主イエスキリスト）をこの世に降り給ふて、我等を永遠の罰から救い、無限の生命に入らしめ給ふ唯一者として信ずる教会」と限定した。[11]

(5)「万国基督教市青年会同盟」の創設

　YMCA の組織はロンドンで生まれてから 10 年の間に、通信と交流などによって英国からアメリカ大陸、さらにはフランスやオランダなどヨー

ロッパ各国やオーストラリアなど世界各国に普及し、全部で340余りになっていた。

　1855年には、パリYMCAがフランスのYMCAの代表や万国のYMCAの代表をパリに招き、万国基督教市青年大会を開催しようと計画した。この大会は、パリにおいて世界工業博覧会（第2回万国博覧会）が開催されること、また万国福音主義青年同盟大会が8月23日から30日まで開かれることによって各国から多くの訪問者がくることを契機として、計画された。この万国基督教市青年会大会は8月19日から24日まで、パリYMCA会館を会場として開催された。この大会にはヨーロッパと北アメリカから9カ国（英国、スコットランド、フランス、ドイツ、スイス、オランダ、ベルギー、アメリカ、カナダ）の97名の青年代表が参加した。

　この大会の中で、ニューヨークYMCAのスティーブンス（Abel Stevens）は「万国基督教市青年会同盟案」を提案した。この同盟案は若干の修正が加えられ、今後新たに加盟を希望する団体の承認基準として定められた。これは「パリ標準」（Paris Base）或いは「1855年標準」といわれるもので、今日まで数度の再検討を経た後も、同盟参加への承認基準となっている。

　「パリ標準
　原則は将来他の青年会の加盟許可の標準となすものとす。
　基督教青年会は、聖書に基きイエス・キリストを神の子とし、又救世主として認め、教義と生活とに於いて、その弟子たらんことを望み、且つ青年間に神国拡張を努めんとして協力する青年を結合するものである。
　第1条　青年会の主要なる計画に触れざる問題に関する意見の相異はそれ自身重大なりとも同盟加入の青年会の調和を破らざる範囲に於いて之を認む。
　　　　此の根本的原則が認められたるものとして大会は更に次の箇条を提議す。
　第2条　青年会員の会員章は加盟青年会に於いて共通することを得同

盟加入のいづれの青年会該誌証所有者には各青年会の特権を賦与せらる。
第3条　大会に於いては採用されたる万国通信制度は同盟加入青年会に適用す。」[12]

第3項　北米YMCAにおける「体育事業」の始まり
(1) ニューヨークYMCAにおける体育活動

　北米青年会の「体育事業」への関心は、1850年代後半より見られる。1856年6月3日、ブルックリンYMCAは、若者には気晴らしや活気に満ちたレクリエーションが必要だが、ビジネスライフが筋肉や神経系に負担をかけ、若者の今を生きる体力や生命力を悪化させているとして、青年の健康と体力をつくるための体育館を設置することを決めた。2週間後、モントリオールで開かれたアメリカYMCA連合大会において、完全に管理されたなら、体育館と浴室は身体の健康と成長に有益であるということが主張されたが、これらの主張は認められなかった。しかし、この時の主張を基に「体育事業」について研究したり、試みたりするYMCAも出てきた（具体的に試みたYMCAについては不明である）[13]。このような状況の中で、1860年ニューオリンズで開かれた第7回北米YMCA同盟総会において、YMCA事業の中に体育を加えることが議決された。当時は至るところに青年を堕落に誘い込む場所（酒、女など）があり、青年の多くがその虜になった。この状況を打破し、青年を堕落させないようにする安全装置のような役割として「体育事業」が支持を得た。

　南北戦争終了後の1865年、ニューヨークYMCA総主事であるマックバーニー（Robert R. Mcburney）は、会館を建設するにあたって体育場を設けることを決めた。翌1866年、ニューヨークYMCA会長ドッチ（William E. Dodge）は、これまではYMCAの目的を青年の霊的、知的、社交的な三方面の向上改善としてきたが、青年の霊的、知的、社交的及び体育的な四方面の向上改善にある[14]と、事業の目的の中に「体育的」（physical）という言葉を初めて用いた。これにより「体育事業」の地位がYMCAの「四方面事業」（fourfold program）の一つとして定められた。

1866年、ワシントンYMCAは体育館を含む会館建設にあたって、体育の重要性に対するYMCAの認識を発表した。「体育館が与えられることにより、健康と精力の増進に貢献し、会員の生活によりよく適応していくことができるであろう。また、善用なる余暇を過ごし、身体に有益なるものをもたらし、これまで到達したことがないほど、若者をYMCAにひきよせるであろう」[15]。この結果、YMCAの事業の中に体育館での活動が取り入れられるようになった。これまでのYMCA事業は必ずしも会館を必要としなかったが、四方面事業を実施するにあたっては適当な会館が必要となってきた。

　1869年10月、ニューヨークYMCAは50万ドルの寄付金を募り、フォースアベニュー23通りに読書室・社交室・図書室・教室・体育場（浴室も備える）・講堂の総てが事務室と中央接待室に通じる会館を建設した。同年、ワシントンとサンフランシスコにも体育場と浴室を備えた会館が造られた。しかし、これら初期に設置された体育館は簡素なもの（図1）で、サーカスのような装置が多く、軽体操のための器具が用意される程度であった。

　このニューヨークYMCAは、施設を利用した「体育事業」のプログラ

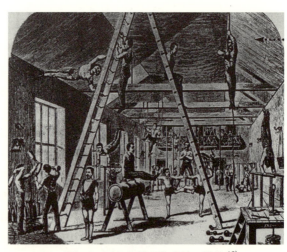

図1　1870年代の体育館の様子[16]

ムを持っていなかった（他都市の YMCA も同様であった）。それなのに、体育館に通ってくる若者が驚くほど多くなり、運営が非常に困難になってきた。このため、十分資格のある指導者を得るまで体育館は開くべきではない、という見解が YMCA 関係者の間で一般的となった。

　理想的な体育館管理者とは、当然体育が教えられる者であり、YMCA の組織内の者であり、聖書の本質を教えられる者であって、時には祈祷会やバイブルクラスの指導をし、彼らの魂の救済のために働くクリスチャン体育人（Christian gymnast）であった。つまり、体育館運営のために、キリスト者である体育指導者を得る必要性が認識されてきた。しかし、キリスト教指導者の中には、体育を指導できる者がいなかった。その理由として、荒木直範（東京 YMCA 体育主事）はキリスト教の思想が霊を重んじ肉体を、つまりは体育を軽んじていたからであると指摘している。[17] ニューヨーク YMCA では、体育指導者が見つからず、学校の体操教師などを雇ってその任に当てていたが、長続きしない状況であった。

（2）ボストン YMCA における体育活動

　1872 年、ボストン YMCA は体育館を借り、1876 年夏にロバーツ（Robert J. Roberts）を体育館監督兼管理者として雇用した。彼は木材機械工であったが、体育が青少年に及ぼす影響に関心を持っており、キリスト教的奉仕は精神的なもののみに止まらず、大いに体育の方面にもある事を主張した。この頃、体育館で指導者となっていたのは綱渡りや空中とんぼ返りなどのアクロバットをするようなサーカスの演技者であった。彼等が指導する内容は非常に難しく、集中力を要するような芸当で、指導者の中でさえ首の骨を折って死んだりするという事故も起きていた。そこで、1877 年、ロバーツは危険性の低いスタンツやウエイト・トレーニングを中心とした活動を始めた。その後、彼は 1881 年にドイツ式の軽体操（Light Gymnastics）と重体操（Heavy Exercise）とを融合して、「ボディービルディング」（body building）を開発した。ロバーツは「安全、簡単、短時間、有益、愉快」に運動できることをめざし、人々に運動することを奨励した。こうして、ボストン YMCA は 1876 年からの 4 年間に会員を 49 人から 680 人に伸ばした。

（3）指導者養成学校の設置

　1885年、スプリングフィールドにYMCA主事を訓練する学校である「キリスト教労働者学校」（School for Christian Workers）が設立された。この学校は、1890年には「YMCAトレーニング・スクール」（YMCA Training School）に、1891年には「国際YMCAトレーニング・スクール」（International YMCA Training Schoo）と改称され、1954年には現在の「スプリングフィールド・カレッジ」（Springfield College）になった。キリスト教労働者学校では、設立の2年後に「体育部主事養成科」（physical department）が加えられた。この学科は、最初は全課程2年であったが、1895年には3年に延長された。

　国際YMCAトレーニング・スクールにおける1908年の体育科のカリキュラムは、1年次に旧約聖書や化学・物理学、解剖学などを開講し、2年次には新約聖書、マッサージ、生理学、心理学、測定評価を開講し、3年次に教会史、YMCA史、運動生理学、人体測定、衛生学などを開講した。実技として、秋期にはグランド種目やフットボールあるいはホッケーなどを行い、冬期には屋内種目として機械体操や屋内遊戯あるいはバスケットボールやバレーボールなどを行い、春期には陸上競技として100ヤード走や中距離走、ハードル走、棒高跳びや砲丸投げなどを行った。さらに、ボストンやニューヨークのYMCA体育館や、ハーバード大学やコロンビア大学の体育館、ボストンやニューヨークのアスレチック・クラブやその他の学校の体育館の見学や参観が行われた。

　ボストンYMCAのロバーツは、前述したような体育指導の実績を買われ、国際YMCAトレーニングスクールの筆頭助手として指導に当った。しかし、ロバーツは指導者養成のためのカリキュラムには何が必要なのかというような考察をせず、ダンベルを中心とする体操に固執していた。

　この頃ロバーツと一緒に教官として指導に当っていたのがギューリック（Luther H. Gulick）であった。彼は1891年、これまで単に四方面事業の一つとして行われているにすぎなかった「体育事業」に対する基本的な考えを示した。それは人間の精選された統一体は身体（body）、知性（mind）、精神（spirit）の本質的な調和であり、どれもが人間にとって必要で永遠の

部分でもあるというものであった。そして、彼はこれらはただ一つで存在できるものではなく、三つが必要であり、キリストは身体、知性、精神の完全な人間である、と考えた。キリストは身体、知性、精神の完全な人間（全人）として神に仕えた。しかし、これらは均等に発達するものではなく、教育と訓練の正しい関係においてのみ発達するもので、信仰心によって努めることで発達するように、知性も研究や思考によって発達し、同じように身体も適正なトレーニングによって発達する。これら身体、知性、精神の関係がYMCAのシンボルである赤い三角形として表され、YMCAの「体育事業」の特徴として示された。

　ギューリックが1900年に辞職した時、彼のコースから48名が卒業し、その中にはバスケットボールの創始者ネイスミス（James Naismith）やバレーボールの創始者モーガン（1892年入学：William. G. Morgan）らがいた。

　1890年には、シカゴにおいても3年課程の正規の体育学校が設立され、YMCA体育部主事養成の基礎を築きあげた。

まとめ

　1884年6月6日、呉服商店の店員であったウイリアムスは多くの堕落した生活を送っていた同僚をみて、彼らを悔い改めさせ、キリスト教によって正しく生きるよう導くためにYMCAを設立した。YMCAの初期の活動は、会員のための祈祷会や聖書研究、宗教的事業や集会などであった。これらの活動は、北米にも伝わり、1851年12月ボストンにおいてYMCAが設立された。北米での活動が広がりをみせる中で、次第に「体育事業」に関心が持たれはじめ事業の重要な柱の一つとなった。

第2節　日本におけるYMCAの設立と活動[18]

　日本においてYMCAが最初に設立されたのは東京（1880年）においてであった。その後、大阪、横浜、神戸、京都と次々に設立されていった。これらのYMCAの活動は、キリスト教伝道のための講演会や聖書研究会が主であった。

第1項 日本におけるYMCAの設立
(1) 明治期におけるキリスト教の布教

　明治期の日本は、富国強兵という国家の目標を掲げ、欧米列強に追いつくことを課題としていた。そのため国民は近代文明の粋を取り入れようと、社会科学や哲学の領域にまで手を広げ西欧文化を学ぼうとし、その背後にあるキリスト教にも関心を持つものが現れた。

　1873年（明治6）2月24日、明治政府が切支丹禁制を解くと、来日した宣教師達は、当時政府が定め、数多くの外人が住んでいた各地の外人居留地に定住し、それぞれ自宅で英語を教えたりしながら、キリスト教の伝道を行った。西欧文化に関心を持つ日本人は、東京でいえば築地、大阪でいえば川口町など、こうした外国人居留地に赴くしかなかったが、1876年（明治9）頃から次第に一般の街中にも伝道者が現れ始めた。しかし、この頃にキリスト教に近づいた国民の多くは、先進的な西欧文化を取り入れてやろうとの野心からであって、真にキリスト教信仰を求める者はほとんどいなかった。

　明治10年代になると、欧化主義思想が高まる中、今日の明治学院、神戸女学院、青山学院などキリスト教主義学校の設立に繋がる「家塾」[19]の設立にみられるように、キリスト教主義の思想は各地で歓迎された。しかし、この時期のキリスト教には次第に反動的抑圧がかかるようになった。

　このような中で、民権運動の高まりとキリスト教の進展を危惧した政府は儒教倫理に基づく道徳教育に力を注ぐようになり、教育行政においても大きな変革が行われた。この教育行政における変革は、YMCAに対しても大きな影響をもたらした。

　そもそも明治政府は1871年（明治4）文教行政を行うにあたり、文部省を設け、全国に統一した教育行政ができる体制を作っていた。1872年（明治5）には「学制」を発布し、さらに1879年（明治12）に「教育令」を公布した。これにより、小学校を中心とした文教政策がとられ、国民のすべての者が学校教育を受けなければならなくなった。このような中で、1886年（明治19）には、3月2日に「帝国大学令」が制定され、次いで4月9

日に「小学校令」、4月10日に「中学校令」と「師範学校令」が制定された。また、1890年（明治23）には「教育に関する勅語」（教育勅語）が発布され、道徳教育重視の教育理念が示された。

　教育勅語は、キリスト教主義の精神に基づいて教育を行っていた各学校との間に混乱を招いた。つまり、日本の教育方針であった教育勅語は、キリスト教主義の教育には馴染まなかった。このような状況の中、キリスト教に入信した青年は、母親や父親からは刀の刃をつきつけられてキリスト教を離れるように迫られることもあった。[20]

（2）東京YMCAの設立

　東京YMCA設立に関しては、文部少輔神田孝平の子息である神田乃武が1879年（明治12）北米アモスト大学への留学から帰朝し、その歓迎会の席上にて北米におけるYMCA事業のことについて紹介したことが、東京YMCA設立に到る一つの要因とされている。[21]

　明治の初年、東京におけるプロテスタント・キリスト教の布教の中心は築地の外国人居留地であった。明治9年頃からキリスト教は次第に広まり、銀座に進出した。銀座では耶蘇教書店「十字屋」の2階と、原女学校あとの建物の2階が信仰熱心な青年達の溜まり場であった。特に後者は一種の下宿のようになっており、築地の東京一致神学校（明治学院大学の前身）に通学していた田村直臣や、年少者向伝道書の編集をしながら法律学校に通学していた吉田信好らが止宿していた。下谷教会の牧師である植村正久も毎日この下宿へ通っていた。1879年（明治12）に同志社英学校を卒業して上京した小崎弘道（東京組合教会牧師）は、この下宿のあたりで植村や田村、井深梶之助（麹町教会牧師）、平岩愃保、吉岡弘毅らと交誼を結んでいた。

　1880年（明治13）、教会の牧師になっていた小崎弘道、井深梶之助、植村正久、田村直臣（銀座の京橋教会牧師）たちがYMCAの設立にかかわり、日本における最初の日本人のためのYMCAとなった東京YMCAを京橋区新肴町13番地にあった京橋教会に創立した。会長には小崎弘道がなり、会計を田村直臣が担当した。

(3) 東京 YMCA の組織と活動

　東京 YMCA 設立当初の主な活動は、毎月 1 回の奨励会（会員間のもの）、公開演説会（毎月 1 回）といった宗教的演説、会員相互の修養会、伝道的集会出版（機関誌『六合雑誌』（約 1,400 部）の発行）、書籍の閲覧などであった。設立当初の活動は活発であったが、その後はあるかないかわからない有様であった。

　1886 年（明治 19）3 月 19 日付の「基督教新聞」は、YMCA の必要性について次のように伝えている。

> 「西洋の国々では、国家の未来の担い手である青年を学校や教会の教育以外に『青年会』の組織によって教育し、ここで青年の不品行を止め、彼らを正しい道に導こうとしている。その組織の形態は都会、農村学校、夜学校、有害な遊戯をやめさせるための無害な遊技場の提供等、様々であるが、その目的は青年の知徳を進め、善に向かわせることにある。そして、青年会があるから（西洋の）青年の霊魂、知識、肉体は向上し、その利益をこうむることは計り知れない。こうした会が日本にも必要である。我国の青年には家族の教育がなく、学校にあるのも知識偏重の教育ばかりで、基督教の感化もない。青年達の不品行を矯正するには基督教主義の青年会を盛んにするしかない。」[22]

　しかし、YMCA における実際の活動は、青年に対するキリスト教の直接的伝道であったため、教会の活動と混同されやすかった。また、儒教を中心とする道徳教育を理念とする教育行政の中にあって、伝道を主とする活動は容易ではなかった。さらに、平信徒（非教職者）のための活動機関という認識が薄かったため、活動は停滞ぎみであった。

　このような東京 YMCA における活動不振の直接的な原因には、組織の不備と財的基礎の脆弱さがあった。30 余名の会員のうち会費を規定通りに納める者が多くなかったことから、会費収入が不安定になっていた。また、この頃の東京 YMCA は特定の会館を持たず、所在地が市内各所を転々としていた。そして、東京 YMCA 設立参画者の中心人物であった小崎弘

道は『六合雑誌』に熱心であり、田村直臣は米国に留学中で不在であり、また植村正久は名古屋伝道に忙しくしていた。

　そこで、東京 YMCA は、東京が広く連携が取りにくかったことへの対処として、1886 年（明治 19）頃より各市地区に部会（「麻布青年会」、「牛込青年会」、「下谷青年会」、「赤坂青年会」など）を組織し、これら部会の統合をもって組織の建て直しを図った。そして、1886 年（明治 19）11 月 3 日、大阪 YMCA が東洋ではじめての YMCA 会館を建設したのを受け、東京 YMCA は 1887 年（明治 20）6 月 4 日に臨時総会を開いた。この総会では、停滞していた東京 YMCA の再興を期して数名の委員を選出したが、委員の中にあまり熱心な者はいなかった。これに対して、木村熊二（高輪台町教会牧師）が責任を感じ、銀座 1 丁目と 2 丁目との裏通りの岸田吟香所有の家屋を個人的に月 12 円で借り受け、「Y，M，C，A，」の横看板を掲げた。また、この臨時総会では「規則」が次のように改められた。

「東京基督教徒青年会規則
第 1　此会ヲ東京基督教徒青年会ト名ク
第 2　此会ハ青年信徒互ニ相奨励親睦シ共ニ信仰ヲ進メ知識ヲ開達シ未ダ道ヲ知ラサル青年ヲ誘導シ其疑問ヲ解キ神ヲ敬愛シ徳ヲ尊尚スルコトヲ知ラシメ廣ク此教ヲ世人ニ知ラシメン為ニ設クルモノナリ
第 3　会員ハ此会ニ備フル所ノ書籍新聞雑誌等ヲ自由ニ借覧スルコトヲ得
第 4　会員ハ毎月三十銭ヲ本会ヘ納ムベシ
　　　但シ、之ヲ怠納スルモノハ会員タルノ特権ヲ失フベシ
第 5　此会ニ書記書籍掛会計各 1 名ヲ置ク但シ毎年 1 回総会ヲ開キ之ヲ改選スベシ
第 6　書記ハ本会事務ノ記録及ヒ通信ヲ司リ会議ニ臨席シ其議事ヲ記シ毎期例会ノ節前年ノ報告ヲナスベシ
第 7　書籍掛ハ書籍室ヲ管理シ書籍貸渡規則ニ従テ会員ニ之ヲ貸渡スルコトヲ司ル

第8 会計ハ本会ノ出納ヲ司リ毎年ノ総会ニ其ノ精算ノ報告ヲナスベシ

第9 毎年十月ノ第四火曜日ニ総会ヲ開キ役員ヲ選挙シ前年中取扱イタル事務ノ報告ヲナスベシ
此会ニハ全会ノ人員出席スルモノトス但シ会員五名以上ノ請求ニ依リ臨時会ヲ開クコトヲ得

第10 凡テ会議ハ祈祷ヲ以テ之ヲ始ム

第11 本会々館ヲ京橋区日吉町二十番地ニ設置ス

　　　　　　明治20年6月4日　　　京橋区日吉町二十番地
東京基督教徒青年会」[23]

　この規則からも明らかなように、東京YMCAの活動は祈祷会や講演会、さらには図書の貸し出しが主な事業であった。

　一方、明治政府は国立諸学校の英語水準を高めるために英語教師を求めていた。1888年（明治21）に、この要請に応えて北米YMCAで主事をしていたスウィフト（John T. Swift）が東京高等商業学校（一橋大学の前身）の教師として赴任した。スウィフトは東京にYMCAがあることや、木村熊二たちが再建に苦慮していることを知り、北米YMCA同盟に手紙を送り、現状を報告した。その後、スウィフトは1889年（明治22）に北米YMCA同盟より海外派遣主事として任命された。これにより、東京YMCAは北米YMCA同盟より43,000ドルの資金援助を受け、会館建設へと向かうことになる。

第2項　YMCAの全国への普及

(1) 大阪YMCAの設立と活動

　1880年（明治13）6月「大阪専門学校医専科」の生徒13名を中心に生まれた「浪華基督教青年会」が、大阪YMCA創立の導火線となった。これは1880年（明治13）の春、東京に青年会が設立されて直後のことであり、東京における青年会の概念が大阪にも即座に伝えられたものであった。この「浪花基督教青年会」は沢山保羅ら天満教会の[24]指導によって

活動していたが、大阪専門学校医専科が明治13年12月に廃科となったために、この学校の学生であった会員は各地の教会へ散っていった。

1882年（明治15）6月4日、大阪市内キリスト教信徒の有志が図って、沢山保羅の兼牧する天満教会仮会堂（北区樽屋町20）において、「大阪基督教徒青年会」を組織した。これが現在の大阪YMCAの始まりである。この大阪YMCA設立に関しては、「聖公会聖提摩太（テモテ）教会」（川口教会の前身）、「梅本町公会」（大阪教会の前身）、「浪華公会」（浪花教会の前身）などが深く関わっていた（公会は、明治10年に教会と改名された）。彼らは米国留学から帰ってきた新島襄（同志社英学校の創始者）やジョージ・オルチン博士（神戸女学院理事）などの宣教師から米国のYMCAの活動についての話を聞き、YMCAについての知識を得ていた。大阪YMCAは東京に次いで日本で2番目に組織されたYMCAであったが、組織の確立や会館の建設などは東京に先立って実現した。

大阪YMCAの中心的会員は、若い牧師や信徒であった。即ち、浪速、天満、畠之内、大阪、南北一致、三一、テモテ、ヨハネ、ポール、慰主、救主、第1、第2の諸教会などの青年信徒、延べ200余名が会員となった。彼らは1882年（明治15）7月に「大阪基督教青年会規則」を議定し、役員を選出した。初代会長には宮川経輝（当時大阪教会牧師・26歳）、幹事長には古木寅三郎（当時天満教会牧師・28歳）が就任した。

「大阪基督教青年会規則」は10か条から構成されていた。この中で、大阪YMCAは第2条の目的において、キリスト教の真理の拡張と社会の道徳の改良を主張している。

　「大阪基督教徒青年会規則
　第1条　名称　本会は大阪基督教徒青年会と称す
　第2条　目的　本会は基督教の真理を拡張し併せて社会の道徳を改良するを以て目的とす
　第3条　会員　基督教信者にして毎月金10銭以上を納むる者を会員とす但し情実によりては其半額を納むる者と雖も会員たるを得べし

第4条　会友　教会外の者又は外国人は会友とす但し会友は会議の節其意見を陳ずるを得るも決議の数に入るを得ず

第5条　役員　会員中より投票を以て会長1名幹事2名会計1名を選任し会中の事務を負担せしむ但し毎年春季惣会の節之を改選すべし同人を再選するも妨げなし

第6条　職務　会長は会中百般の事務を監督する者とす会長疾病或は事故ありて其責に任ずる能はざる時は幹事をして代理せしむ幹事は庶務及記録を司り会計は本会の会計を司る者とす

第7条　常議員　毎年秋期惣会の節常議員30名を選挙し本会の事務を商量せしむ

第8条　惣会　毎年春秋二期に惣会議を開き百般の事務を商議すべし但時宣（ママ）により臨時惣会を開くことあるべし

第9条　常議員会　毎月1回第一土曜日之を開き常議員会規に依り本会の運動を計画す

第10条　入退会　入会せんと欲する者は幹事に申出幹事は会長と協議の上之を許し常議員会及小集会の節報告すべし又退会者も同く上の手続によるべし」[25]

　当時は会館もなく、一般公会堂もなかった。このため、大阪YMCAは橋岡能舞台、高島座、難波新地坪屋、堺大山座などで学術演説会や宗教演説会を毎月のように開き、毎回700名くらいの聴衆を得てキリスト教を広めることに力を尽くした。この頃、体育活動は全く顧みられておらず、YMCAの活動は専らキリスト教伝道の説教会や演説会が主であった。しかし、これらの福音伝道の演説会は、大阪においても国粋主義者たちとの対立を招いた。このような状況の中、自分達だけのために自由に使える会館の建設が望まれていた。

（2）横浜YMCAの設立と活動

　1884年（明治17）横浜海岸教会（プロテスタント・キリスト教会）の青年信徒達は、東京YMCAや大阪YMCAの活動に影響されて、YMCAの設

立を提唱した。1884年（明治17）に設立された横浜YMCAの活動は、キリスト教伝道を第一の目的とし、そのための集会や演説会が開催され、会員獲得を目指した英語研究会も実施された。初代会長は海岸教会長老の熊野雄七（共立女子校教師）であり、海岸教会の牧師たちが指導にあたった。活動の場は海岸教会や会員である柳下平次郎所有の建物であったが、他の教会の青年達が参加し始めると、住吉町教会をはじめ他の教会も使用されるようになった。

1887年（明治20）稲垣信牧師が第2代会長になると、横浜YMCAの活動はキリスト教伝道から社会的活動へと広がっていった。明治20年代に入り、売娼が大きな社会問題となった時、横浜YMCAが行った廃娼運動も社会的活動の1つであった。

その後、第2代会長の稲垣信から第8代会長の原誼太郎〔1899年（明治32）就任〕までの12年間、会長をおかない年もあったが、実に7人もの会長が交代している。この間の横浜YMCAの活動について『基督教青年』は「曾ては横浜人士の耳目を聳動したる大演説会、廃娼運動をなしたることありしかど、会員今は追々退会散在」[26]と報じている。リーダーの相次ぐ交代と、演説会という名の講演会が唯一のプログラムであったという活動の限界が多くの会員をYMCAから去らせ、横浜YMCAの活動は停滞状態に陥った。

1902年（明治35）に原誼太郎会長（第8代会長）が転勤のため横浜を離れると、会員達は停滞状態にある横浜YMCAの活動を活発にするために、「青年会憲法」の改正を行い、会長評議員及び幹事等を置き、会費を値上げし、賛助会員を募ることとした。また、彼らは会長を横浜市内より推薦するための運動を起こした。

1903年（明治36）の「日本基督教青年会同盟」の結成を契機に、沈滞気味であった横浜YMCAも徐々に活気を取り戻し、1905年（明治38）にはさらに会則が改正された。会則は、第8章（第1章名称、第2章目的、第3章会員入会及退会、第4章会員の権利及義務、第5章役員、第6章職種、第7章集会、第8章附則）から構成されていた。

「横浜基督教青年会会則

第1章　名称

第1条　本会は横浜基督教青年会と称す

第2章　目的

第2条　本会は青年間に福音的基督教を伝播し且つ其心霊、知識、社交、及身体上の福利を増加し社会の改心を謀るを以て目的とす

第3章　会員入会及、退会

第3条　会員入会及退会：会員の資格を区別して正会員準会員の二種とす

基督教信徒にして本会に加入する者を正会員となし、未だ基督教信徒たらざるも本会の目的を賛成して入会するものを準会員となす

第4条　入会希望者は会員の紹介を以て役員会に申込み其承認を得て入会すべし退会せんと欲する者も亦其旨を同会に告知すべし

第5条　会員若し不品行にして会名を汚すの行状ありと認むるときは成るべく之れに忠告すべしと雖ども時宜に依り役員会の決議を以て退会せしむべし

第4章　会員の権利及義務

第6条　会員は凡べて同一の権利を享有すと雖ども投票及総会たるの権は唯正会員のみ之を有す

第7条　会費の額に従ひ会員を左の三種に区別す

　一　通常会員
　二　維持会員
　三　終身会員

第8条　通常会員は会費として毎月金10銭を納め維持会員は毎月金25銭以上を納め終身会員は一時に金20円以上を納むるものとす

第9条　会員は青年をして道徳及宗教上の感化を受けしむる事を勉め且つ安息日には教会に出席しむる等百万力を尽して其基督教

　　　　　の本旨を知らしむべし
第10条　会員は直接にも間接にも本会をして其目的を達せしめ且つ繁栄を企画し多くノ青年を誘ふて本会に加入せしめ又総べての方法により本会の事業の拡張を謀るべし

第5章　役員

第11条　本会の役員は会長1名理事20名とし春期総会に於て之を撰挙す
　　　　　前項の役員は其任期を2ヵ年とす但再撰することを妨げず又任期満了するも後任者就職する迄は前任者其職務に鞅掌すべし
　　　　　理事は甲乙2種に平分し毎年交互に半数を改撰するものとす但最初の理事の甲乙を定むるには抽籤を以てす

第12条　理事に欠員を生じたるときは役員は補欠員を撰挙し次期の総会に之を報告すべし但其任期は前任者の任期に同じ

第13条　理事は宗教部、社交部、教育部、庶務部、及財政部の5部に分ち宗教部及社交部に各甲3名乙2名、教育部に甲2名乙3名、庶務部に甲1名乙2名、財政部に甲乙各1定員と為し甲乙毎に其互撰を以て各所属を定め次に各部に於て互撰を以て其部長を定む但半数改撰の結果新に又は再び撰挙せられたる者は其者のみにて更に互撰を以て各部の補欠を為し各部に於ては更に部長の互撰を為すべし
　　　　　宗教部の部長を以て常に理事長とす

第14条　役員会は有給又は無給の幹事1名又は数名を置くことを得
　　　　　幹事は理事と同一の権限を有し同一の職務に服す但何れの部にも専属せざるものとす

第6章　職権

第15条　会長は会務を総理し会議の議長たるべし
　　　　　理事長は会長を補佐し会長事故あるときは会長の事務を執るべし

第16条　各部の理事は左の事務を掌理す

第1　宗教部：聖書研究、祈祷、礼拝、説教其他宗教的事務
第2　社交部：親睦会、送迎会、図書縦覧、遊技、会員募集其他社交的事務
第3　教育部：夜学校、校友会、学術演説其他教育的事務
第4　庶務部：本会の記録、通信、会報編纂青年会館の建設維持其他庶務に属する一切の事務
第5　財政部：本会に関する金銭物品の出納、予算案及決算案の編成其他財政に関する事件を商議するものとす

第17条　会長及理事を以て役員会を組織し本会の事業及方針に関する事件を商議

第7章　集会

第18条　総会は毎年4月及10月の両度に於て開くものとす
総会に於て執行すべき事務左の如し
一　理事より前半ヶ年間に執行したる事務を報告すること
一　役員を改選する事（但春期総会に限る）
一　本会の利害に関する重要の事件を議決する事

第19条　臨時総会は会長の必要と認むる場合又は会員5分の1以上の要求ある場合に之れを招集する事を得

第20条　総会は横浜に居住する会員の半数以上の出席するに非れば開会する事を得ず

第21条　本会の目的を実行する為め宗教、社交、及教育の3部を通し少くも毎月2回の月次会を開くものとす

第22条　役員会は2月、4月、6月、9月及11月の5回に之を開くものとす但緊急会合を要するときは会長之を開く

第23条　各部の理事会は毎月1回之を開くものとす但臨時必要あるときは理事長之を開く

第24条　本会の諸集会は祈祷を以て之を開閉すべし又本会に於ては基督教主義に反対する一切の決議を為す事を得ず第25条此の規則を改正せんと欲するときは其議案を総会に提出し出席会員3分の2以上の同意を以て変更する事を得

第 8 章　附則
第26条　明治 38 年 1 月に於ける会則改正後直ちに役員選挙を為し該
　　　　年度に限り春期総会に於ける役員の改選を為さざるものとす
　　　　第 1 回の選挙に於て選ばれたる理事は明治 39 年度春期総会
　　　　に於て之に改選するものとす」[27]。

　会則では、横浜 YMCA の目的が次のように述べられている。「本会は青年間に福音的基督教を伝播し且つ其の心霊、知識、社交、及身体上の福利を増加し社会の改進を謀るを以て目的とす」[28]。1905 年の会則の大きな変更点は、これまでの評議員制度（会長 1 名、幹事 5 名）を廃止して理事会制度（会長 1 名、理事 20 名）を採用し、以下のように理事 20 名を 5 つの部に配置して、各部の職務を明らかにしたことである。つまり、宗教部（理事：甲 3 名乙 2 名）は聖書研究、祈祷、礼拝等、宗教的な事務を行い、社交部（理事：甲 3 名乙 2 名）は親睦会、図書縦覧、会員募集等、社交的な事務を担当し、教育部（理事：甲 2 名乙 3 名）は学校、学術演説、その他教育的事務に当たり、庶務部（理事：甲乙各 2 名）は横浜青年会の記録、会報編纂、青年会館の建設維持等を行った。財政部（理事：甲乙各 1 名）は、金銭物品の出納、予算案・決算案の作成等を業務とした。1905 年の会則は、1906 年（明治 39）には 20 名の理事では多すぎるという理由で再び改正され、会長 1 名、理事 5 名、評議員 20 名を役員としている。こうした組織整備とともに、英語学校の経営や、1904 年（明治 37）11 月 5 日に最初に発行された機関誌『横浜基督青年会会報』などを通して、横浜 YMCA の活動は徐々に活気を取り戻していった。

　このように横浜 YMCA の活動が活発になるにつれ、運営を円滑にするための専用施設の必要性が高まった。特に英語学校の経営に際し、本格的な会館が必要となってきた。そこで、横浜 YMCA は 1904 年（明治 37）に指路教会が住吉町に所有していた私立女子住吉学校の校舎を借り、ここを仮会館として諸活動を行うようになった。これまで教会や人家を借りて集会会場にするなど、活動場所の確保に苦労を強いられていた会員にとって、仮会館とはいえ専有施設を持つことができたことは、継続的で安定し

た活動を行う上で有意義なことであった。機関誌『横浜基督教青年会会報』は「仮会館」について、「客年来種々計画する所あり苦心惨憺の結果、住吉町三丁目四十五番地(元小村学校跡)なる指路教会所有家屋を借入れに漸く仮会館の設置を見るに至れるは諸君と共に大に喜ぶ所なり」[29]と報じている。

仮会館でのYMCAの活動をみると、例えば1912年(明治45)においては、定期集会として第2土曜日夕方に青年講話及び茶話会を開き、第4土曜日夕方には講演会、毎週火曜と金曜には「午時聖書会」の催しを行っている。

会館が完成するまでの仮会館における体育活動としては、1916年(大正5)の『開拓者』4月号(第11巻第4号)に以下のような記述が見られる。「昼休みを利用して仮会館を訪はるる会員諸君を増加し、午食を共にせらるる者、ピンポン、メヂシンボールに食後の適当なる運動を取らるる者など極めて愉快なる現象なり」[30]。つまり、昼休みを利用したピンポン、メヂシンボールが気ままに行われる程度で、横浜YMCAの活動プログラムとして計画的に行われるような体育活動はなかった。また、近郊に散策する程度のものであった「土曜遠足会」が実施されている。「土曜日午後二時より約三時間半の時を用いて近郊に散策を試みんとするが此会の目的なり。先般岡野公園に催せし其第1回には九名の同行者を得たり」[31]。これらの活動は仮会館での体育活動の限界を示すものであり、定期的な活動を保障するためにも独自の会館の必要性がますます高まっていくこととなる。

(3) 神戸YMCAの設立と活動

神戸においては、1880年代、アメリカ宣教師ダニエル．C．グリーンやアンナ．Y．ディヴィスたちの宣教活動によって洗礼を受けた信者たちが中心となって神戸YMCAは設立された。

1886年(明治19)5月、諏訪山紅葉館において原田助、村上俊吉、水野功、吉川亀等を発起人として、元町通り四丁目を講義所として、神戸YMCAが発足した。会長に原田助、幹事に村上俊吉、小磯吉人が選出さ

れた。この時期は、神戸 YMCA のほか、各教会によって独自の青年会が組織されていた。そして、1890 年（明治 23）には神戸、兵庫、多聞、浸礼、和友の青年会が合併し、神戸市 YMCA が組織され、仮会館が坂本村元私立神戸英語学校跡に設けられた。

「神戸市基督教青年会憲法
第1章　名称及目的
第1条　本会は神戸基督教青年会と称す
第2条　本会の目的は青年の間に基督の福音を伝へ且其心霊、智識、社交及身体上の改良進歩を図るに在り
第2章　会員
第3条　本会会員を正会員、準会員、及名誉会員とす
第4条　年齢16歳以上の青年にして福音主義の教会に属する者は本会の正会員となることを得而して正会員は投票をなし又は役員に選挙せらるるの権利あるものとす
第5条　年齢16歳以上の青年にして本会の目的を賛成し品行方正なる者は準会員たるを得
第6条　本会に功労ある者は金銭物品を以て本会を賛助する者は評議員会の決議に依り名誉会員たるを得
第7条　正会員又は準会員たらんと欲する者は正会員2名の紹介を以て幹事に申出づべし
第3章　会費
第8条　正会員及準会員は会費として毎月金15銭を納むべし
第9条　一ヶ年間会費を納めざる者は会員の資格を失ふものとす
第4章　役員
第10条　正会員より投票を以て評議員11名を選挙し本会の事務を議定せしむ其任期を一ヶ年とす
　　　　但し一宗派の人を以て其半数以上を占むるを得ず
第11条　評議員会中より会長、副会長、書記、会計各1名を互選し任期を一ヶ年とす

第12条　評議員会は本会の事務を執行する為め幹事其他の雇員を選任するを得

第5章　集会

第13条　総会は毎年1月に之を開き前年間に於ける諸般の報告をなし議事を行ひ評議員の改選を為すものとす
但し正会員5分の1を以て満数とす

第14条　評議員会は毎月1回之を開く
但し4名以上の出席あるにあれば決議することを得ず

第15条　毎年4回の例会を開き会員相互の友誼を厚くし時宜に依り本会の事業に就き協議すべし

第16条　凡て本会の集会に於いては決して教派的或は政治上の演説批評の運動をなすべからず

第6章　戒規

第17条　会員にして不道徳の行為或は本会の主義に反する者ありたる時は評議員会は慎重に之を調査し相当の処分を為すべし

第7章　憲法変更

第18条　此憲法は本会の総会に於て出席員3分の2以上の同意を以て改正することを得
但し改正案は予め10名以上の連署を以て評議員会に提出し評議員会は其意見を附して一ヶ月前に全会員に頒つものとす」[32)]。

　会長には長田時行がつき、副会長には川道雅彦、幹事に井上誠之助、書記は津田鎌吉、会計には河村正雄がなった。会の目的は「青年社会心霊、社交、知識、及び体育の改良進歩を図る」[33)]ことであり、「宗教部」、「教育部」、「社交部」、「体育部」の4つの部会が設置された。宗教部は毎日曜日の午後2時より、仮会館にて青年祈祷会を開いた。教育部で仮会館に新聞雑誌の閲覧室を設け、各地の新聞雑誌を集め一般に開放した。さらに、教育部は書籍室を設置し、英和の書物を置いたり、「夜学会」を開いて元英語学校の事業を引き継いだりした。この他に、和漢、算術、簿記の各科

が開設された。社交部は毎週土曜日の夜、市内の青年を対象に「遊戯会」を催し、交際の機会を提供したり、地方から出てきた青年のための旅宿の世話や失業青年のための職業斡旋などを計画した。体育部においては、設置はしたものの当面の計画は記載されていない。

神戸YMCAの活動は1894年（明治27）ころより、日清戦争の影響により、低調になる。その後、1899年（明治32）2月に村松吉太郎（神戸教会）、西川玉之助（栄光教会）、中村平三郎（栄光教会）、森田金蔵（神戸教会）、伊藤俊介（神戸教会）等が役員となり、神戸YMCAは再興された。会長に伊藤俊介、副会長に村松吉太郎が選出され、5月に神戸基督教会堂で発会式が行われた。8月には、神戸教会共励会所属の進修館を仮会館として活動が開始された。

これらの創立者の多くは当時30歳代であったが、中でも村松は神戸YMCAの中心的な存在であった。彼は若くして（21歳の時）貿易の研究のため渡米し、ニューヨークの商業学校で学ぶ間に、アメリカYMCAの最初の主事ロバート・マクバニーに接し、現地のYMCA活動に深く心を動かされた。村松は神戸に帰った後も、常にマクバニー氏の「青年に温かい握手を」という言葉を座右の銘として活動した。村松は青年に読書をさせるために数千冊の本を寄附し、港町の青年は英語を知らなくてはならないと英語教育を徹底した。村松は大正5年まで神戸YMCAの理事長を務めた。

西川玉之助も若くして渡米し、セントラル・アカデミーを始めとしてヴァンダ・ビルト大学において「芸術修士」(Master of Arts) の学位を得て帰国した。西川もこの留学中にYMCA活動に触れ、神戸の地にYMCAを設立したいと考えるようになった。西川は他の創立者がすべて実業界の人であった中で、唯一人の教育者（関西学院教師）であった。彼は最初の幹事（今日の主事）として直接会務を担当し、村松のよき相談役として活躍した。彼は特に英語に優れ、東の井深梶之助、西の西川玉之助と並び称されるほどであった。

中村平三郎は神戸美以教会（今日の栄光教会）の初期の中心的人物で、神戸における代表的クリスチャンであったが、創立当初より会計を担当し、村松理事長のよき女房役として神戸YMCAを支えた。

森田金蔵は新島襄氏を慕って同志社に入ったが、新島が亡くなると渡米して勉学にいそしみ、帰国後大沢商会神戸支店長となり、神戸YMCAの創立に参画した。伊藤俊介は創立者の中で最も社会的地位が高く、年長者でもあり、第一代の会長に推された。また、神戸教会牧師であり、後に同志社総長等を歴任した原田助は、神戸YMCAの活動に間接的にも直接的にも、援助と指導を与えた。

　神戸YMCAは会の活動の柱としての聖書研究会と、具体的な事業としての寄宿舎を開設した。聖書研究会は創立者達自らの働きの他に、大阪YMCAの名誉主事グリーン氏が援助した。寄宿舎に関しては、1899年（明治32）に中山手通六丁目にあったフランス領事の住宅の上のあたりの閑静な場所に寄宿舎一棟を新築し、「進修館寄宿舎」と称して8月より開業した。進修館の2階には4つか5つの6畳の間があり、1室ずつの独身青年が寮生活を送っていた。新聞記者や詩人または会社員や学生が生活を送り、先輩諸氏の指導を受けていた。このように、全生活を通して青年に働きかけることが当時の神戸YMCA指導者にとって最大の望みであった。

　その後、土曜講演と称して毎土曜日に各界の先輩を招いて精神的感化を与える講演会が実施され、外国語学校も設けられた。このように、神戸YMCAは聖書研究や寄宿舎の事業から活動を広げ、次第に形を整えていった。1910年（明治43）1月に公にされた会館建築費募集趣意書の中で示された活動は、以下のようなものであった。

「1.　土曜講演　　毎週土曜日午後7時より内外知名の専門家を聘して講演をなす
　2.　親睦会　　　随時これを開く。
　3.　室内遊戯　　諸種の内外遊戯器具を備え、毎土曜日午後6時より之を開く。
　4.　英語聖書研究　ウィルバー氏担当。毎日曜日午後2時より開会。
　5.　英語夜学校　午後7時より9時まで英米人3名、邦人4名、懇篤に教授す。
　6.　新聞縦覧室　内外の新聞雑誌を備え、会員の縦覧に備える。

7. 会報　隔月1回発行本会に関する記事報告を掲載し、会員に配布す。
8. 寄宿舎　会館階上をもってこれに充てる。目下十数名を収容しつつあり。」[34]

　会の事務は西川玉之助、金子卯吉、三浦範三、奥山春二、高原亀三、楢橋盛次郎氏等によって受け継がれた後、独自の会館建設へと移っていった。

（4）京都YMCAの設立と活動
1）京都YMCAの設立

　京都YMCAは1889年（明治22）木屋町三条において「京都基督青年会」として一度創立したが、その後の欧化主義の反動として現れた国粋主義によるキリスト教をめぐる厳しい社会情勢のため活動は衰退した。しかし、1903年（明治36）にフェルプスらによって「京都基督教青年会」として再建された。

　京都では、もともと仏教や神道が盛んで、東京YMCAが創立された1880年（明治13）頃はキリスト教に対する迫害が激しかった。そのため、キリスト教伝道のための集会を開くためには、日曜日ごとに町内の戸長からの許可をとり、区長役場に届ける必要があった。また、キリスト教の文字すら表面には出せない状況であった。1891年（明治24）には、キリスト教の各派連合が四條南劇場で昼夜にわたり大演説会を開催したが、仏教徒たちの妨害により散会させられた。

　このような状況の中で、1887年（明治20）1月に井手義久（四條教会牧師）、新島公義、大澤善助、中村栄助、安部磯雄たちが発起人となり、京都YMCAの原型となる「京都青年会」が組織された。会長は井手義久がなったが、独自の活動拠点（会館）がなく、1888年（明治21）8月に彼が牧師を辞任したため、YMCAは休会状態となった。

　1889年（明治22）2月には、大日本帝国憲法の発布により言論・出版・集会・結社の自由が認められたことや、全国キリスト教青年信徒や学生たち約500人が同志社に集まり第1回夏季学校が開催されたことなどが弾み

となり、「京都基督青年会」が中西京上京区區木屋町三條上大坂町三番戸に設立された。会長は白藤信嘉、副会長に福田徳三郎、幹事に三宅彦彌、村田忠二郎、斉藤泰一郎が就任した。「京都基督青年会」は「京都青年会」と異なり、借家ではあったが、活動の拠点を有しており、広く市民に向けて活発な活動を行い、さらに機関誌『青年之光』を発行した。その後、仮会館の家賃値上げにより、京都YMCAは1889年（明治22）12月に木屋町三條上中島町17番戸に移転した。

「京都基督青年会」は目的や活動あるいは会員について、規則摘要の中で次のように定めている。

「規則摘要
本会ハ左ノ四項ヲ以テ目的トス
　一　基督教ノ真理ヲ拡張スル事
　二　青年信徒各自ノ信仰ヲ練ル事
　三　青年社会ノ品格ヲ矯成シ且慮世ノ目的ヲ確立スル事
　四　我邦旧来ノ弊習ヲ矯メ以テ社会改良ノ実ヲ挙クル事
本会ハ時々宗教及学術ノ演説、討論、並ニ懇談会ヲ開ク
本会ニハ書籍室、新聞雑誌室、体育室、遊戯室、ノ設アリ
本会ハ会員、会友、特別会友ノ三者ヲ以テ組織ス
本会会費ハ会員会友（特別会友ヲ除ク）ニ論ナク一ヶ月金五銭以上拾銭以下ヲ出スモノトス
本会ハ毎月一回宛常会ヲ開キ春秋両度ニ総会ヲ開ク
本会ヘ入会セント欲スル者ハ幹事ニ就テ入会用紙ヲ請取リ記名調印ノ上幹事ニ差出スヘシ
本会ニ関スル諸件ハ凡テ本雑誌ニ広告スヘシ」[35]

会の主な活動は、会館での毎日曜日の祈祷会、説教や演説会、さらには親睦会やクリスマス会の開催などであった。新聞は内外50種を越え、雑誌は20冊以上を揃え、来観者の縦覧に応えていた。毎安息日には夕方から説教会を開き、基督教の普及のため、毎月一回もしくは隔月一回の講演

会を開いたり、幻灯会を催したりした。

仮会館の体育室においては体操用諸器械が設置され、会員や会友また来館者に提供されていたが、体育に関するプログラムの内容や指導者に関しては不明である。

京都YMCAは1890年（明治23）2月より「京都青年夜学校」を開校し、商用科、銀行科、官用科、農業科、工業科を開設し、夜間3時間3ヶ月で卒業できるよう定め、一般市民にも会館を利用できるようにした（しかし、その後の会の活動はその実態がつかめていない）。

2）京都YMCAの再建

1896年（明治29）12月、モット（John R. Mott：世界学生基督教連盟、初代総主事）が全世界の学生キリスト教を結合することを目的に来日した。モットが京都に寄った時、彼は京都にYMCAを作ることに十分な意味を見出した。このことから、この当時のYMCAの活動は停滞していたことが伺える。モットが帰国した後、京都の宣教師たちが中心となり、北米YMCA国際事業部に指導者の派遣を請求し、1903年（明治36）1月にフェルブスが初代名誉主事として京都に赴任した。さらに、佐伯理一郎（医師）、中村栄助（のちに初代京都市会議長）、ドイツ留学を終えて帰国した福田令寿（医師・のちの熊本YMCA初代理事長）たちが加わり、京都YMCAの再建のための準備が進められた。1903年2月にフェルブスの歓迎会が祇園花見小路の京都倶楽部で開かれ、歓迎会に参会した者の間で「京都基督教青年会」の再建が検討された。

1903年（明治36）10月19日に京都基督教青年会が策定した憲法（規約）と会則は、憲法8か条、会則8章18条から成り立っている。

　「京都基督教青年会憲法
　第1条　名称：本会は京都基督教青年会と称す
　第2条　目的：本会の目的は左の如し
　第1項、京都市及付近の青年基督信徒の一致団結を図る事
　第2項、京都市及付近の青年間に基督の福音を伝播する事

第3項、京都市及付近の青年の心霊、知識、社交及身体の発達を助くる事
第3条　同盟：本会は日本基督教青年会同盟に加盟す
第4条　組織：本会は（1）正会員（2）準会員（3）名誉会員を以て組織す
第1項　正会員は年齢16歳以上の男子にして福音主義の教会に属する者たるべし
　　　　本会が福音主義と認むる者は聖書を以て信仰と行為の完全なる規範なりと信じ且耶蘇基督を以て神性ある唯一の救世主なりと信ずる者を云ふ
第2項　準会員は年齢16歳以上の男子にして本会の目的を賛する者たるべし
第3項　名誉会員は本会に功労ある者又は特別の助力を与えたる者たるべし
第5条　理事：本会は正会員中より理事を挙げ本会の事業を経営し財産を管理せしむ
第6条　財産：本会の財産は之を本法第2条に掲げたる事項以外の目的に使用することを得ず
　　　　但管理行為として他に貸与するするは此限にあらず
　　　　本会が解散せんとする場合に於ては本会所有の財産は日本基督教青年会同盟中央委員の決議に従ひ処分す
第7条　維持：本会の維持に要する経費は会員の会費及有志の寄附金を以て支弁す
第8条　修正：本法の修正は全正会員10分の9以上の同意を要す」[36)]

　この第二条に挙げられた目的は、モットやフェルプス（George S. phelps）により伝えられたものであり、当時のYMCAの役割を推察することができる。その後「憲法」承認の会に引き続いて開催された総会において、松山高吉、田村初太郎、宇野重喜たち12名が理事に選出され、会長には田村初太郎（聖公会）、副会長に福田令寿（組合派）が就任した。

具体的な活動としては、毎日曜日午後2時から宗教道徳に関する講話（日曜講話）や毎土曜日午後2時から邦語部と毎日曜日講話後の英語部による聖書研究が行われた。さらに、土曜日には学術実業宗教に関する講演会が随時開催された。また、英語学校を昼間部と夜間部に分けて開かれた。そして、会員や会員以外の人にも読書室の縦覧を許可したり、室内遊戯室を開放したりした。
　しかし、YMCAの事業を充実させ、発展させていくためには独自の会館が必要となってきた。

まとめ

　明治期において早くから設立された日本各地のYMCAは、アメリカからの宣教師や英語教師、さらには留学から帰朝した若い教会牧師・信徒たちによって設立された。活動の目的は、キリスト教の信仰と伝播のほかに青年の心霊、知識、社交、及び体育上の改良を図ることなどであった。しかし、この時期の活動はキリスト教伝道のための講演会や聖書研究会などが主であった。YMCAの活動が宗教的な活動に限定されていた背景には、YMCAが独自の会館（施設）を有していなかったことが挙げられる。このため、事業を充実させていくためには自らが自由に使える会館が必要となっていた。

おわりに

　1844年6月6日にロンドンにおいてYMCAが初めて創立された。初期の活動は会員のための祈祷会や聖書研究であったが、次第に北米にも影響を与え1851年12月にロンドンにおいてYMCAが設立された。北米において「体育事業」に関心がもたれたのは1850年代後半からであった。
　日本にYMCAが設立されたのは1880年に東京においてであったが、活動は青年に対するキリスト教の直接的伝道であり、「体育事業」については殆ど行われていなかった。その後、日本の主要都市にもYMCAが設立されたが活動のための拠点（会館）がなかったため、十分な活動ができな

かった。

注

1）概観するにあたっては、主に鈴木栄吉著『基督教青年会発達史』（開拓社、1921）並びに C. Howard Hopkins 著『History of the Y. M. C. A. in North America』（Association Press、1951）に依拠した。
2）ジョージ・ウィリアムズ、C. W. スミス（C. W. Smith）、ノートン・スミス（Norton Smith）、エドワード・バレンタイン（Edward Valentine）、エドワード・バーモント（Edward Beaumont）、M・グラソン（M. Glasson）、ウィリアム・クリース（William Creese）、フランシス・ジョン・コケット（Francis John Cockett）、E・ロジャーズ（E. Rogers）、ジョン・ハービー（John Harvey）、ジョン・C・シモンズ（John C. Symons）、ジェイムス・スミス（James Smith）の12人であった。
3）鈴木栄吉、基督教青年会発達史、開拓社、1921、pp.28-29。
4）荒木直範、青年会体育部略史、開拓者　第16巻　第11号、p.22。
5）鈴木栄吉、前掲書、pp.100-101。
6）前掲書、pp.108-110。
7）前掲書、p. 123。
8）前掲書、p. 123。
9）前掲書、pp.127-128。
10）前掲書、p.151。
11）この段落の引用は次の文献である。鈴木栄吉、前掲書、p.167。
12）前掲書 p.126。
13）荒木直範、前掲書、p.23。
14）鈴木栄吉、前掲書、p.161。
15）C. Howard Hopkins, HISTORY OF THE Y・M・C・A IN NORTH AMERICA, Association Press 1951. p.247。
16）YMCA in America 1851 - 2001 A History of Accomplishment Over 150 Years、p.4。
17）荒木直範、前掲書、p.25。
18）この節における記述については、主に齊藤実『東京キリスト教青年会百年史』東京キリスト教青年会、1980、世ების田元『大阪YMCA史』大阪キリスト教青年会、1969、大和久泰太郎『横浜YMCA百年史』横浜キリスト教青年会、1984、神戸YMCA100年史編纂室偏『神戸とYMCA百年』神戸キリスト教青年会、1987、野村武夫『京都YMCA七十年史』京都キリスト教青年会、1975、奈良常五郎『日本YMCA史』日本YMCA同盟、1959に依拠した。

19)「家塾」とは、宣教師たちが伝道のために英語の教授を通して欧米の思想を青少年に伝えるために開いた私塾である。
20)吉川たけし、75年・東京の青年と共に、東京基督教青年会、1955、p.7。
21)田村直臣、信仰五十年史、警醒社、1924、p.83。
22)基督教新聞、1886、3月19日。
23)基督教新聞、1887、6月15日　第4巻　第203号、p.7。
24)天満教会は1878年（明治11）2月に浪華基督教会員9兄姉の相談により、天満地方に福音を伝えるため、北区地下町6番地中村ひさ方で聖書講義を開き、福音を伝えてきた。その後、天満橋筋1丁目に場所を移し、集会を継続していたが、翌明治12年1月20日有志が集り、「天満基督教会」を設立し、浪華基督教会の沢山保羅が兼牧した。後に、この教会は樽屋町に仮会堂を得た。
25)大阪基督教徒青年会規則（原文書）。
26)日本YMCA同盟、日本YMCA運動史資料集　第2集、1983、p.83。
27)大和久泰太郎、横浜YMCA百年史、1984、ぎょうせい、p.161。
28)横浜基督教青年会、横浜基督教青年会会報　第2号、1905、1月18日。
29)横浜基督教青年会、横浜基督教青年会会報　第5号、1905、5月16日、p.11。
30)日本基督教青年会同盟、開拓者　第11巻第4号、1916、4月号、p.98。
31)横浜基督教青年会、横浜基督教青年会会報　第85号、1912、p.2。
32)神戸YMCA100年史編纂室、神戸とYMCA百年、神戸キリスト教青年会、1987、pp.84-85。
33)前掲書32)、p.85。
34)会館建築費募集趣意書（原文書）。
35)神戸キリスト教青年会、KOBE　YMCA70年の歩み、1969、p.63。
36)京都基督教青年会憲法（原文書）。

第 2 章 「体育事業」の黎明期

はじめに

　YMCAはキリスト教布教のために主に宗教演説や学術講談などを行ってきたが、各YMCAが行った事業の目的は青年社会の道徳を養成し、知識を開発し、身体を発育し、世の青年達を不義や懶惰の人となることから救い、国家に有益な民とする点にあった。その目的を達するためには、学士を招いて宗教演説や学術講談をし、新聞縦覧所や図書室を備え、一般の人たちの便宜を図ってキリスト教主義の雑誌の発行をすることが望まれたが、そのためには各YMCAとも活動の拠点となる独自の会館が必要であった。しかし、会館建設を北米YMCA同盟からの援助なしに実現するのは困難であった。また、北米YMCA同盟からの援助を受けるためには、社会的に認められていることが必要であった。さらには、会館建設のために一般からの資金援助ができるようにするには、財団法人化することが必要であった。この章では、各YMCAが編纂したYMCA史に依拠しながら、各YMCAの様々な事業の拠点となる会館建設と社団法人認可に至るまでの経緯と、会館建設後の事業について見ていく。また、都市YMCAと学生YMCAの二つの組織を統一して、日本基督教青年会同盟が結成され、「体育事業」が開始された状況について概観していく。

第 1 節　「会館」建設とYMCA活動

　日本各地の都市YMCA会館は、主に北米からの資金援助によって建てられた。それと前後して、社団法人の認可を得たことは社会的にも

YMCAが認められたことを示していた。この会館建設によって様々な事業が展開され始めた。

第1項 「会館」建設と社団法人認可
（1）東京YMCA

　北米YMCA同盟は1889年（明治22）5月にフィラデルフィアにおいて開催された総会において、「海外事業」として海外YMCAの援助事業を支持発展させることを決議した。その中で、海外におけるYMCA事業の原理原則として、自立したYMCAを打ち立てることを決めた。この原則に従い、日本のYMCAにとっても、自ら財政を維持し、組織的に自治を守り、自力で事業を計画することが重要となった。

　1889年（明治22）11月5日に日本に到着したスウィフト（John T. Swift）は、北米YMCA同盟が最初に海外に送り出した主事の一人であった。彼は東京YMCA再建のためには日本人信徒による専任の職員が必要であるとし、1890年（明治23）10月に丹羽清次郎を初代専任総主事に迎えた。そして、東京YMCAは事務所を京橋区日吉町二十番地から神田区仲猿楽町七番地に移した。ここで、東京YMCAは青年夜学校（英語学校の前身）を開いた。青年夜学校として始められた英語授業には、「ミルラー博士、スチーブンス、コルピー、マッコレ－嬢、邦人米国博士、大学学生、同志社卒業生等」[1]といった人々があたり、開校時の生徒は50名であった（生徒は、1907年（明治40）には140名にまでなった）。

1）会館建設

　スウィフトは、日本の首都東京には絶えず20,000人以上の学生や青年が地方から出入りしており、この地に青年会館を建てることは非常に役に立つとして、北米YMCA同盟総主事モースに会館建設のための援助要請の手紙を送った。この努力により、東京YMCAは約50,000ドルの会館建設資金を得た。そして、東京YMCAは神田美土代町に500坪（一坪16.7円）の土地を買い、1893年（明治26）3月23日に会館定礎式を行った。

　東京YMCAは1894年（明治27）5月5日に献堂式を行い、コンドル

(Josiah Condor)設計の青年会館が完成した。会館は前後に分かれ、前部は3階造りで、内部には運動場、教室、台所、暖室、蒸気炉室があった。また、2階には事務所や新聞雑誌縦覧室、さらには書籍室、廊下を挟んで幹事室と迎賓室があった。3階には理事及び保管人室、集会室、教室4部屋があった。さらに、会館の後部には1,000人を収容できる講堂があり、演説会や宗教講演に利用できた。また、庭内に300坪余りの空き地を有していた。この時期に東京YMCAの理事長であったのは三好退蔵で、主事は丹波清次郎であった。日本にYMCAを定着させようとしていたスウィフトは、日本のYMCAは日本人が運営すべきとの意見をもっていた。丹波はスウィフトのその考えに則って、1890年（明治23）9月に最初の日本人主事として東京YMCAに着任した。

一方、1889年（明治22）にスウィフトが主事に就任してから、北米YMCA同盟は継続的に東京YMCAに財政的援助を行った。しかし、東京YMCAは毎年その額を減らしていった（1892年度は2,000円、1901年は400円など。他の年度は不明）。1902年（明治35）1月には、東京YMCAは財政的基礎を確立し、財政上の独立を宣言した。つまり特別事業以外（施設建設のための資金援助）の経常費に対する外国からの援助を辞退するに至った。

2）法人認可

1903年（明治36）6月13日、役員だった安藤太郎、本多庸一、横井時雄、岡見清致は内務大臣内海忠勝に財団法人設立認可の願いを出し、同年9月29日許可された。この申請書の中で、東京YMCAの目的は次のように述べられている。

　　「東京市及近傍ニ居住スル青年ノ間ニ福音主義ノ基督教ヲ宣布シ且心霊知識社交及ヒ身体ノ状態ヲ改良スルニ在ル可シ前条ノ目的ヲ達スルニハ説教講演等ノ方法ニ依ル可シ」[2]。

このように、東京YMCAは福音主義の基督教を宣布するために説教講演

を行うことを明記し、基督教団体の性格を強く打ち出した。この財団法人認可によって、東京 YMCA は法律上の存在を確立し、北米 YMCA 同盟の「社会的に認められた組織である」という寄附条件を満たすことができた。

　この年（1903 年）山本邦之助が理事に就任した。1904 年（明治 37）2 月には江原素六が理事長に就任し、1905 年（明治 38）9 月には丹羽清次郎が総主事を辞して同志社に移り、かわって山本邦之助が第 2 代総主事に就任した。この時期から社会教育諸活動を展開するようになった。

（2）大阪 YMCA

　1884 年（明治 17）末頃、大阪には適当な講演会場がなく、宣教師達はそのたびに舞台や劇場などを借りなければならなかった。そのため、大阪在留の米国宣教師ディフォレスト（John H. DeForest、神戸女学院元院長ディフォレスト博士の父）は英国人宣教師らと相談し、大阪 YMCA に対して英米の同志から会館建築資金を借りる意志があるなら斡旋しようという申し入れをした。

　1885 年（明治 18）1 月 12 日、宮川会長は役員会を開き、英米の YMCA に YMCA 会館建築費の 5,000 ドル借用を依頼することを議決した。しかし、同月 19 日に開かれた会員総会（聖三一会堂）では、借用金額を 3,000 ドルに減らす決定をした。この減額の背景には、東京基督教青年会も会館を持っていなかったこと、アジアにおける会館建設への動きもないこと、また武士気質から寄付を要請する思想は全くなかったこと、さらに借金を申し込み 10 年後に返済しようという考え、などがあった。同月 26 日の役員会は会館建築のための委員（中川藤四郎、石原久之祐、吉束次武、荒木安吉、吉岡弘毅）を決め、1885 年（明治 18）2 月に建築金貸与依頼書を英米 YMCA や同盟会長宛に送った。

　一方、北米の有力な指導者であるリチャード・C・モース（北米 YMCA 同盟総主事）は、自身もニューヨークやロンドン、オーストラリアの YMCA に大阪 YMCA 会館建設のための寄附の働きかけをし、北米 YMCA 同盟委員（前ニューヨーク YMCA 会長）エルバート・ピー・モンローからの寄付 1,000 ドルを仲介するなどした。最終的に、大阪 YMCA は英米墺

のYMCAから5,462円9銭5厘（英米青年会はそれぞれ金1,500ドル）の寄付金を得、その他海外の有志からの寄附と合わせて合計6,000余円を得た。これに対して、YMCA会館の建築総費は4,090円18銭8厘であった。このため、大阪YMCAは寄附だけで建築資金を賄うことができ、借金をする必要がなくなった。

1）会館建設

　こうして会館建設の資金が予想以上に早く集った。翌1886年（明治19）4月には、会館建設用地として西区土佐堀2丁目12番地の元長州萩藩の蔵屋敷跡の土地397坪9合余を2,273円94銭2厘で購入した。同年8月15日、宮川経輝会長自らの手によって定礎式が執り行われた。1886年（明治19）11月3日、建坪101坪、木造煉瓦2階建の東洋においても初の本格的なYMCA会館として、大阪YMCA会館は完成した。建設費用は土地代も含め総工費6,364円13銭であった。この初代会館は、シカゴYMCA総主事のムーディ（Dwight L.Moody）によって創始された演説のための大集会場を中心とした会館であった。

　大阪YMCA会館には「間口10間（約18 m）、奥行11間（約20 m）」のホール（大講堂）があり、その後部と両側に2階席ギャラリーが設けられ、周辺に小さい控え室や事務所が建増しされていた。当時は演説会などがプログラムの中心であったので、1,000名収容可能なこのホールはよく活用された。

2）法人認可

　1898年（明治31）10月、秋季会員総会において「財団法人組織並に理事選挙の件」に基づき、初めて理事制を採用することになった。それまでの大阪基督教青年会の役員は会長、幹事、会計、評議員の区別のみであったが、これに理事が加わることになった。理事長には高木貞衛（大阪教会）がなり、その他の理事には前神醇一（浪花教会）、浅井友太郎（大阪教会）、荒木和一（島之内教会）、北村六兵衛（島之内教会）、宇賀武蔵（北教会）らが選ばれた。

財団法人として認可されたのは、1910年（明治43）12月27日であった。法人規約は大阪YMCAの目的を「大阪市内及近傍ニ居住スル青年ノ間ニ福音主義ノ基督教ヲ宣布シ且心令霊智識社交及身体ノ状態ヲ改良スルニアリ」[3]とし、この目的を達成するために宗教ノ宣布、教育、体育、救済慈善の事業を行うこととした。

（3）横浜YMCA

　1903年（明治36）の「日本基督教青年会同盟」の結成を契機に、沈滞気味であった横浜YMCAも徐々に活気を取り戻し、1904年（明治37）には会則が改正された[4]。会則の大きな変更点は、これまでの評議員制度（会長1名、幹事5名）を廃止して、理事会制度（会長1名、理事20名）を採用し、5つの部を配置し、各部の職務を明らかにしたことである。つまり、宗教部は聖書研究、祈祷、礼拝等、宗教的な事務を行い、社交部は親睦会、図書縦覧、会員募集等、社交的な事務を担当し、教育部は学校、学術演説、その他教育的事務に当たった。庶務部は横浜YMCAの記録、会報編纂、YMCA会館の建設維持等を行い、財政部は金銭物品の出納、予算案・決算案の作成等を業務とした。こうした組織整備とともに、英語学校の経営や、1904年（明治37）11月5日に最初に発行された機関誌『横浜基督教青年会会報』などを通して、横浜YMCAの活動は徐々に活気を取り戻していった。

　横浜YMCAの活動が活発になるにつれ、運営を円滑にするための専有施設の必要性が高まった。特に英語学校の経営に際し、本格的な会館が必要となってきた。そこで、横浜YMCAは1904年（明治37）に指路教会が住吉町に所有していた私立女子住吉学校の校舎を借り、ここを仮会館として諸活動を行うようになった。これまで教会や人家を借りて集会会場にするなど、活動場所の確保に苦労を強いられていた会員にとって、仮会館とはいえ専有施設を持つことができたことは、継続的で安定した活動を行う上で有意義なことであった。機関誌『横浜基督教青年会会報』は「仮会館」について、「客年来種々計画する所あり苦心惨憺の結果、住吉町三丁目四十五番地（元小村学校跡）なる指路教会所有家屋を借入れに漸く仮会館

の設置を見るに至れるは諸君と共に大に喜ぶ所なり」[5]と報じている。

1）法人認可

　横浜YMCAでは、1912年（明治45）の4月から総主事となった大村益荒が、YMCAの目的である青少年を善良健全な方向に導くために青年の精神（霊育）、身体（体育）、知識（知育）、社交において最上の修養を積む機会と便宜を供給する（「四方面事業（Fourfold Program）」）ためには、これらを教授するための独自の会館建設と設備充実が不可欠であると主張し、そのための人材募集と資金集めの重要性を訴えた。会館建設に当たっては、まず横浜YMCAが公の団体として認められ、会員以外の一般からも募って資金を集める必要があった。1912年（明治45）4月23日付を持って会館の建設が主務省及び県庁から許可され、これによって会館建設のための本格的な募金活動が可能となった。その結果、北米YMCA同盟による35,000ドルという財政的援助と邦人有志からの30,000円余の募金をもって、会館建設用地189坪を横浜公園前の常盤町一丁目に購入した。これで、北米YMCA同盟からの会館建設の条件として出されていた自己所有の土地に会館を建てることが実現可能となった。

　こうした実績によって、1914年（大正3）6月に横浜YMCAは財団法人として認可された。申請書類では、横浜YMCAの目的が「男子青年間ニ福音主義ノ基督教ヲ伝播シ其心霊智識社交及身体ノ福利ヲ増進シ且ツ社会ノ改良ヲ謀ランカタメニ必要ナル財産ヲ所有シ之ヲ管理処分スル」[6]と述べられている。法人の設立時の理事は八戸厚一郎、中森恒彦、大村益荒らであった。1913年（大正2）11月には、横浜YMCA専属の名誉主事スネード（Herbert S. Snade）が赴任した。

2）会館建設

　会館は1916年（大正5）10月に完成した。当時横浜において、体育場〔「屋内スポーツ施設」（フロア面積 $_{(m)}$ 16.5 × 13.0）〕、食堂、図書室、講堂、浴室などを兼ね備えた建物は横浜YMCAの会館が初めてであった。特に体育場は講堂と兼用されていたが、固定ステージはなく、2階ギャラリーが

見学用として体育場の後方部分に若干付設されており、壁には肋木が施され、そのため窓は高窓となり、吊り輪などの諸体育設備が固定されていた。
　この会館建設によって横浜YMCAは、体育場(「屋内スポーツ施設」)の利用を中心とした様々な「体育事業」を展開していった。

(4) 神戸YMCA

　1907年(明治40)4月、ワシントンYMCAのウッドワード(S. W. Woodward)会長とスリーマンの2氏は、東京YMCAで開催された万国学生YMCA大会に出席のために来日した。[7] 彼らはこれを機に、日本で最もYMCA会館建築を急務とする地に会館建築の助成をしようとの計画をもって、各地を視察した。その結果、彼らは5月20日夜に神戸のヘルム(Verling W. Helm)宅で開催された神戸YMCAの理事会の席で、将来東洋貿易の中心となりうるであろうとの見込みから、会館建築資金の寄附を約束した。ヘルムは神戸YMCAが初めて迎えた専任の外国人「名誉主事」であった。『基督教世界』には、この理事会の模様が次のように報じられている。

　　「曩に万国青年大会に参列前当地に於て、数回の講演を為し大に当青年会に同情を表せられたる、ウッドワード氏及スリーマン氏の帰途を迎へて、五月二十日夜ヘルム氏方に理事相会す、席上両氏は、同会員の熱心と運動によりて、資金を損め敷地を購入すれば、モット氏を通じて会館建築資金七万円を寄付すべしと約せられ、一同感謝して散会したり。」[8]

　ウッドワードらの寄付の確約がなされた後、神戸YMCAでは早速会館建築委員会が組織され、敷地購入のための3万円と建築資金募集の計画が具体的に展開されていった。「建築費募集趣意書」には、次のように記載されている。

　　「吾人は既に同情深き在米友人等より建築費として七万円の約を受け

たるも若し吾人にして土地購入費三万円を醸出し能はざれば此約は消滅するの止を得ざるの運命に至る者なり仰ぎ希くは義侠特志の仁士生等の微衷を諒し此の計画を賛助し十分の御寄附あらんことを」[9]。

つまり、日本人側が土地購入のための資金を用意できなかった場合、ウッドワードらの寄付の約束は消滅するというものであった。この建築委員会開催の4日後にヘルムが亡くなり、神戸YMCAの会員はヘルムの弔い合戦的な意味もあって、募金運動に熱心に取り組み、そのために幾度も演芸会が開催された（具体的内容は不明）。この結果、建築委員会が組織されて半年後の1907年（明治40）10月25日までに、7,850円の寄付申込という成果を挙げた。こうして募金活動を開始して2年後には、神戸YMCAは下山手通6丁目に約400坪の敷地を購入することができた。また、その後も国鉄三宮駅構内に募金事務所を設置して一層の募金活動が行われた。

1）法人認可

1908年（明治41）8月29日、神戸YMCAは村松吉太郎と中村平三郎を設立者として、当時の文部大臣小松原栄太郎に財団法人設立許可願を提出した。その結果、1909年（明治42）1月11日、神戸市中山手通6丁目69番屋敷の8にあった仮会館（神戸YMCA設立の1899年（明治32）8月に神戸基督教会共励会の進修館を仮会館としていた）に事務所を置く財団法人「神戸市基督教青年会」の設立が許可された。この時、一般に神戸YMCAと称されているのに「神戸市基督教青年会」という名称がとられたのは、1886年（明治19）に設立された神戸YMCAがそれぞれの教会に割拠した形をとりがちで、「神戸市」という包括的な名称を用いることで組織の統一を図ろうとしたためであった。「神戸市基督教青年会」という名称はこれ以降1975年（昭和50）の名称変更に至るまで用いられたが、本稿では基本的に「神戸YMCA」の名称を用いる。

財団法人設立の寄附行為には、会の目的が青年に対する精神、智識、社交及び身体の改善進歩、更にはキリスト教による教化を計ることにあるこ

とが明記されている。また、会員は満16歳以上の男子を対象としている。さらに、理事会等の組織と運営に関して規定された全31条と、会員、会費、委員、集会に関する特別規則全21条からなる「神戸市基督教青年会憲法」が作成された。

「神戸市基督教青年会寄附行為
村松吉太郎　中村平三郎は本寄附行為に拠り茲に左の財団法人を設立す

第一条　本会は神戸市基督教青年会と称す

第二条　本会は神戸市中山手通六丁目六十九番屋敷の八に事務所を置く

第三条　本会の目的は青年に対し心霊智識社交及身体上の改善準歩と更に基督の福音に基き其教化を計るにあり

第四条　前条の目的を達する為めに本会会員たらしむるものは年齢満十六才以上の男子たるべし
　　　　前項の会員は之を正准の二種に区別す

第五条　前条会員に関する規則は本寄附行為の一部として別に定むるところに拠る

第六条　本財団法人の資産は村松吉太郎　中村平三郎　小久保定之助の三名に於て本寄附行為に依り寄附したる左の財産より成る

　一　神戸市葺合町千七百七十三番屋敷の三十三
　　　此坪数一百三十二坪　　実価　一千三百二十円
　一　木造二階建表家　一棟　平坪　三十一坪　二階　三十一坪五合
　一　木造平建　一棟　平坪　七坪五合
　一　木造平建　一棟　平坪　九坪九合　実価　二千七百三十六円五拾銭
　　　神戸市下山手通六丁目三十九番の二
　一　市街宅地三百九十五坪六合七句
　　　此実価　二万一千七百六拾一円八拾五銭也

　　　　　前記地上自十二番邸至十四番邸
一　　木造瓦葺二階建　本家　一棟　建坪　三十一坪五合　二階
　　　十八坪
　　　此実価　千五百七拾五円也
　　　右同地上自十五番邸至十八番邸
一　　木造瓦葺二階建　本家　一棟　建坪　四十坪七合　二階
　　　二十四坪
　　　此実価　二千三拾五円也
第七条　前条の資産を以て基本財産となし最も安全にして且利息を生
　　　　ずべき方法に於て之を管理す
第八条　本財団法人の目的の為め已むを得ざる必要ありて右基本財産
　　　　を処分するには理事会員の三分の二以上の決議に依る可し
　　　　但し本財団法人の目的以外に処分するを許さず
第九条　第六条の資産の維持殊に其管理修繕に付ては第七条の利息及
　　　　第四条の会員より募集する会費其他臨時の寄附金を以て之に
　　　　充つ
第十条　本寄附行為第三条の目的を達するに必要なる費用の支弁も亦
　　　　前条の収入を以て之に充つ
第十一条　本財団法人に六名の理事を置き以て理事会を組織す
第十二条　理事の任期を四年とす但し設立の際に限り抽籤に依り理事
　　　　　の員数を二等分して理事在職年限を定む即ち本財団法人設
　　　　　立の日より起算して一は第二年目二は第四年目に於て終る
　　　　　ものとす
第十三条　設立の際に限り寄附者は理事として左の諸氏を指名す
　　　　　村松吉太郎　森田金蔵　中村平三郎　川本恂蔵　生江孝之
　　　　　青木元次
第十四条　第五条の特別規則に拠り定めたる毎年一月の総会にて次条
　　　　　の候補者中より投票を以て六名の理事を選挙す
第十五条　毎年選挙日より二十日前に理事会は其職権を以て少なくと
　　　　　も五名より成る選挙委員会を組織すべし選挙委員会第四条

第二項の正会員中より五名以上八名以下の理事候補者を推薦し之を選挙の日に於て前条の総会に報告すべし

第十六条　理事会は定時及臨時の二種に区別し定時会は七八両月を除き毎月一回之を開き臨時会は理事二名以上の請求により之を開く

第十七条　理事は互撰を以て理事長及副理事長各一名を置く

第十八条　理事長は理事会を処理するものとす副理事長は理事長の故障ある場合に限り之を代理するものとす

第十九条　理事会は第三条第八条第九条に規定したる事項に関し必要なる協議を為し毎年度の予算を決議し臨時会に於て全員の賛同する場合に限り通知以外の事項を決議することを得

（以下理事、理事会等についての第20条から第31条まで　及び神戸市基督教青年会特別規則　第1章　会員、第2章　会費及会員の種類、第3章　会員の任務、第4章　委員、第5章　集会　の詳細　省略）」[10]

2）会館建設

　1911年（明治44）1月、寄宿舎が完成した。寄宿舎は70坪の敷地に建つ55坪木造2階建で、東京の神田YMCA会館に比べその規模は少し小さく、洋館としては高さも低かった。しかし、3階建であり、外観は藍色の総ペンキ塗り、30名の寄宿生が収容可能であった。玄関を入って直ぐに事務室があり、その隣は応接室・図書室・新聞雑誌の閲覧室を兼ねた社交室と呼ばれる部屋があった。図書は村松吉太郎理事長より寄贈された。小さな教室の隣に明るく風通しもよい30畳ほどの食堂があり、その隣に調理室、廊下をはさんで防火壁の風呂場と洗面所そしてトイレがあった。2階にもトイレと洗面所があり、南西の隅の部屋には畳に机と椅子が並べられ、本館完成まで夜学校の教室として利用されていたが、講演の日はその机椅子を取り除いて講演会堂として150人を収容できるようになっていた。その他の2階の部屋と3階が寄宿舎であり、全て1室6畳の計16室あった。各々の部屋は当時の寄宿生の意見を反映して、1室2人同居の作りになっていた。この外、舎監用の四畳半が1室あり、経験ある女性が舎監と

なっていた。寄宿舎は酒と煙草が禁止され、家庭的な雰囲気の中で寄宿生の指導がなされるように計画されていた。当時の寄宿生は12名であったが、その多くは銀行員や会社員であった。

　寄宿舎完成に次いで、1911年（明治44）9月に本館の工事が始まった。1912年（明治45）1月7日には、本館の定礎式が執り行われた。こうして、米国の富豪ウッドワード氏が会館建築費用として寄附した9万円と九鬼男爵の2,500円を始め、その他31,000円の邦人寄附金によって、1913年（大正2）1月に本館が完成し、1月11日に落成式が挙行された。落成式には内外人約600名が参加し、村松吉太郎理事長による司会の下で西川玉之助理事やフィッシャーの挨拶があった。総建築費は本館6万円、寄宿舎1万円、設備費2万円の合計9万円であり、これに地代約3万円を加えて工費総計は12万円余であった。

　本館構造は総建坪250坪であり、煉瓦造の地上3階、地下1階建であった。1階には普段は柔剣道の道場として使用されていた1200人が収容可能な大講堂の他に、社交室、食堂、喫煙室、ビリヤード場、事務室があった。2階には礼拝堂、倶楽部室、婦人室、3階には夜学校の教室が9部屋あった。屋上は庭園、地下室は浴場その他に充てられた。こうした洋風四階建建築（3階建地下1階）は神戸の山手方面で初めてのものだったので、元町などで絵葉書にして売られたほど珍しがられた。

　この会館落成後、新しい事業が次々と計画され、実施されていった。

（5）京都YMCA

　京都YMCAは1903年（明治36）10月26日の理事会の一ヵ月後の定期理事会において、YMCAの具体的組織づくりを目指して7つの委員会を設置した。7つの委員会の中には、会館建設のための「会館建築委員会」が設置された。委員長として佐伯理一郎ほか湯浅治郎、大澤善助、中村栄助、宇野重喜の5名が会館建設委員に選ばれ、会館の敷地の選定、設計、建築資金募集の任に当たった。

　1904年（明治37）より、三条御幸町西入ルの元関西貿易会社跡の仮会館において英語学校の活動が行われていた。ここでの活動は、障子一つ隔

てて隣のクラスのリーディングが丸聞こえの中で、200名近い生徒が出入りして、英語の勉強に励んでいた。こうした状況を打開するためにも、また事業の充実・拡張のためにも、会館建設が求められた。

　そうした中で、1905年（明治38）4月、米国の実業家で百貨店王と呼ばれていたワナメーカー（John Wanamaker）[11]が会館建築費として25,000ドル（当時の邦貨で6万6千円）の寄付を申し出た。彼が寄付を申し出たのは、1905年（明治38）にパリでモット博士と会談した際、モット博士より京都、ソウル、北京の3都市にYMCA会館を建築する資金提供を促されたからであった。モット博士は北米YMCAの総主事で、京都YMCAを設立時から支援してきた。京都YMCAの基礎を築いたフェルプスを派遣したのもモットであった。

　理事会[12]では感謝してこの寄付を受けると共に、6月13日の理事会で敷地購入を急ぐことを決定した。敷地購入を急ぐことを決定したのは、ワナメーカーの寄付が1ヵ月以内の定礎式という条件であったためである。敷地坪数は4百坪以上とし、西は烏丸通り、東は鴨川、南は松原、北は二条で囲まれた範囲、つまり京都の中心地に会館を建設しようということになった。

　この6月13日の理事会以後、臨時も含めて数度にわたって理事会が開かれた。1905年（明治38）9月26日の臨時理事会では、まず理事会とは別の組織として建築委員会の権限を明らかにしている。そして、敷地購入のため最終的には1万5千円の募金を開始することに決定した。募金目標の内訳は5千円を会員並びに信者から、他の5千円を会員及び信者外の有志から、残り5千円を外国から得るというものであった。具体的に募金を開始するのは翌1906年5月のことである。この時の京都YMCA会館敷地購入資金募集趣意書は以下のようなものであった。

　　「（要約）ワナメーカーが市内に敷地を購入すれば会館建築費として5万円を寄付し、会館が落成すればさらに装飾費として5千円から1万円までの寄付を約束している。1904年（明治37）、1905年（明治38）のYMCAの軍隊慰労事業は天皇、皇后にも認められ、両陛下より1

万円の下賜があった。そうした軍隊慰労事業と同じ精神で、京都の青年の健全なる発達を図るために、社交室、応接室、図書室、教室、遊戯室、食堂、浴場、運動場等を備えた社交クラブ、公会堂としてYMCA会館を建築しようとしている。すでに有志から6千円の寄付がなされ、残り5、6千円を集めなければワナメーカーの寄付も受けられなくなる。」[13]

　この趣意書に名前を連ねている理事メンバーは堀内徹、大沢善助、尾崎保、奥山一十郎、田村初太郎、中村栄助、鵜崎庚午郎、宇野重喜、佐伯理一郎、平瀬与一郎であった。会館建設のための募金運動はモット博士の指導の下、活発に行われた。

1）法人認可
　一方で、京都YMCAを財団法人組織にしようとの動きはすでに創立の翌年には始まっていた。しかし、会館建築にともない土地売買、工事請負の諸契約等、法律行為が増大してきたため、1906年（明治39）6月19日、理事会が会館建設委員長の佐伯理一郎を第2代（京都YMCA）会長に選出後、本格的に法人化をすすめることとなった。財団法人組織に必要な寄付行為の作成に大きく貢献したのは、福田令寿のあとを受けて理事となった尾崎保であった。彼は京都府宮津の裁判所判事を勤めた後に弁護士をしていた。1907（明治40）年4月8日、財団法人設置許可申請を提出し、同年9月16日に内務大臣原敬の承認を得て、京都YMCAは法的にも公にその存在を認められる組織となった。法人認可のための寄付行為に、京都YMCAの目的は「京都市内及近傍ニ居住スル青年ノ間ニ基督ノ福祉ヲ宣伝シ且心霊智識身体ノ発達及社交ノ状態ヲ改良スルニ在リ」[14]と明記されている。

2）会館建設
　このように寄付集めや法人化が進められる中で、三条通り柳馬場に1万7千余円で200坪余の土地を購入し、1907年（明治40）4月11日午後1

時から、ようやく新築地所で起工式を挙行することとなった。起工式にはモット他、数百名が参列した。[15]

　建築設計は1907年（明治40）に横浜在留のドイツ人建築技師デラランダに依頼したが、予算が厳しくなかなか建築請負人が決まらなかった。そこで、理事会はフェルプス幹事にデラランダと協議させて5万円の規模に設計変更を依頼した。そうして、予定より1年以上遅れて1908年（明治41）10月に、請負人中最低価格5万円の見積もりをした山口吉次郎を正式に建築請負人に定めた。こうして、やっと着工できた翌年の1909年（明治42）5月1日に定礎式を行ったが、これは遅れていたワナメーカーとの約束[16]を意識した形だけのものであって、現実には開館できる状態になく、依然として工事は続行中であった。

　ようやく会館が完成し、1910年6月に帰米していたフェルプスの帰国を待って献堂式を済ませ、1911年（明治44）4月4日には開館式が挙行された。会館は地上4階、地下1階、建坪およそ764坪（2,521.2平方メートル）であった。構造は外壁煉瓦造り、木造と組積造併用で、外見は重厚で落ち着いた感じの洋式建築であるうえ、周囲が民家であったのでひときわ目立つ建物であった。館内には京都ガス会社と提携してガスがひかれていた。施設としては社交室、「屋内スポーツ施設」、大小の集会室、教室をはじめ食堂、ボーリングアレーのほか、約1,000人を収容できるホールもあった。岡崎に市公会堂が完成するまでは、ホールは京都市内有数の規模を誇り、講演会、演説会、音楽会、演劇などが開催できる「三条の青年会館」として活用された。会館使用規定によれば、土足厳禁で、靴にはカバーをつけるか新聞紙に包むよう決められていた。貸館料金はホールが昼10円、夜12円、昼夜通じてならば20円とし、その他掃除料として3円、夜間電灯料として7円を徴収していた。集会の内容に応じて料金も変わり、宗教的集会や公共的性格の濃い集会の場合は減額の措置がとられた。

　会館建築を契機に活動が活発になった反面、会館建築のための費用によって、京都YMCAの財政は厳しい状況に追い込まれた。敷地購入のための募金運動により多額の寄付を得たとはいえ、京都市内の一等地に4階建ての洋式建築物を建てるのは思いの外経費がかさんだ。1907年（明治

40）6月の理事会への報告では、不足金 4,700 円、未払金 2,600 余円、銀行借入金 7,000 円、計 14,300 余円の負債であった。1910 年（明治 43）9 月定期理事会でも、土地に関する負債額 4,100 余円、経営不足金 1,400 円、計 5,500 余円という金額が報告され、建築費用の負債が解消されていない状態であった。それまでの小額の不足金は、理事たちが負担して解消していたが、これはそれにはあまるほどの高額であった。YMCA は、性格上、営利事業を興して返済することができなかったので、同年 10 月に理事会は中村栄助を委員長として大がかりな募金運動を展開して、財政の建て直しを図った。

第 2 項 「会館」建設後の YMCA 活動

（1）東京 YMCA

1894 年（明治 27）の会館完成後、東京 YMCA は事業として軍隊慰労事業[17]、講話や青年夜学校、修養交談会（宗教座談会の前身）、英語会などを行った。また、機関誌として『基督教青年』を毎月一回発行した。

1902 年（明治 35）年当時の東京 YMCA（片岡健吉理事長、丹羽清次郎総主事）は、次のような事業を展開していた。

   英語学校（英語は土曜日と日曜日を除く毎日午後 6 時より開始。
       仏語は午後 4 時より開始。）
 日曜講話
 学術講演
 「基督教青年」（月刊誌）の出版
 書籍新聞縦覧室の開放
 職業紹介
 日曜説教（午後 2 時に開会し、会員や来聴者の霊性の発達をはかる。）
 音楽礼拝会（1 年に 3 回奏楽や頌歌で礼拝。）
 新入生歓迎会（毎月初旬に開会）
 会員親睦会（毎季開会）、など。

これらの事業は社交、知育、霊育と大別されていた。

　この時代、「体育事業」は特に実施されていない。北米YMCAが青年の霊性、知識、社交、身体の発達に必要な体育施設を整備し、「体育事業」に成果を上げていたことを考えると、東京YMCAの「体育事業」については他の事業に比べ、遅れをとっていた。一方、書籍室、夜学校、説教、講演等の事業を拡張するために基金の必要性が訴えられ、寄宿舎の設置も急務とされた。

　講話は毎日曜日の午後2時から松村介石によって、宗教や哲学、学術、社会問題に関する内容で行われ、一般市民の来会者も多くいた。また、青年夜学校は神田区仲猿楽町の仮会館の時代から続いているもので、毎夜二時間英語の教授を行った。さらに、修養交談会は会員相互の信仰の向上を図ることを目的として、松村介石が行った。

　1908年（明治41）10月の主な事業は、以下の通りである。

　　英語夜学校
　　学生寄宿舎の管理（小石川茗荷谷91番地）
　　教界の名士による説教（毎日曜日午後2時より）
　　日曜講演
　　聖書研究（毎日曜午後1時、毎木曜日午後5時から山本邦之助、大森兵蔵
　　　　　　による邦語での講話、
　　　　　　毎土曜午後1時よりオーターハウスによる英語での講話）
　　学術講演（毎月2回、第1第3土曜日の夕方、学生青年のために最新思想
　　　　　　紹介と一般社会教育）
　　体育講演（毎木曜日午後4時から体育に関する講義並びに実地演習）
　　土曜会（1週間に1回会員の娯楽会として、様々な遊戯や余興、茶菓子をもっ
　　　　　て清遊する）

　この時期の体育活動として、大森が会館の裏庭にバスケットボールのコートを設置し、指導し始めた。

(2) 大阪 YMCA

　大阪 YMCA の「土佐堀青年会館」は演説のための大集会場を中心とした会館で、活動の中心は講演会や演説会であった。会館が建堂された 1886 年（明治 19）11 月 3 日と 4 日の 2 日間、建設記念の大演説会（寺田寅太郎、アレキサンドル、原田助、本間重慶、寺沢久吉、長田時行、早乙女豊秋、宮川経輝など）が続けて開催され、両日ともに 1,000 名以上の会衆が集まった。その後も 1887 年（明治 20）元旦の午後に府下教会信者の親睦会が開催されたり、1 月 5 日に来日した英国孤児院長ジョージ・ミューラーの講演会が 2 日続けて開かれたりした。この時のミューラーの講演会は会館が満員になる程であった。

　1890 年（明治 23）3 月 21 日、「関西連合基督教青年会」が発足した。この会は関西地区の YMCA が協力して活動することを目的に結成された。その中で大阪 YMCA は中心的役割を果すことになり、組織を整備する必要に迫られた。そこで、1891 年（明治 24）11 月 23 日の会員総会で規則が改正された。この改正により会の名称が「大阪基督教徒青年会」から「大阪基督教青年会」となった。これは英字名の「Young Men's Christian Association」のクリスチャンを名詞としてではなく、形容詞として捉えなおしたもので、東京その他の YMCA の捉え方に合わせたものであった。これによって、会の対象がキリスト教信者のみならず、未信者にまで広げられることにもなった。そして、以下のように組織上の規則改正が行われた。

「（第 1 〜 8 条は省略）
　第 9 条　役員　会員中より投票を以て会長 1 名幹事会計各 2 名を撰任し会務に当たらしむ又会員中の特志者を部員となし其数を無定員となし部員中より互撰を以て部長 1 名を挙ぐ
　第10条　職掌　会長幹事会計部長及部員の職掌次の如し
　　　　　1　会長は本会を総括して会務の実行を期し会運の隆興を図る

	1	幹事は会長に属して庶務を掌る
	1	会計は金銭の出納を掌る
	1	部長は会長の命を受け部員を統卒（ママ）して部内の事務を弁理す
	1	部員は各部長に属して事務に任ず
第11条	会議	本会会議の種類を分って定期臨時総会部長会及部会となす。定期総会は春秋2期に開き会長之が議長となる。部長会毎月1回之を催ふし会長幹事及会計之に参興し会長之が議長となる。部会は部長の見込みに由て之を開き部長之が議長となる
第12条	改選	毎年春期総会に於て役員を改選す。但し同人を再選するも妨げなし
第13条	報告	（省略）
第14条	入退会	（省略）
第15条	除名	（省略）
第16条	改正	（省略）」[18]

　1901年（明治34）9月、フィラデルフィアYMCAの斡旋によって、北米YMCA同盟の主事であった25歳のグリーソン（George Gleason）が大阪YMCAの専任の主事として派遣された。グリーソンの着任まで、大阪基督教青年会は「土佐堀青年会館」における講演会や演説会を中心とした活動をしていたが、すべて有志指導者の手によって運営され、専任の主事は全くいなかった。しかし、グリーソン主事が着任し、専任の主事を得た結果、事業活動が盛んになった。彼は1902年（明治35）1月、宗教部、教育部、理財部、庶務部の4つの事業部門をつくり、以前から泰西学館その他で働いていた安藤乙三郎を、初めての有給職員として常任理事に迎えた。
　安藤乙三郎は、明治26年創設されながら翌27年に諸般の事情により中止されていた「夜学校」（当時夜学会とも呼んでいた）を再開することにした。また、彼は夜学校に通う生徒のために、会館近くの旅館を借り受け、YMCA寄宿舎を開設した。この寄宿舎は、一有志から金600円の寄付を

受けたことから始まった。

　この夜学校は1903年（明治36）9月16日「大阪青年会英語学校」と改称し、私立学校令に準じて、大阪府認可の学校となった。この英語学校の開会式と演説会は1903年（明治36）9月16日夜にYMCA会館で開かれた。そして、演説会では湯浅吉郎が「外国に於ける外国語学の研究」、本多精一が「大阪と青年、青年と英語」と題した演説を行い、山田夫人の奏楽、グリーソンの独吟、西山教光の報告があって終わった。

　英語学校の授業は毎週土曜日曜の夜を除き、夜7時より9時までであった。後年大阪YMCA総主事となった佐島啓助氏は次のように述べている。

　　「本会の教育部の起源は、明治35年1月、名誉主事グリーソン氏来阪後直ちに英語学校を起こしたるに始まれり。其当時に於いては唯一の正則の英語夜学校として商業都市にとりては実に適切なる施設なりき。尚グリーソン氏が米国人たる関係上、其当時大阪に在住する多くの英米宣教師中より英語会話教師を得る事容易なりし事も、其起こりたる一大原因なりしなり」[19]

　認可当時の在学生徒数は170～180名と記録されており、講師としてはグリーソン主任以下野尻、浅田、三島、佐野、牧野の名が残っている。

　1907年（明治40）5月、佐島啓助が大阪YMCA初代総主事として着任した。佐島総主事の着任した明治40年頃の大阪YMCAの財政は苦しく、その対策の第一歩として、彼は教育家としての経験が生かせる実業青少年教育に重きを置き、教育事業の充実を図ることにした。こうして、大阪YMCAは教育事業として英語学校のほかに、明治末期から大阪高等予備校の開設や理科学院の設置等を実現し、この予備校事業と英語学校の2本柱で、社会教育団体として社会に貢献するようになった。

　1909年（明治42）11月には、英語学校の生徒が増え、校舎が手狭になってきたため、大阪YMCAは2,000円を借りてYMCA会館南隣地の横山元治所有の73坪に建つ日本家屋数棟を800円で購入して改造し、2階建の英語学校校舎として使用し始めた。これにより、翌年3月15日には東区

淡路町 1 丁目にあった船場分校の経営を浅野勇に委任し、大阪 YMCA は船場分校の経営から手を引いた。1910 年（明治 43）には英語学校内に宗教部を設け、市内の中学校以上の学生に聖書研究の場を提供し、学生青年会と大阪 YMCA との連携を深めた。

　大阪 YMCA は佐島主事の着任とともに、前述の教育部以外の活動も充実させていった。1907 年（明治 40）当時は「教育部」以外に「宗教部」「体育部」「社会部」「会員部」があった。

　宗教部においては、1907 年（明治 40）2 月 17 日に「日曜倶楽部」（サンデー・クラブ）を創設し、毎日曜日の午後 2 時より青年会で集会をもった。このクラブは会員のみならず、一般の人にも参加を呼びかけ、宗教や学術講演を中心に、独吟、讃美歌練習、独奏などのプログラムを折りこんだ。このクラブは大正 11 年 4 月まで欠かさず続けられた。また、1907 年（明治 40）4 月 3 日から 8 日まで東京 YMCA で「万国青年大会」が開かれ、内外の YMCA 代表 627 名の参加があったが、大会終了後には参加者有志による全国的大伝道旅行が展開され、大阪においてもモット博士が来阪し、同年 4 月 10 日に大演説会が開かれた。

　体育部は 1907 年（明治 40）3 月に撃剣部を開設し、同年 5 月には YMCA 会館の西の空地に柔道と剣道の道場を設けた。また、同年より春秋 2 回の遠足会を催しており、1910 年（明治 43）7 月には第 1 回富士登山会を組織し、同年には数 10 名が登り、以後は 1921 年（大正 10）まで毎夏実行された。

　社会部では「実業家子弟招待会」を 1908 年（明治 41）5 月 1 日に開始し、その後、毎年 2 回以上継続して実施された。この会は商工徒弟の修養娯楽を目的として牧師、実業家の講演、余興などを組み込んで行われていたため、常に盛況であった。

　会員部の明治 40 年代の活動は、会員相互の親睦を中心とした社交が中心であった。西洋音楽や音楽の普及も明治 30 年代よりめざましく、大阪中之島公会堂でオーケストラの誕生と演奏が初めて行われたのが 1906 年（明治 39）であり、YMCA においてもコルネットやトロンボーンによる演奏会が開かれた。

1907年（明治40）のYMCA会費は維持会員が50銭以上、特別会員が30銭、通常会員が15銭となっていた。1910年（明治43）10月には賛助会員制を定め、市内の有力者数十名の賛助を得ている。これは大阪YMCAの個人賛助の始まりであった。

　このように大阪YMCAは、講演会中心の伝道プログラムから脱皮して、教育事業や「体育事業」など、さまざまな活動を事業として継続的に行う方向に転換していった。

（3）横浜YMCA

　1904年（明治37）に横浜YMCAは会則改正を行い、宗教部、教育部、社交部、会計部、庶務部を置き、理事会制度、幹事制度の整備を行い、会報第1号（明治37年11月5日）を発行した。

　翌1905年（明治38）に設置された仮会館でのYMCAの活動をみると、例えば1912年（明治45）においては、定期集会として第2土曜日夕方に青年講話及び茶話会を開き、第4土曜日夕方には講演会、毎週火曜と金曜には「午時聖書会」の催しを行っている。そして、昼休みを利用してのピンポンや遠足会などが行われていた。

　会館が建設されると、この会館を使用した事業が積極的に行われるようになった。1917年（大正6）の『開拓者』第12巻第3号には、初代会館落成後10週間の横浜YMCAの活動に関する統計が、次のように記載されている。

>　「新会員450人、教育部出席生徒10,713人、諸種の集会及聖書組出席者10,638人、体育部出席者1,585人、浴場使用者1,652人、玉突室使用者1,000人、雑誌及書物室使用者1,000人、食堂使用者1,600人、本会以外の主催者にて会館使用者14人、合計約3万人が新会館落成後の十週間に於て本会館を使用したるなり」[20]。

　教育部の英語学校は1920年（大正9）に完全に横浜YMCA直属のものとなり、当時の総主事大村益荒が校長に就任して指導に当たった。大正9

年度の定期総会における教育部の報告によると、生徒出席数の最大は4月の346名、最小は2月の219名で、通年平均278名の在籍があった。これは前年度に比して21名の増加になる。このように教育部の事業も着実に発展していった。

　1919年（大正8）には、宗教部では田中豊次郎、吉田三郎、西村定清、杉房次、外谷善之助ら9名をもって委員会が組織され、委員長に田中豊次郎（後に東山太蔵）、記録係に杉房次が就任した。宗教部の主な事業は聖書通読を奨励し、「聖書読む会」を興したり（年間8回）、市内の教会との関係を密にするため市内にある教会の牧師招待会を開いたり、市内教会の青年総合親睦会や市内教会青年総合主催の講演会を開催すること等であった。また、横浜YMCA主催の宗教講演会を三夜連続して開催するなどした。

　社交部でも宗教部と同様、1919年（大正8）に委員会が組織された。委員長には東山太蔵、記録係には横尾謙三が就任し、平尾栄太郎、柴田伊之助、鴨田美一、奥井英十郎ら6名が委員として運営にあたった。主な事業は「音楽の夕」の開催や、新入会員歓迎会、徒弟慰安会、撞球大会（3日間）、納涼会などの開催であった。その後、社交部の事業は娯楽部、園芸部、音楽部、図書部、ピンポン部、撞球部に細分され、小委員会を設けて活動するよう計画された。

　体育部は、バレーボール部、バスケットボール部、アスレチック部、野球部に分け、事業を展開した（詳細は不明である）。

（4）神戸YMCA

　神戸YMCAは、設立の1899（明治32）年8月に神戸基督教会共励会の進修館（中山手通6丁目69番）を仮会館とした。神戸YMCAは1913年（大正2）に下山手6丁目に講堂（「屋内スポーツ施設」を兼用）を設置した会館が完成するまで、ここ「進修館」で活動を行った。「進修館」での活動案内の表紙には、「基督教青年会は教会に非ず。青年の一大倶楽部なり。基督教青年会は最大なる世界的青年団体なり。基督教青年会は青年の円満なる発達を図るを以て其目的とす」とあり、以下の内容が記されていた。

「目的　本会は一の青年倶楽部にして其目的とする処は主として社交的の団体たると共に会員相互の霊性智識及び身体の発達を計り更に進んで一般の青年に基督教を宣伝し健全なる智識を普及し清高なる社交を頒布せんとするに在り。
　会員　会員たらんとするものは年齢満十六歳以上にして福音主義の教会に属するものは正会員、又基督教信徒にあらざるも品行方正なるものは准会員として何時にても入会することを得べし。
　会費　通常会員は一ヶ月金拾五銭以上、維持会員は一ヶ月金五拾銭以上を納むべし。
　事業　目下左記の事業をなす。
　一　土曜講演　毎土曜日午後七時半より内外地名の専門家を聘して講演をなす、
　一　親睦会　随時之を開く、
　一　室内遊戯　諸種の内外遊戯器具を備へ毎土曜日午後六時より之を開く、
　一　音楽練習　毎土曜日午後七時より神戸女学院教師鎌原政子担当、音楽の根本より懇篤に教授せらる、
　一　英語聖書研究　ツルーマン氏担当毎日曜日午後一時より開会、
　一　英語夜学校　午後七時より九時まで英米人三名邦人四名懇篤に教授す、青年会員にして入学する者は入学金免除の特典を有す、
　一　新聞縦覧室　内外の新聞雑誌を備へ会員の縦覧に備ふ、
　一　会報　毎月一回発行本会に関する記事報告を掲載し会員に配布す、
　一　寄宿舎　会館階上及階下の半ばを以て之に充つ目下十数名を収容し
　　　つつあり。」[21]

1913（大正2）年、会館が新設された頃の会員は478名であったが、会館が新設されたことによってホールを確保することができ、会員親睦会や招待会等が大々的に開催されるようになった。

　1914（大正3）年の10月には、来朝した名誉主事スワン（George.D.Swan）の歓迎会が開かれた。1919（大正8）年には、輸送船の遭難のため日本に避難して、約1ヶ月間神戸に滞在していたチェコスロバキア兵のうち、約200名を神戸YMCAの寄宿舎に受け入れ、彼らを交えた大親睦会がYMCAの外国語学校生徒を中心に開催された。

　1913年（大正2）の事業報告によると組織は宗教部と教育部、社交部、体育部が存在した。宗教部の活動としては寄宿舎において毎朝礼拝が行われ、10数名から30余名の参加者があった。

　教育部は外国語学校と予備学校、図書室の管理、学術講演会を行った。外国語学校では毎週火金の2日間、宗教講話を開いて生徒に聴講させ、毎回120～130名の出席があった。また、関西学院教授小野善太郎氏に依頼し、毎週1回聖書講義を開き8～13名の出席があった。1912年（大正元）までの外国語学校の累計生徒数は486名であり、1912年の生徒数は185名、1914年（大正3）4月には6名が卒業した。教師は3名の外国人と14名の日本人であった。

　予備学校では4名の教師が国語、漢文、算術、英語、作文、図書、修辞の8課を教えていた。生徒数は1913年（大正2）5月の開校時に24名であった。また、学術講演会では十数回の講演会が開催された。その他、会場を貸し出して行われた講演会では大隈重信、江原素六、島田三郎、犬養毅、尾崎行雄等が話をし、数万の聴衆を集めた。その他、ローイ・スミス氏とその婦人によるイングリッシュ・カルチャアクラブとフォアサイデットカルチャア集会ごとに聖書の講義があった。

　社交部は年に2回の社交会、1回の歓迎送別会、及び数回の茶話会を開いた。参加者は200余名から800余名に及んだ。ピンポンでは大会が年に2回開催された。体育部では柔道と撃剣を行われた。

　1914年（大正3）の夏以降、1940年（昭和15）にキャンプ場が整備され

る頃まで、須磨境浜東端の海岸に天幕を張って、海浜クラブが開設された。これは会員とその家族に海水浴場として開放されたもので、毎日親睦を図るための数々の催し物があり、日曜日には名士を招いて日曜講演が開催された。また、会館屋上では、電気設備を施し、夏には神戸の町を一望できる場所として、毎夜のようにいろいろな集会が催された。

1916（大正5）年2月には、宗教事業はもちろんのこと英語社交会（ESS）が組織され、教育事業として外国語学校や商業学校が運営された。その他、音楽部、職業紹介部、ピンポンクラブ、読書会、文芸講演会、活動写真大会といった事業が展開された（詳細は不明である）。

（5）京都YMCA

1911年（明治44）に会館が完成したのに伴い、京都YMCAは広島高等師範学校教授であった栗原基を初代総主事として招聘した。これは、これから会館を中心とした様々な事業を展開する上で、実質的な運営の基礎と責任者を明確にするためであった。しかし、栗原は1914年（大正3）に第三高等学校に転出したため、代わりに村上正次が総主事に就任した。

開館後の事業として、まず会員募集運動が大規模に行われた。この募集運動は1911年（明治44）7月に中村栄助を募集委員長にし、会員をいくつかのグループに分けて会員獲得を競争させるかたちで行われた。その結果、490名の入会者を得た。これは前年と比較すると361名の大幅増加であった。しかし、退会者も280名に及び、安定した会員確保とはいかなかった。

教育事業は、会館完成以前より開始されていた英語学校を中心に拡大していった。開館後、入学者は前年の75名から146名に、1912年（明治45）には264名まで増加した。

1917年（大正6）11月には京都基督教青年会少年部規則」が制定され、少年事業が本格的に開始された。少年事業のプログラムでは、1週間を単位としてカリキュラムが作られ、実行された。活動内容は以下の通りである。

表1　少年事業の時間割[22]

日曜日	月曜日	火曜日	水曜日	木曜日	金曜日	土曜日
午後 2時～3時 精神講話						
3時～5時半 洋式運動 (バスケ・バレー等)						
	6時～7時 図書室・ ピンポン		6時～7時 音楽練習		6時～7時 図書室・ ピンポン	6時～7時 洋式運動
	7時～9時 剣道・柔道	7時～8時 剣道・柔道	7時～9時 剣道・柔道	7時～8時 剣道・柔道	7時～9時 剣道・柔道	7時～9時
		8時～9時 講話会		8時～9時 学術講演		

　この他、祭日には遠足や茶話会なども行われた。

　1917年（大正6）2月には、音楽部が設置された。音声練習や音楽講話、音曲研究、音楽研究などが行われ、また低額で音楽会が開催され、一般に公開された。さらに、紹介部、社交部、図書部の発足などがみられる。紹介部は職業安定所のような役割をもっており、女中、家庭教師、会社書記、看護婦、薬剤師などの求人もあった。社交部は会員向けの講演会、親睦会、クリスマス会などを企画実施し、会員相互の親睦と教養向上のためのプログラムを作った。社交室には会員の娯楽用としてビリヤードも置かれた。図書部は会館内に部屋を設け、市図書館から借りた新刊本やYMCAの蔵書を置いた。

　「体育事業」では運動部が設置され、撃剣と柔道が行われた。1913年（大正2）には少年部の設置が決定された。少年部では、それまで少年対象のプログラムが剣道中心であったものを、バスケットボールやインドアベースボールその他諸種の運動を含め知的かつ精神的な側面もプログラムに導入された。

その他、京都 YMCA は機関誌『京都青年』(1911 年　第 1 号発刊)を発行したり、会館地下に食堂を設置し、営業したりするなど、様々な事業を展開していった。

京都 YMCA は会館完成後の活動について、以下のような案内を出した。

> 「本館は毎月一回雑誌(即ち本誌)を発行し之を本会の機関とす
> 本館は毎安息日夕刻より説教会を開き諸人の傍聴を求む
> 本館は毎月一回若しくは隔月一回公会演説を開き基督教の布及を謀る
> 本館は内外五十有余種の新聞紙と二十有余種の雑誌と其他諸種の書籍とを備付け(会員会友其他総て)来館者の縦覧に供す
> 本館は体操用諸器械を備付け(会員会友其他総て)来館者の体育上使用に供す
> 本館は時々幻燈会を開き基督教的其他の談話を為す
> 本館は貧民救助部を置き金円衣類其他雑品の寄附を仰ぎ之を集て年一回以上之を可憐の貧民に施与す
> 本館は在京都の書生の為め着実廉価なる旅宿を周旋す
> 　　　　　　　　　　　　　　　　　　　　　京都基督教青年会館」[23]

まとめ

このように各都市 YMCA は北米からの資金援助を得て会館を建設し、これに前後して法人の認可を受け、公にその存在を認められる組織となった。そしてこの会館を基盤にして宗教部や教育部、社交部などの事業部門が中心となり、学術講演や聖書通読、英語学校の運営など、様々な事業が開始された。

第 2 節　日本 YMCA 同盟の結成と「体育事業」の開始

日本における YMCA の組織には、大学の学生たちの間で組織された学生 YMCA と、学生ではない一般の青年を対象とした都市 YMCA とがあった。1897 年(明治 30)に「日本学生 YMCA 同盟」が設立され、その後

1901年（明治34）に「都市YMCA同盟」が成立した。1903年（明治36）には、この両同盟が統合されて「日本YMCA同盟」が結成された。これにより、YMCAとして取り組むべき共通の活動指針が示された。特に、第4回日本YMCA同盟総会において体育部指導者の養成と体育施設の増設を取り上げ、「体育事業」の振興を決議したことは、各地の「体育事業」の推進に大きく貢献した。

第1項　日本YMCA同盟の結成
（1）日本学生YMCA同盟の結成

　1888年（明治21）1月、明治学院で英語を教えるために来日したスウィフト（John T. Swift）は、東京における官立学校（東京帝国大学、第一高等中学校、高等商業学校）などの学生たちの間に青年会を結成させるために努力した。それは、当時の学生こそ将来的に社会の中産階級を担う者たちであり、日本社会と教会の指導的役割を負うものと目されていたからであった。同年5月13日には東京帝国大学の9名が集り、「東京帝国大学YMCA」を組織した。彼らは毎月2回程度の聖書研究会や祈祷会を行った。会員は1891年（明治24）までに54名になった。第一高等中学校YMCAは5月19日に学生19名が集まり、スウィフト及び田村直尚牧師と協議して、次のような6項からなる仮規則を定めた。

「1. 目的　本会は本校生徒共同し、各自信仰を奨励し、本校生徒中に基督の福音を伝播普及するにあり。
1. 会費　本会は会費として毎月金2銭を第1例会に払込むべし
1. 役員　本会役員は仮りに、会頭、副会頭及び会計の3名を選び、本会の諸事務を処理せしむ
1. 委員　委員2名を置き、祈祷会、聖書研究会等の事務に当たらしむる
1. 誘導委員　委員8名を置き、本校生徒を本会に誘導入会せしむることに任ぜしむ
1. 任期　右役員及び委員の任期は来る7月上旬までとす」[24]

活動は祈祷会や聖書研究を主に行い、1889年（明治22）には会員49名になった。また、京都においてもギューリック牧師（Theodore W. Gulick）の指導のもとに、第三高等中学校YMCA同盟が1889年（明治22）に組織され、1892年（明治25）には京都医学校内にも学生YMCAが組織された。

　このような状況の中、1889年（明治22）1月8日、学生YMCAの組織を通じて日本の学生間にキリスト教の宣教をしようと、ウィシャード（Luther D. Wishard、北米YMCA学生事業主事）が来日した。彼は日本にいた9カ月間に明治学院のスウィフトと協力して、東京、京都、大阪、熊本などを回り、学生層を中心に200回にもおよぶ伝道集会を開いた。また、彼は夏の休暇を利用して聖書研究などの催しをする夏季講習会（夏季学校）を紹介した。その結果、ウィシャードは同志社の学生の依頼により、1889年（明治22）6月29日から7月10日まで同志社において第1回夏季学校を開催した。この夏期学校は「伝道」の問題を主題とした「学生之大会」であり、全国から462名の参加者を集めた。これによって、全国の各学校のキリスト者学生のグループは、初めて全国的に交流を持つ機会を得た。この夏季学校は箱根や須磨などで毎年行われ、学生YMCAの連合についても話された。

　1896年（明治29）、モット（John R. Mott、世界学生基督教連盟初代総主事）が来日した。彼の目的は未開拓の大学や専門学校にキリスト教を伝え、新たに学生YMCAを設立させること、すでに組織されている学生YMCAを連携させて一つの全国組織をつくること、その組織を世界学生基督教連盟（1895年結成）に加盟させ、世界の組織につらならせることであった。その結果、1897年（明治30）1月18日から19日に東京帝国大学、第一高等中学校、一橋高商など14の大学専門学校に組織されていた学生YMCAの代表が東京YMCA会館に集まり、日本学生YMCA同盟を結成した。これにより、1898年（明治31）7月8日から16日まで葉山で開催された第10回夏季学校において、夏季学校の経営主体が日本学生YMCA同盟に委譲された。日本学生YMCA同盟はこの他に聖書研究会などを主催したり、機関誌「日本学生基督教青年会同盟」を発行したりした。

(2) 日本都市 YMCA 同盟の結成

　日本学生 YMCA 同盟が組織された一方、1886 年（明治 19）から 1887 年（明治 20）頃には、主としてキリスト教会の青年信徒が中心となった「キリスト教主義の青年会」が全国各都市に結成されていた。そうした都市の YMCA の中で今日の YMCA につながっているのは、本研究が考察の対象としている都市 YMCA、即ち 1880 年（明治 13）5 月 4 日に設立された東京 YMCA、1882 年（明治 15）6 月 4 日の大阪 YMCA、1884 年（明治 17）10 月 18 日の横浜 YMCA、1886 年（明治 19）5 月 8 日の神戸 YMCA、1903 年（明治 36）2 月 14 日の京都 YMCA などであった。やがて、これらを全国的連合の組織を作って 1 つにまとめようとする動きが起こった。

　全国的に都市 YMCA の連合組織をつくる動きは、1899 年（明治 32）2 月に米国よりヘルム主事が東京 YMCA に派遣されてからであった。彼は日本の都市 YMCA の事業を助成することを目的に、まず東京 YMCA において聖書研究の在り方を指導し、聖書研究グループを作るなどの事業を指導した。また、ヘルムは、スウィフトについで北米 YMCA 同盟より既に 1890 年（明治 23）から派遣されていたランスフォールド・S・ミラーその他の人たちと共に、各都市 YMCA の事業を整備した。さらに、日本学生 YMCA 同盟の成立も刺激となり、東京、横浜、大阪、神戸の各 YMCA が都市 YMCA 同盟結成について動き始めた。

　1887 年（明治 20）4 月 1 日、大阪 YMCA が全国の YMCA に連合組織結成を呼びかけた。同年 5 月 14 日、東京の数寄屋橋教会に各 YMCA の代表が全国から集り、開催された会議において、「日本基督教徒青年会」というキリスト教信者の青年の会が結成された。しかしこの会は形式的連合に過ぎず、その後の発展をみなかった。

　その後 1901 年（明治 34）6 月、東京 YMCA の理事会から都市 YMCA 同盟成立のための提案が他の都市 YMCA に対してなされた。そして、同年 7 月 26 日から 28 日まで同盟成立のための協議会が、東京、横浜、大阪、神戸の都市 YMCA の代表が集まって、大阪の土佐堀 YMCA 会館で開催された。協議会での検討の結果、「日本都市 YMCA 同盟」の結成が承認された。同盟を構成したのは東京、横浜、大阪、神戸の 4 大都市の YMCA だ

けであった。この理由について、日本YMCA同盟主事であった奈良常五郎は、次のように述べている。

> 「この時期において、指導力がよく組織化され、キリスト教勢力が結合し、キリスト教に協力的な官公庁や実業界の後援があって、それを組織できる訓練された主事がおり、運動が安定化するために必要な施設を持っており、その施設を自由に利用する余暇をもつ青年いる、といったYMCAは4つの都市YMCAしかなかった。」[25]

1901年（明治34）7月の日本都市YMCA同盟の結成と同時に10名からなる中央委員会が組織され、井深梶之助が委員長となり、丹羽清次郎が幹事、大阪から宮川経輝が委員に選ばれ、ヘルムが名誉主事となって補佐した。この同盟についての詳しい記録はほとんど残されていないが、2年後の1903年（明治36）の学生YMCA同盟との合体による日本YMCA同盟結成をもって発展的に解消した。

（3）日本YMCA同盟の成立と同盟総会

1897年（明治30）に結成された日本学生YMCA同盟と1901年（明治34）に結成された日本都市YMCA同盟は、1903年（明治36）7月22日から23日に有馬で行われた合同総会で合体し、日本YMCA同盟が成立した。そして、事業組織を「学生部」と「都市部」に分け、これまで日本学生YMCA同盟が行っていた事業は、「学生部」が行い、日本都市YMCA同盟がこれまで行っていた事業は「都市部」に受け継がれた。

日本学生YMCA同盟と日本都市YMCA青年会同盟の合体の理由については以下のようなことがあげられる。まず、都市YMCAに学生あるいは学生YMCA出身の者が非常に多かったことがあげられる。例えば、学生YMCA同盟の初代主事であった原誼太郎は横浜YMCAの会長となっており、2代目の主事になった里見純吉は大阪YMCAの理事長となっている。次に、両者とも予算の多くを北米YMCAからの寄附に頼り、両者の財政的基盤が確立されていなかったことである。したがって両者が合体するこ

とで多くの財政的な無駄を省こうとしたのであった。さらに、両者の事業内容には本質的な相違がなかったことがあげられる。

こうして、有馬において開催された第15回夏季学校の期間中に総会を開き、日本学生YMCA同盟と日本都市YMCA同盟は合体することになった。

第2項 「日本YMCA同盟」総会と「体育事業」の推進
(1) 日本YMCA同盟の組織と事業方針（第1回日本YMCA同盟総会）

日本YMCA同盟の結成に続いて、1903年（明治36）7月24日に新しい同盟の第1回総会が同じ場所で開かれた。議長には本多庸一が選任され、「日本基督教青年会同盟憲法」が議定された。この憲法は全9条から成り立っている。[26] 第1条では名称を「日本基督教青年会同盟」とし、第2条では目的を「青年のキリスト教による霊的涵養と共に智識社交身体の発達を計ること」と規定され、第3条では加盟資格として「福音主義教会基準」を採用することが規定されている。第4条で中央委員の組織、選出、職務等について、第5条で事務委員について、第6条総会及び部会について、第7条事務所、第8条改正、第9条附則。

また、新同盟の運営体制として中央委員会が組織された。各々の委員は次の通りである。

　　　中央委員長　　本多庸一
　　　副委員長　　　井深梶之助、笹森宇一郎、元田作之進、宮川経輝
　　　記録書記　　　平沢均治
　　　同盟会計　　　デーリング
　　　学生青年会部中央委員　部長　元田作之進
　　　　　　　　　　　　　　委員　笹森、山井など13人
　　　都市青年会部中央委員　部長　井深梶之助
　　　　　　　　　　　　　　委員　小崎、高野など14人

さらに、主な事業方針として次の事業が承認された。

「1、組織的な聖書研究、個人伝道の奨励。
 2、報告などの事務的処理の整備。
 3、少なくとも1年1回の加盟青年会訪問。
 4、会館寄宿舎の建築奨励。
 5、正会員1人1ヶ月3銭宛の通常同盟会費を確実に徴収すること。
 6、万国大会のための祈祷と募金。
 7、出版事業の拡張。
 8、通信委員を定め連絡を密にすること。
 9、市青年会に於いては教育事業、社交事業の充実。
 10、学生青年会卒業後の学生を市青年会に加入せしめること。」[27]

なお、雑誌『日本之青年』を毎月刊行することも決定された。定期総会を少なくとも3年に1回開くことが定められた。日本YMCA同盟の事務所は、1917年（大正6）9月まで東京YMCA会館の片隅に置かれることになった。

（2）最初の3年間の活動（第2回日本YMCA同盟総会）

第2回日本YMCA同盟総会は1906年（明治39）7月27日、夏季学校が仙台東北学院を会場に開催されたのを機に開催された。ここでは、組織を「学生部」と「都市部」の他に「陸海軍青年会部」を設置すること、財団法人設立の議の可決、夏季学校の東西2ヶ所開催、万国学生YMCA大会の開催準備などが決議された。

また、1906年（明治39）2月より同盟の機関紙として『開拓者』が発刊された。『開拓者』は将来の社会において開拓者たるべき青年の団体を代表するものとして、平民的かつ実際的でありながらより深い「思想活動の牙営」を目指していた。戦時による圧迫により1944年（明治19）第449号で一時廃刊させられたが、戦後1946年（昭和21）9月に復刊した。

(3) 会館建設に向けて（第 3 回日本 YMCA 同盟総会）

　第 3 回日本 YMCA 同盟総会は 1909 年（明治 42）7 月に、東京青山学院において開催された。

　ここでは、次の事項が決議された。

> 「1) 内地以外の事業として、清韓及台湾在住の日本人間に青年会事業拡張の事、
> 2) 会館及寄宿舎に関して、重なる市青年会及学生青年会の為会館及寄宿舎の建設を奨励する事、
> 3) 聖書研究として、聖書研究を奨励して伝道上の一勢力となす事、
> 4) 伝道奨励として、青年学生間より将来直接伝道に従事する人の排出せん事を祈り且つ奨励する事。」[28]

　この決議に基づいて、モットの功労によって会館建設のための資金が調達されるなど、各都市 YMCA 会館の建設計画も一層拍車がかかった。京都 YMCA では、ワナメーカー（John Wanamaker）の寄付などから 1911 年（明治 44）4 月に三条柳馬場角に新会館が建設された。募金活動が目標に達した神戸 YMCA は、1913 年（明治 45）1 月に下山手通に会館を建設し、献堂式を行った。さらに、横浜 YMCA では 1916 年（大正 5）10 月に常盤町に会館が落成した。

　一方、1909 年（明治 42）8 月から 1912 年（明治 45）7 月までの同盟事業報告として、大阪の柔道銃剣の練習、東京の弓術部設置といった体育部の活動紹介があった。それと共に、大連 YMCA や京城 YMCA が各種の運動器具を設置し、設備を充実させて一般青年を引き付けていること、体育場の設備をもって西洋各種の遊戯撃剣を奨励していることを例に挙げ、今後は日本においても建設を予定している建物には体育に重きを置いて設備をつくることが主張された。さらに、報告書は将来体育部主任者となるべく養成している者がいることを伝え、米国より数年のうちに専任の体育指導者を得ることが主張された。

(4) 第4回日本YMCA同盟総会と「体育事業」の振興

　第4回日本YMCA同盟総会が1912年（明治45）7月に同志社で行われた時、体育専任主事の養成事業が今後3年間執るべき事項の一つとして取り上げられ、体育施設の増設と合わせて「体育事業」の振興が決議された。この第4回日本YMCA同盟総会での議決による要請に応じて、北米YMCAから「体育事業」の専門家ブラウン（Franklin H. Brown）が、1913年（大正2）10月に来日した。ブラウンの来日により、YMCAの「体育事業」ではバスケットボールやバレーボールなどの種目を取り入れた活動が活発に行われるようになった。

　日本YMCA同盟は、1912年（大正元年）8月19日付で内務大臣から財団法人の設立許可を得た（財団法人の認可申請については不明である）。同盟は1913年（大正2）に東京市神田区表猿楽町10番地に土地を購入し、1916年（大正5）より会館建設に着工した。1917年（大正6）9月、同盟委員長井深梶之助の司会により献堂式が挙げられた。

　コンクリート3階建ての会館は、総経費8万2千円のうち7万円をピッツバーグの実業家からの寄付で賄われた（会館の構造、設備・備品、活動プログラムなどは不明である）。日本では3,147円の募金がなされた。また、会館の一部を建築事務所や福音新報社などに貸与し、同盟の維持経営の一助とした。

まとめ

　1897年（明治30）、東京帝国大学、第一高等学校など、14の大学専門学校に組織されていた学生YMCAの代表が日本学生YMCA同盟を結成し、これに刺激され、1901年（明治34）7月、東京、大阪、横浜、神戸の各都市YMCAは日本市YMCA同盟を結成した。

　日本学生YMCA同盟と日本都市YMCA同盟は1903年（明治36）7月両者を構成する会員に重複する者が多く、また、財政的基盤（北米YMCAからの資金援助）が共通であったことなどから合体し、日本YMCA同盟を成立させた。

　そして、日本YMCA同盟の第4回総会において、「体育事業」の新興が

決議され、これ以降、「体育事業」が活発に行われることとなった。

おわりに

　日本YMCA同盟の成立は、これまで日本学生YMCA同盟や日本都市YMCA同盟が行ってきた事業をまとめ、より強固なものとした。また、各YMCAの法人認可は、公にYMCAの存在を認めさせ、会館建設は宗教部、教育部、社交部などの事業を展開する上で、専有の場所を確保する意味でも重要であった。さらに第4回日本YMCA同盟総会での体育施設増設と「体育事業」の新興決議は、体育指導者を北米から呼び寄せるなど、これからの「体育事業」の展開に非常に重要であった。

注
1) 齊藤実、東京キリスト教青年会百年史、東京キリスト教青年会、1980、p.105。
2) 齊藤実、前掲書、p.120。
3) 世良田　元、大阪YMCA史、大阪キリスト教青年会、1969、p.170。
4) 会則は8章（第1章名称、第2章目的、第3章会員入会及大会、第4章会員の権利及義務、第5章役員、第6章職種、第7章集会、第8章附則）からなる。
5) 横浜基督教青年会会報第5号、1905、5月16日、p.11。
6) 大和久泰太郎、横浜YMCA百年史、横浜キリスト教青年会、1984、p.425。
7) 1907年（明治40）4月3日から7日まで、内外25ヶ国から約627名が参加した日本初の国際的集会であった。
8) 神戸YMCA100年史編纂室、神戸とYMCA百年、神戸キリスト教青年会、1987、
　　p.135。
9) 神戸基督教青年会、建築費募集趣意書（原文書）。
10) 神戸基督教青年会、神戸市基督教青年会憲法（原文書）。
11) ワナメーカーは1838年ワシントン郊外で煉瓦焼きの子として誕生した。子供の頃から煉瓦の仕上げを手伝わされていたため、小学校も満足に終えることがなかった。14歳のとき出版屋の給仕となり、その後洋服商の店員や雑誌記者に転業し、その頃アメリカで始まったばかりのYMCAで書記となった。24歳の時までに貯めた1,900ドルを資本にして、衣類商を開業した。事業を

拡大し、14年後の1861年ワシントンのペンシルベニア鉄道貨物停車場跡を買収して、百貨店経営の基礎を築いた。
12) 1903年（明治36）創立時の理事は田村初太郎（会長）、横浜源一郎、中村栄助、鵜崎庚午郎、佐伯理一郎、デビス、福田令寿（副会長）、松山高吉、宇野重喜、和田琳熊、大沢善助、堀内徹の12名であった。野村武夫、京都YMCA七十年史、京都キリスト教青年会、1975、p.50。
13) 京都基督教青年会、京都基督教青年会館敷地購入資金募集趣意（原文書）。

「米国費府ノ紳商ジョン・ワナメーカー氏我カ京都基督教青年会ニ於テ市内ニ適当ナル敷地ヲ求メハ会館建築費トシテ金五万円ヲ寄附ス可シトノ申込ヲナセリ、又他ヨリ会館落成ノ暁ニハ装飾費トシテ金五千円乃至一万円ヲ寄附ス可シトノ内約アリ。

基督教青年会カ卅七、八年ノ戦後ニ於テ軍隊ノ慰労ヲナスヤ、事、畏クモ上聞ニ達シ聖上皇后両陛下ヨリ金一万円ノ御下賜ヲ厚フセシハセジンノキオクノ新タナル所、此度企画スル青年会館ハ天幕内ニテグンタイニ尽クセシト同一ノ主義精神ヲ以テ市ノ青年ニ健全ナル快楽ト善良ナル感化トヲ與フルーノ社交倶楽部ニシテ公会堂、社交室、応接室、図書室、教室、遊戯室、食堂、浴場、運動場等ノ設備スルモノナレハ這搬ノ建築物カ当市ニ必要ナルコトハ識者ノ夙ニ認識セラルルオナジトコロカナル可シ

敷地購入資金として有志者ノ寄附ニ係ルモノ已ニ六千円アリ、サレド今般サラニ　五六千円ノ金員ヲ募集シ能ハサル時ハワナメーカーシカ折角ノ好意ハ水泡ニ帰シ京都市ハ文明ノ都市ニ欠ク可カラザルーノ社交機関ヲ失ヒ双方共ニ遺憾ヲ感スルコトヽナル次第ナレハ公共心ニ富メル市ノ紳士淑女諸君、多少ノ捐ヲ以テ会館建築ノ挙ヲ賛成セラレンコト懇願ノ至リニ堪ヘス明治三十九年五月」。
14) 野村武夫、前掲書、p.95。
15) 中外日報はこのときの模様を次のように報じている。「京都基督教青年会起工式は一昨日午後1時より三条通り柳馬場新築地所に於いて挙行せり、来会するもの万国の紳士淑女数百名にして…因に同会館工費はさきにモット氏を通じてワナメーカー氏より5万円の寄附ありたる上、更に近日装飾費として1万円の寄附あり地所は二百坪にて1万7千円を以って買求めたるものなりと」。（「中外日報」1907、4月13日）
16) ワナメーカーは寄附にあたって5か条の条件を示していた。
　　一、「敷地は各自其国の市民之を購求（呈供）すること」
　　二、「敷地は位置及坪数（大きさ）に於て第一等にして一等の会館を建つるに相応すべきこと」
　　三、「会館及敷地に負債なきこと」

第2章 「体育事業」の黎明期

四、「定礎式は一ヵ年内（即ち1906年5月1日迄に）に挙行すること」
五、「建築図案はワナメーカー氏に之を提出し設計の点に於て同氏の同意を得ること」。
　　しかし実現は難しく、1906年（明治39）、理事会はワナメーカー氏に修正案を示したがそれさえも守ることができなかった。修正案で定礎式は1907年（明治40）5月1日までに挙行すると約束していたので、建築請負人の決定に手間取った結果、この時挙行した定礎式は2年も遅れたということになる。野村武夫、前掲書、p.82、83。

17) 1894年（明治27）8月、日本は朝鮮半島の支配権をめぐり、清国と戦争をおこした（日清戦争）。これに伴い、従軍者及び遺族のために基督教徒有志が『清韓事件基督教同志会』を組織して、東京YMCAを事務所とし、従軍者慰問の事業を開始した。丹波はこの実行委員（幹事）に挙げられ、義捐金募集に着手した。これがYMCAの軍隊慰労事業の始まりであった。
18) 世良田　元、前掲書、p.50。
19) 大阪基督教青年会、大阪青年、1925、5月号、p. 不明。
20) 日本YMCA同盟、開拓者、第12巻第3号、1917。
21) 神戸市基督教青年会、活動案内、明治40年代、（原文書）。
22) 京都基督教青年会、京都青年、1917、12月号、p.8。
23) 青年の光　第7号、「京都基督青年会」の会館案内、京都基督教青年会館。
24) 奈良常五郎、日本YMCA史、日本YMCA同盟、1959、p.49。
25) 奈良常五郎、前掲書、p.100。
26) 日本基督教青年会同盟成立五十年史編輯委員会、日本基督教青年会同盟成立五十年史、日本基督教青年会同盟、1953、p.29。
27) 奈良常五郎、前掲書、p.114。
28) 三年間の事業報告　自明治四十二年八月至明治四十五年七月、日本基督教青年会同盟、1912、（原文書）。

第 3 章 「体育事業」の普及期

はじめに

　1912 年（明治 45）7 月に同志社で行われた第 4 回日本 YMCA 同盟総会において、今後 3 年間の主要な事業の一つに体育部指導者の養成と体育施設の増設を取り上げ、「体育事業」の振興が決議された。この決議を受けて、日本の多くの都市 YMCA は「屋内スポーツ施設」の建築または会館の改築に乗り出し、「体育事業」を展開する拠点作りに努めた。この章の第 1 節では、日本の各都市 YMCA の「屋内スポーツ施設」の設置状況とそこでの「体育事業」の開始について明らかにしていく。第 2 節では、各 YMCA の「体育事業」において指導的役割を担っていた大森兵蔵や柳田亨、宮田守衛らの活動について概観し、バスケットボールやバレーボールなど新しい種目を広めるために行われた指導者講習会や出張指導の実態について明らかにしていく。

第 1 節　「屋内スポーツ施設」の設置と「体育事業」

　大正期に入り、各都市 YMCA は「屋内スポーツ施設」を設置し、積極的に「体育事業」を行った。東京や大阪の「屋内スポーツ施設」は体育専用の施設であり、横浜や神戸の「屋内スポーツ施設」は講堂との併用であった。京都においては、既に「屋内スポーツ施設」は設置されていたが、その広さは 14m × 10.5 m と非常に狭かった。

第1項　「屋内スポーツ施設」の設置
(1) 東京 YMCA
1)「屋内スポーツ施設」の設置計画

　1904年に東京 YMCA 理事長である片岡健吉が没し、江原素六が理事長に就任した。さらに、丹羽清次郎総主事が同志社大学に転出したため、山本邦之助が第2代総主事に就任した（1905～1923年）。山本邦之助は1907年（明治40）9月、YMCA の事業研究のために北米、英、仏、独、露諸国を視察し、翌年3月に帰朝した。山本は北米 YMCA において、少年から成人にいたるまでの幅広い年齢層と、実業家、学生、職工、鉄道員、軍人など参加者が多岐にわたっていること、事業が体育、宗教、教育、職業紹介、宿舎など多様な分野にわたっていることを見た。特に、彼は体育指導者養成においては、「非職業的運動競技」の普及を眼目とし、「貞潔健康」の精神が基調になっていることを理解した。北米 YMCA のこのような展開の背景には、1866年（慶応2）にニューヨーク YMCA 会長ドッチ（William E. Dodge）の提議に基づいて、YMCA の目的を「青年の霊的、知的、社交及び体育的情態の向上改善」におき、事業の目的の中に「体育的」という言葉を初めて用い、組織的な活動を展開したことがある。

　山本邦之助は、欧米における YMCA の「屋内スポーツ施設」が、YMCA の活動や地域社会の中で青年の健全育成に果たしている役割の大きさを認識し、日本にもこのような施設が必要であることを理事会に提案した。これに対し、理事会は反対の意思を表した。例えば、江原素六理事長は「日本は徴兵法に由り、青年の体育は鍛錬せられる」と主張し、川上昌保理事は「運動は屋内にては不可なり、宜しく郊外の原野例えば中川放水路の如き場所に、休日を利用し、バスにて交通する事とすべし」[1]と主張した。こうして、山本の提案は退けられた。1908年（明治41）、大森兵蔵が体育学士としての研究を終えて米国より帰朝し、再び「屋内スポーツ施設」の必要性を主張したが、理事の中に「屋内スポーツ施設」がどういうものなのか理解する者はいなかった。

　しかし、1911年（明治44）8月、日本 YMCA 同盟は、都市生活の不健全さと生存競争の激烈さから才能ある多くの青年が中途挫折するのは近代

文明の欠陥として、これを改善するための「体育事業」がYMCAの一大任務である、と決議した。しかも、青年体育のために力を尽くすには、各YMCAが切望する「屋内スポーツ施設」が必要である、ということも決議された。このような決議は、1910年（明治43）10月にホワイト・ハウスで開かれた北米YMCA同盟主催の会議（ホワイト・ハウス会議）[2]で、東京・横浜・神戸など9つのYMCA会館建設のために50万円の資金が割り当てられたことがきっかけであった。1912年（明治45）の第4回日本YMCA同盟総会において、「屋内スポーツ施設」の増設が決議され、「屋内スポーツ施設」建設へと発展した。

1913年（大正2）5月、江原素六（東京YMCA理事長）は視察のために北米に渡り、米国YMCAでいかに夜間の休み時間が「屋内スポーツ施設」利用に費やされているかを、実際に目にした。それによって、彼は「屋内スポーツ施設」の必要性を痛感した。帰国後、山本邦之助は会館建設のための募金運動に際してその募金委員長として活動するなど、1908年に山本から「屋内スポーツ施設」建設の提案を退けた時の考えを翻し、「屋内スポーツ施設」建設に積極的に取り組むようになった。この募金運動は、北米YMCA同盟から寄付金を受けるための条件を満たすために行われた。北米YMCAから寄附を受けるには、会館建設のための敷地が確保されていること、建設後の維持経営計画がしっかりしていること、また建設経費の半分くらいは日本で調達したものであること、などが条件となっていた。募金運動の結果、第十五銀行頭取の園田幸吉や日本銀行総裁である男爵高橋是清などの協力により、東京YMCAは5万3千円の寄付を得ることができた。北米YMCA同盟からの会館建築補助金としての50万円の内、東京YMCAに割り当てられた額は9万円であり、これを基に東京YMCA会館の拡張計画は進められた。

2）「屋内スポーツ施設」の概要

1911年（明治44）に発表された増築計画案は、以下のような内容であった。

「1. 講堂：現在の講堂を改造して、約2,000名を容るべきこと。
2. 少年部：年齢十歳以上十五歳未満の少年の為に新たにこの部を設け、約300人の少年に適応すべき遊戯室、読書室、及び集会室を備うること。
3. 教育部：英語及び商業夜学校の為に10個の教室を備うること。
4. 寄宿舎：実業に従事する青年の為に数十室の寝室を新設すること。
5. 図書室：教育宗教其の他一般内外図書を備え付け、読書室2個を設けること。
6. 社交室：二百人を容るべき大広間及び小集会室四個を設けること、又玉突き13個を備え付けること。
7. 食堂：軽便にして清潔なる食事を供すべき施設。
8. 体育館：現在の講堂を模様替えして体育室に兼用し、別に屋上運動場、ボーリングアレー室、浴場更衣室を備うること。」[3]

　しかし、「屋内スポーツ施設」に関しては、1913年（大正2）に次のように変更された。「現在会館の後方に体育館を新築し、室内各種の運動、ボーリング・アレー、浴場、水泳場（夏冬とも）等を備うること」[4]。この「屋内スポーツ施設」は神戸YMCA（1913年　大正2建設）や横浜YMCA（1916年　大正5建設）と同じように、当初は講堂と兼用のものとして計画されていたのだが、専用の体育館として計画し直されたことは「体育事業」に対する期待の大きさの表れといえる。
　会館の拡張工事は1917年（大正6）に竣工し、10月26日に献堂式が行われた。工事期間中、講堂や「屋内スポーツ施設」などの施設は献堂式を待たず、順次利用された。
　「屋内スポーツ施設」の規模は建坪165坪で、鉄筋コンクリート3階建てであった。1階には幅20尺、長さ60尺、深さ3～8尺（9ヤード×20ヤード×4ヤード）の微温水浴場（プール）、ボーリングアレー（4室、長さ12間）と見物室、シャワーバス、乾燥室、更衣室、貯蔵室が備えてあった。2階には幅57尺、長さ77尺（17.2m×23.8m）の全部オーク張の運動場、

3 階には 23 周して 1 里に相当する円形競歩場（1 周約 60 m）があり、40 畳の柔剣道場が設けられていた。

　しかし、「屋内スポーツ施設」も含めて東京 YMCA の建物は、1923 年（大正 12）9 月 1 日の関東大震災で大きな被害を受けた。本館は震災時の火災によって全焼し、建築後 6 年しか経っていない「屋内スポーツ施設」は壁だけを残して焼失した。翌 1924 年（大正 13）2 月、応急に修繕された「屋内スポーツ施設」のボーリング場を使用して英語学校を再開するなど、復興に向けた歩みが始まった。1926 年（大正 15）5 月には「屋内スポーツ施設」の修築工事が着手された。増築を含む全ての工事が完了したのは、1927 年（昭和 2）7 月のことであった。

　1927 年（昭和 2）に完成した新しい「屋内スポーツ施設」は、1 階の入り口正面に受付が設置された。会員は受付で会員証を出し、タオルや石鹸を受け取り、運動着や靴などを預けるようになっており、このために 1000 個の舶来針金製のバスケットが用意されていた。脱衣所（ロッカールーム）は階上と階下に 2 室あり、199 個のロッカーが用意された。9 間半に 13 間の「屋内スポーツ施設」（大体育館）は畳が 240 畳余り敷ける広さであり、壁はオレンジがかった色で、床は米国製のメープル床で二重張りであった。床から天井までは 5 間半で、壁には肋木やチェストウエイト等が設置されていた。ここでは、バスケットボールやバレーボールあるいはインドアベースボールが実施できるようになっていた。施設の上周りには、26 周すると 1 マイル（約 1.6km）になるランニングトラックがあり、トラックの隅にはボート練習のためのローイングマシンがあった。小体育館は以前柔道場のあった所に設けられ、数々の運動器械が設置されていた。小体育館の大きさは 2 間半と 8 間半で、練習用のバスケットボードやパンチングバッグ（ボクシング用練習機）が備わっていた。さらに、ハンドボールコートは幅 3 間、長さ 6 間、高さ 2 間半であった。階下の日本式浴室は 6 尺と 4 尺の総タイル張りであり、シャワー 12 個を備えていた。浴室の奥には、長さ 11 間に幅 20 尺、最浅部 4 尺、最深部 9 尺の水泳室があった。水泳室の水は濾過器を通して不断に洗浄され、その上にクロリンガスを注入する装置によって殺菌される仕組みになっていた。

（2）大阪 YMCA
1）「屋内スポーツ施設」の設置
　1886 年（明治 19）11 月に完成した大阪青年会館には、「屋内スポーツ施設」はなかった。しかし、1916 年（大正 5）4 月には、会館ホールを仮の「屋内スポーツ施設」として東西両側にバスケットゴールを設置し、床に白線を記入し、バスケットコートを設置した。また、バレーボール用のネットの設置がなされた。このように、当時は老朽した会館をできるだけ利用して室内野球、バレーボール等を行っていた。しかし、ホールは仕切られ、「屋内スポーツ施設」に代用されたり、臨時教室に使われたりと、設備上の不備が問題となっていた。そのため、多様なプログラムを展開するための新会館の必要性が高まっていった。
　1917 年（大正 6）4 月より、大阪 YMCA は理科学院中等科、高等予備校、英語学校予備校を増設していた。これにより生徒数が 1,200 名を越え、校舎増築をしなくては生徒の収容が難しくなった。そのため、大阪 YMCA は新校舎を建設することになった。新校舎建設の間、各学校の生徒たちが会館を仮校舎として使用した。そのため体育部の活動を、専用スペースを確保して行うことは難しく、毎土曜日午後 3 時より中之島運動場においてバレーボールやバスケットボール等の室外運動を行うことになった。また、会館では毎土曜日の午後 5 時より柔道と剣道が行われた。
　新校舎は 1918 年（大正 7）2 月に着工し、6 月には木造 3 階建ての校舎が完成した。1918 年（大正 7）7 月 10 日には新築仮校舎献堂式が行われ、これにより新学期から室内諸運動も再開された。
　他方、1917 年（大正 6）9 月には体育部主任増田健三が会員部と音楽部等を主宰することとなり、体育部主任には中村寿盛が就任した。就任にあたって中村は、体育を基礎として初めて知育徳育が起こり、且つ効果を発揮することができるとして、体育の重要性を述べた。また、1923 年（大正 12）夏の極東選手権競技大会開催を控える中、大阪市民の体格が全国に比して年々悪くなっているという徴兵検査の結果が出た。体育の重要性に関する第 4 回日本 YMCA 同盟総会の決議を待つまでもなく、大阪 YMCA の中には体格問題に対する対策が急務との意識があった。

大阪YMCAは病弱者対策ばかりでなく、一般市民の体力向上のための対策に目を向け、次のような施策を提言した。中学校その他の専門学校を、充実した運動場が確保しやすい郊外に設置し、郊外の施設と市内を結ぶ交通手段を支援すべきである。この施設に医学知識を持った運動のための専任の指導者を市が置き、常に市民の体育に対する統計表を作って各人の体育上の履歴についても把握し、適切な指導が必要である。一方で、大阪のような大都市生活する人達が郊外に運動場を設けたとしても、そこへ出かけていって運動しようとしたところで、普段の運動不足は解消しない。新会館においては室内運動場を充実させ、毎日少しの時間を利用して運動できる場を保障する。

　大阪YMCAが体育を重視したのは、上記のような社会的背景もあったが、いわゆる「健全なる精神は健全なる身体に宿る」といった体育としての運動あるいは遊戯が身体を鍛えるだけではなく、精神を鍛えるものでもあるというYMCAの基本的な考え方によったものでもあった。そのため、新会館建築に際しては、「屋内スポーツ施設」を重視した計画がなされた。

2）新会館の建設と「屋内スポーツ施設」

　大阪YMCAは1918年（大正7）春に会館新築に向けての募金運動を開始し、13万余円を集めた。同年7月には腐朽した校舎が壊され、仮校舎が建てられた。その後1924年（大正13）2月頃に、現在の敷地（大阪市西区土佐堀通2丁目12番）において新会館の建設が着工された。新会館の建築計画は総経費48万円となり、建築資金調達のための募金が順調に進む中、旧会館が取り壊された。1924年（大正13）3月9日には、約40年前の1886年（明治19）8月に礎石した青年会館の「隅の首石」（コーナーストーン）が掘り出された。

　1925年（大正14）に完成した新会館は、建坪が216余坪であり、延坪が1070坪余りで、全敷地の約三分の二を占めていた。敷地の残る三分の一には教育部仮校舎があった。この新会館は建築予定の約6割に過ぎず、将来教育部仮校舎の南に十六間の新道路が設けられた時には第2期の増築をし、完成する予定であった。新会館の設計はヴォーリス会社の米国技師

ラアーセン氏であり、工事を請け負ったのは大林組であった。基礎はフローテング式であり、北半分は鉄筋コンクリート5階建て、南半分は鉄筋コンクリートの天井が高い2階建てであった。北半分も南半分も、共に内藤博士によって耐震の検査を受けていた。関東大震災の教訓から、新会館の内外の仕上げの大半には、防火効果を期待して日華石が用いられた。

新会館は5階建てといっても、5階は4階の屋上にさらに1階足したような屋上屋の姿で、地下室はごく一部であった。南半分は大講堂と体育館であり、観覧席があるので4階建てとほぼ同じであった。3階とそれに4階の半分つまり全会館の約3分の1が体育部の設備に当てられていた。

この「屋内スポーツ施設」は、東京YMCAの「屋内スポーツ施設」と同様、体育専用の施設であり、その後この施設を使って「体育事業」が活発に行われるようになった。

この「屋内スポーツ施設」の規模、並びに附属施設と設備は以下のようなものであった。

表2　大阪YMCAの「屋内スポーツ施設」[5]

「屋内スポーツ施設」	本館の3階と4階。長さ75尺、幅45尺。約90坪。床材は楓。
特別体育室	「屋内スポーツ施設」の別室として設けられた。特別教授と個人遊戯を行う場所。 鉄棒、チェスト・ウェート、スライティング・シート、ボートレース、角力用畳、拳闘用手袋、同「ドラム」亜鈴、棍棒等の約10種の体育器具が備えられている。 採光も充分に設備され、冬期は暖房の新設備あり。
ロッカールーム	220個のロッカーを有す。 ロッカーは鋼鉄製の米国輸入品で、実業家用、青年用、少年用の三種類になっている。
ボックスストレージ	1200籠が収容できる会員の運動衣、靴等を預かるアルミニウム製8列の棚。 長さ15尺高さ9尺。

乾燥室	運動後に汗のついた運動衣を衛生的に乾燥する部屋。
シャワー・浴室	11組の外国式シャワーバスと2箇所に2個、計4個の日本式浴槽がある。バスは冷水及び温水の設備あり。 床や壁は全て白いタイル。
カウンター	貴重品、携帯品を保管する所。 ロッカー室に入る前に会員証を示して入館の許可を受ける。
体格検査室	聴力に異常がなく、手、足、関節等の状態が完全で、肺、心臓その他の器官が健全でなければ、過激な運動はできない。 体育部に入会して運動を行おうとする会員は、体格検査を行う必要があった。 各会員は医師の証明する検査証を主任に提出しなければならなかった。 バレーボールやバスケットボールのほか眼鏡を用いず行う遊戯は、まず視力検査証を提出しなければならなかった。
運動用具・設備	約25種の異なった体育器具が備えられていた。
プログラム	バスケットボール、バレーボール、ダンシング、コーチング・スクール、ハンドボール、ゴルフ、ボクシング、リレー、ゲームス、スポーツ

　新会館の「屋内スポーツ施設」は約90坪の広さがあるので、集会場や宴会場としても使うことができ、一時に700〜800人を収容可能であった。体育はグループ毎に日時を決めて指導されていたが、同時に60人くらいが練習可能であった。「屋内スポーツ施設」で一汗かいた人が汗ばんだ運動着や靴等を籠に入れてカウンターから預室に渡すと、係が乾燥室に入れて汗気を抜き、棚にしまうようになっていた。体育主事室の隣には身体検査室があった。医術に携わる会員の協力を得て、将来的に種々の身体の状態を統計的に研究するように考えられていた。また、室内運動を見学する人のために「屋内スポーツ施設」の四方には回廊があり、座席（観覧

席）が設けられていた。

　この会館の建物北側半分にあたる5階部分は、寄宿舎またはホテルとして利用するために、4階建ての上に濃い緑色の屋根の平屋建てが建てられた形になっており、南側の半分はハンドボールコートを有するルーフガーデンになっていた。また、ホテル用の部屋の外側にはバルコニーがめぐらせてあった。ルーフガーデンは体育や社交に利用する予定であった。納涼活動写真会などの種々の会合も可能であり、ハンドボール以外にデッキゴルフやデッキテニス等の遊びも充分可能であった。

（3）横浜YMCA
1）「屋内スポーツ施設」の設置

　1904年（明治37）8月、横浜YMCAは住吉町3丁目45番地にあった指路教会所有の私立女子住吉学校を仮会館として、英語学校やその他の諸活動を行った。1905年（明治38）には宗教部、教育部、庶務部、財政部が組織された。この時点で体育部はなく、横浜YMCAの活動プログラムとして計画的に行われるような体育活動はなかった。このような活動は仮会館での体育活動の限界を示すものであり、定期的な活動を保障するためにも独自の会館の必要性がますます高まっていった。

　1912年（明治45）4月、横浜YMCAの総主事となった大村益荒は、四方面事業（精神（霊育）、身体（体育）、知識（知育）、社交）の充実のためには独自の会館建設と設備充実が不可欠であり、そのための人材募集と資金集めの重要性を訴えた。横浜YMCAは、この大村による主張の4年後の1916年（大正5）に、北米YMCA同盟による35,000ドルという財政的援助と法人有志から30,000円の募金をもって、会館建設敷地189坪を横浜公園前の常盤町一丁目に購入し、「屋内スポーツ施設」を備えた独自の会館を建設した。

2）「屋内スポーツ施設」の内容

　1916年（大正5）10月に完成した会館は、「屋内スポーツ施設」、食堂、図書室、浴室などを備えていた。特に、「屋内スポーツ施設」はフロア面

積 16.5 m × 13.0m の広さで、講堂と兼用であったが、壁の側面には肋木が設置され、天井からは吊環がさげられるなど体育的用途が強いものとなっていた。このような施設は、当時の横浜においては初めての建物であった。

しかし、1923 年（大正 12）9 月に起こった関東大震災により、会館は焼失した。その後、1927 年（昭和 2）に増改築された会館は、震災で被害を受けた旧館の隣に新館を建て、両館の中間をエントランスでつないで一つの大きな会館としたものであった。増改築後の建物は、次のような作りであった。

旧館 1 階：事務室、食堂、
　　　　　バスケット室（300 人分の運動着を預かることのできる部屋）、
　　　　　ロッカー室（80 人分のスチールロッカーが設置された脱衣室）、
　　　　　浴室（ホットシャワー 3 個、人造石の日本浴槽、浴水汲出線 1
　　　　　　か所、洗濯機 2 個）
新館 1 階：少年部室とピンポン室。
旧館 2 階：以前とほぼ同じ大きさの「屋内スポーツ施設」や体育部主
　　　　　事室、玉突室。
新館 2 階：社交室、クラブ室（3 室）、図書室等。
旧館 3 階：体育場のギャラリー（約 300 人の観覧席）と共に映写室等。
旧館 4 階：英語学校教室が 7 室設けられた。
新館 3 階・4 階：それぞれ 12 の宿泊室等が設けられた。

この増改築による大きな変化の一つは、一度に大人数が利用できるバスケット室やロッカー室の設置と、旧館 3 階部分のギャラリーが大きく拡張されたことである。このことは「屋内スポーツ施設」における「体育事業」への期待が大きかったことを示しており、新館建設が「屋内スポーツ施設」の利用をさらに活発にした。

(4) 神戸 YMCA
1)「屋内スポーツ施設」の設置

　1913 年（大正 2）1 月に建設された初代の会館には、「屋内スポーツ施設」が大講堂（20.6m × 14.1m）の名のもとに兼用というかたちで設置されていた。体育部は会館完成とともに活動を開始し、「屋内スポーツ施設」は柔剣術の道場として使用された。また、F. H. ブラウンが 1915 年（大正 4）に来神し、この「屋内スポーツ施設」でバスケットボールやバレーボールそして器械体操などを指導した。

　神戸 YMCA は、神戸市の市電拡張に際し、その沿線に会館が当たるため、下山手 6 丁目 29 番 1 に移転することとなった。移転工事に着手したのは 1920 年（大正 9）10 月であり、1921 年（大正 10）2 月 27 日に定礎式が行われ、同年 10 月 15 日から新会館の大講堂使用を開始した。新会館が完全に完成したのは 1922 年（大正 11）3 月で、同年 5 月 6 日に落成式を行った。この新会館は敷地 304 坪、建坪 258 坪、延坪 1,026 坪であった。新会館は旧会館に比べ延坪では約 24 坪増となったが、敷地で約 91 坪減、建坪で約 50 坪減となった。煉瓦造 5 階（旧会館より 1 階増）の新会館の敷地費は 13 万円、建築費は 27 万余円（旧会館材料を使用して）であり、建築費は市から交付された移転料と有志の寄付によって賄われた。

2)「屋内スポーツ施設」の内容

　新会館は地下に 100 人が一度に食事ができる設備と湯殿、脱衣所、少年部、同図書室、柔道室（36 畳）、体育部主事室、「屋内スポーツ施設」（洋式運動場 80 坪、ベースボール、バスケットボールの設備及び 2 組のハンドボール）を有していた。1 階には受付事務室、主事室、会議室、社交遊戯室（玉突き台備付け）、図書館などがあり、2 階には社交室、クラブ室、教室、大講堂（1,500 人収容）があった。3 階と 4 階には 1,000 人が入る 12 の教室と、40 人が入る寄宿舎があった。5 階には遊技場や集会用として屋上庭園があった。

　新会館（地階）に附属している「屋内スポーツ施設」は、20.8m × 13.2m の体育専用の施設であった。北米スプリングフィールドの国際

YMCAトレーニングスクールを卒業したブラッドレーが午後5時より室内ベースボール、バスケットボール、バレーボール、ハンドボール、また、平行棒や飛台及び棍棒、吊り輪、登縄などの指導を行った。また、36畳の柔道室も設置された。この「屋内スポーツ施設」は、東京に次いで各種運動器具が備えられていた。さらに、脱衣室には運動衣類保管のために籠や棚があり、担当係員も配置されていた。浴室には8人入る浴槽と3ヶ所のシャワーがあり、石鹸とタオルは入浴時に神戸YMCAから提供された。新会館の設備は、以下のようなものであった。[6)]

　　地下室：食堂（100名の会食に対応できるよう、和洋料理を調整する）
　　　　　　浴場（清潔な湯桶及び3個の暖冷水噴泉あり）
　　　　　　体育場（東京に次いで各種の運動器具を備え、専門家の指導がある。付属脱衣場体育部主事室及び36畳の柔道場あり）
　　　　　　少年部（運動場及び図書室及び事務室がある。外に汽鑑室あり）
　　第1階：大小5、6の事務室、玉突ピンポン台を備えた遊戯室、内外の蔵書を置く図書室、教育部会議室、体育場見物席、西洋式便所等
　　第2階：各種小集会に使用する社交室クラブ室教室、4つの弁士控え室がある1500人収容の大講堂。
　　第3階：5個の教室と洋式寄宿舎5室、大講堂、楼上
　　第4階：教室2室、寄宿舎室9室
　　第5階：屋上庭園「ルーフガーデン」

（5）京都YMCA

　京都YMCA会館は1910年（明治43）6月に献堂式を済ませ、1911年（明治44）4月4日に開館式を迎えた。この会館は地上4階、地下1階、建坪およそ764坪（2,521.2平方メートル）であった。「屋内スポーツ施設」としてはすでに屋内運動場（14m×10.5m）が設置され、ボーリングアレーの基礎工事も着手されていた。その他、大小の集会室、教室をはじめ食堂、社交室、約1,000人を収容できるホールがあった。

京都YMCAの「屋内スポーツ施設」は体育専用の施設であり、従来の他都市YMACAにおける講堂との兼用施設とは異なっていた。しかし、その広さは14m×10.5mと狭く、卓球などの大会は会館内の講堂を利用していた。

　1923年（大正12）5月、会館の改修工事が行われた。それによって、地下室にあった大丸クラス用教室（在来の体育専用施設）の上に一階の床と同平面の階を新設した（それまでは大丸教室の上は2階までの吹き抜けであった）。

　改築前の社交室は図書室も兼ねていたのでビリヤードや卓球の台等が置いてあり、騒々しくて落ち着かなかった。そこで、地下室の上に従来の1階部分と同平面に部屋を増築して遊戯室とし、ビリヤードとピンポン専用室とした。そして、社交室とロビーとの間に硝子壁を設置し、社交室を静かで感じの良い部屋にして、増加・整理された図書の閲覧、健全な社交の集会、碁、将棋、闘球を楽しむ場所とした。

　また、社交室とロビーをはさんで東側に事務室があったが、その事務室南隣の従来ほとんど利用されていなかった2つの小部屋を合併して、必要に迫られていた協議室を新設した。さらに、その南隣、従来卓球室として利用し、トイレへの通路も兼ねていた細長い部屋を独立教室とした。この教室は新設遊戯室の東側に当り、新設遊戯室との間にはロビーからトイレ

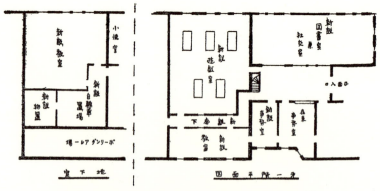

図2　京都YMCA改築後の「屋内スポーツ施設」[7]

に通じる廊下が新設された。このトイレは夏期には臭気がひどかったが、清潔なトイレに改善された。

地下室は大丸クラス用教室を西側に寄せ、その余地を自転車置場と物置にして、毎晩地下室通路に山積となっていた自転車及び下駄箱を整理した。そして、大丸クラスの人数が増えた時に、大丸クラスに隣接していたため、止むを得ず活動場所を大丸クラスに譲って休場していたボーリングアレーを再開した。

第2項　初期の「体育事業」
（1）東京YMCA
1）明治期における「体育事業」

東京YMCAに「屋内スポーツ施設」を備えた会館が建設されるまでの「体育事業」は、撃剣、柔道、弓術、遠足会が主であった。東京YMCAでは、1903年（明治36）に体育クラブが設立されたが、具体的な活動内容は不明である。

1906年（明治39）には、次のような事業が実施されていた。毎日曜午後2時には説教、木曜午後5時と土曜・日曜両日の午後1時には聖書講義、毎土曜日午後2時には土曜講演が行われていた。夜学校の英語は午後6時から8時半、独語は午後5時から6時、仏語は午後4時半から6時に開講されていた。YMCA会員は夜学校入学金を免除されていた。機関雑誌『開拓者』は毎月1回刊行され、宗教や学術、その他青年の霊性や知識を高めるために必要な記事と論文が掲載された。また、YMCAに関する報告記事を掲載した会報が毎月1回発行され、会員に配布された。内外の書籍数千冊を備えた図書室や、数十の新聞雑誌を備え新聞縦覧室は、会員及びその友人の縦覧に開放された。体育クラブは毎日開かれ、音楽クラブは毎週3回以上、社交クラブは毎月第3土曜日午後2時から開かれた。東京市牛込馬場下町17番地の牛込支部や東京市牛込区早稲田鶴巻町276番地の寄宿舎の運営等も事業として行われていた。

1908年（明治41）10月1日号の「東京青年会会報」によると、この頃すでに体育部ができていた。毎週木曜日午後4時より、会員の健康増進を

はかり、会員間の社交の場とするために、講義並びに実地演習が実施された。また、この年に大森兵蔵が北米より帰朝し、後東京 YMCA の体育主事に迎えられた。彼は会館の裏庭で会員を対象にバスケットボールを教え、日本女子大や慶応義塾の学生のために出張指導を行った。

　1911 年（明治 44）の事業組織は宗教部、講演部、教育部、寄宿舎部、人事相談部、軍隊部、社交部、娯楽部、体育部、少年部となっていた。宗教及び講演部は、青年の道徳及び精神修養に関する講演会及び研究会を開催した。また、教育部は昼間業務に従事している青年のために、夜間補習教育（英語夜学校及び商業科）を施した。寄宿舎部は第一寄宿舎（小石川茗荷谷町）と第 2 寄宿舎（神田美土代町）の学生を監督した。商工部は、各種職業に従事する青年に道徳及び修身に関する講話（商工一日会（毎月 1 回）、理髪業十七日会（毎月 1 回）、質屋業二十日会（毎月 1 回）、実業徒弟招待会（毎年 1 月及び 7 月））を実施し、娯楽遊戯の設備を提供した。人事相談部は 1909 年（明治 42）4 月より主に職業紹介を行った。軍隊部は東京における軍隊歓迎の施設を管内に設け（入浴、理髪、書籍雑誌の備え付け、運動遊戯、講演、余興など）、毎週日曜日に終日公開した。社交及び娯楽部は毎月 1 回、会員の晩餐会及び年 4 回の会員例会を開き、また娯楽のため球戯や室内遊戯及び音楽の講習を行った。体育部や少年部は施設の建設中のため、記述がない。

2）大正期の「体育事業」

　1916 年（大正 6）10 月 26 日、「屋内スポーツ施設」の新築及び講堂の拡張工事が終わり、東京 YMCA は献堂式を行った。会館が完成すると、各部門における活動も会館の施設を活用して行われた。1921 年（大正 9）6 月には「宗教部」、「教育部」、「体育部」、「社会部」、「会員部及び社交部」があった。「宗教部」は毎日曜日に於ける講演及び聖書研究、毎水曜日の精神講話及び讃美歌練習、商工青年の為の毎月 1 回の講演会、職員の為の毎週 1 回聖書研究、さらには毎月市内 25 の郵便局や商店あるいは工場等の依頼に応えて出張講演を行った。「教育部」では英語学校の外に、英語速記及びタイプライティング科が加えられ、また毎週 3 回三井合名及物産

会社員44名を対象に出張教授が行われた。さらに、図書室と閲覧室が公開され、内外図書や新聞の縦覧を行うと同時に、少年会として年齢13歳から15歳の少年の指導も行われた。「社会部」は人事相談（主に職業紹介）や学生寄宿舎（中野と麻布新網の2ヶ所の経営）の管理、及び新たに開設された江東支部の事業（働く青年のための英語及び普通科の夜学、講演及び社交的集会など。大正11年に閉鎖）を請け負った。「会員部及社交部」は会員募集並びに新入会員歓迎会、社交会、講演会、音楽等への招待を行い、会員相互の親睦を計った。

「体育部」では、特に室内プールの設備が完成したことにより多くの教育関係者の参観があり、体育部全体の利用者は毎日平均250名に達した。この時期、「屋内スポーツ施設」（講堂と兼用）を利用した活動をしていた。日本YMCA内部の体育指導を応援にきていたライアン（W. S. Ryan）は、東京と横浜でしばしばジムナスティック・ダンス（詳細は不明である。）やフォークダンスの講習会を開き、多くの学校体操教師を指導した。また、1923年（大正12）5月21日より25日まで大阪で開催された極東選手権競技大会も刺激となり、バスケットボールは内部に8つのチームができ、横浜YMCAや大阪YMCAさらには成城中学校や立教大学などのチームと試合を行った。さらに、会員は準備体操としてブラウン主事の指導によるダンベル体操や音楽伴奏付きの体操を行った後、器械体操やバスケットボール、バレーボール、インドアベースボール、ハンドボールなどのゲームを、曜日をかえて毎日一つずつ行った。

　このように、1922年（大正11）、「屋内スポーツ施設」を中心としたバスケットボールや水泳そしてボーリング（年間使用者8,614名、ゲーム数21,368）等は盛況であり、1年間の使用人数は57,080名であった。東京YMCAでは、柔道や剣道などの武術は行われた記録はない。また、「屋内スポーツ施設」に登録された会員のうち、大部分の94％がキリスト教会に属しておらず、広く一般に利用されていた。

3）水泳
　東京YMCAは他のYMCAにはない「屋内スポーツ施設」として、1917

年に室内プールを建設した。1917 年（大正 6）8 月 1 日、プール開放にあたって体育部（体育部委員長　伊藤一隆、体育部委員　日正信亮、山本邦之助、デヴィス、体育部主任ブラウン）は、次のような規則を作成した。

「 1　青年会員ニシテ体育部ニ入ラントスルモノハ体格検査ヲ受クルベシ
　2　脱衣場ノ設備完成ノ上ハ維持会員ニ対シ一人毎ニ其ノ所有品ヲ納メ置クベキ籠一個ヅツヲ貸渡スベシ
　3　水泳ヲナサントスル者ハ必ズ石鹸ヲ用ヒ「シャワーバス」ニテ身体全部ヲ充分ニ洗浄シタル上水槽ニ入ルベシ
　4　温浴ハ五分間ヲ以テ充分ナリトス。水泳後ハ温浴ヲ取ル必要ナシ
　5　水泳ハ健康ヲ増進スル益アルハ勿論ナリト雖モ長時間続ケテ水中ニヲルハ却ッテ害アリ、通常ノ人ニアリテハ三十分及至四十分以上ニ至ラザルヲ宣シトス
　6　水泳場ニ於テハ褌ヲ着用セザルヲ原則トス。但シ「シャワーバス」使用中ノ他ハ希望ニヨリテ本会備ヘ付ケノ消毒済ノモノニ限リ使用ヲ許ス。
　7　観覧席ヨリ水槽ニ飛込ムコトハ塵埃ノ混入ヲ免レザルヲ以テ水泳ニ熟達セルモノニ対シテモ堅ク之ヲ禁ズ。
　8　会員外ニシテ体育部ヲ参観セント欲スルモノハ本会受付ニテ参観券ヲ求ムルベシ。
　9　受ケタル「タオル」又ハ褌ハ脱衣場ヲ出ズル時、係員ニ返戻スベシ。
　10　「タオル」及ビ褌ハ体育部受付ニテ貸出ス。但シ使用料各二銭ヲ支払ウベシ。石鹸一個ハ一銭ニテ分与ス。」[8]

「体格検査」は実際には健康診断であったが、このころは健康診断とは呼んでいなかった。この「体格検査」を課したのは裸で泳いでいたため、皮膚病や伝染病、性病などに特に気を遣っていたからである。結果は 60％

が不合格であった。[9] 1922年（大正11）、水泳部に入場した部員は38,697名であった。

　ところで、1917年（大正6）にYMCAの室内プールが作られた当時、水泳（競泳）は海水浴と混同されるような状態で、一般にはあまり知られていなかった。しかし、アントワープのオリンピック（1920年開催）で内田選手と斎藤選手が惨敗し、これまでの古典的な日本泳法に頼る時代が終ったことが明らかになった。これを受けて、初めてYMCAの室内プールでクロールが研究され始めた。梅澤誠光と飯田光太郎はコーチとして、まだ見たことも聞いたこともない泳法について洋書を紐解き、名誉主事ブラウンと共に完全なるクロール泳法の研究を続けた。その結果、1921年（大正10）に上海で開催された第5回極東選手権競技大会では、16名の代表選手中10名をYMCA会員によって占めるに至った。東京のこのクロール隆盛に呼応して、大阪の茨木中学に於いてもクロール泳法が盛んに研究された。こうしたYMCAのプールからクロール泳法が普及し、日本水泳界の国際化にも大きく貢献した。

　上海での極東選手権競技大会以後、YMCAの室内プールは競泳選手でなければ泳げない状態であり、ほとんど毎週大会が催され、記録は会を重ねる毎に破れていく状況であった。YMCAの室内プールで育った選手は、上海での極東選手権競技大会後、各々所属する大学で水泳部を創立し、今日のインターカレッジの基礎を固めた。即ち、松澤は一高から帝大に、和久山と森は明大に、小野田は拓大に、今村は慶大に、小高は早大に戻り、各々水泳部を設立した。

4）関東大震災後の「体育事業」

　1923年（大正12）9月1日、関東大震災により、東京YMCAの活動は一時停止した。しかし、1923年（大正12）12月には山本邦之助が総主事を辞任し、代わって1924年（大正13）5月に斎藤惣一が総主事として就任した。斎藤総主事のもと、11月には3万円をもって仮会館が新築された。仮会館は木骨コンクリート2階建てで、建坪は200坪であった。建物はU字型であり、廊下にはロビーとカウンターがあった。1階には職業紹

介所2ヶ室、人事相談室、事務室、総主事室、会議室、英語学校事務室、食堂兼研究室、厨房、宿直室等が設置された。2階には英語及びタイプ教室10室、図書兼研究室があり、更に3階には小さな祈祷室が1室あった。また、廊下によって講堂や水泳場に通じていた。

　この仮会館から事業は次第に再開され、1925年（大正14）4月には「体育事業」以外のすべての事業が回復した。「体育事業」では、1924年（大正13）春には焼け残った「屋内スポーツ施設」の室内プールが修理修復され、会員及び一般市民に開放された。また、館外の「体育事業」の開発に努力し、1924年（大正13）にはスキー倶楽部を創設し、12月には信越線関山にてスキーを計画した。館内においては、1925年（大正14）2月に中庭のコンクリート広場にデッキテニスを取り付けた。5月には、午後5時半より時間割に従って4〜20名が、中庭でローラースケートやジムナスティック・ダンス、洋式体操、タップリング、バレーボールを行った（時間割は不明である）。

　バスケットボールは常に帝大に行って、練習していた。3月26日には、イーグルクラブ（東京YMCA内のクラブ）がアメリカンスクールとの定期試合を、アメリカンスクールコートにて行い、47対22で勝利した。1925年（大正14）7月28日から4日間、YMCA内部におけるバスケットボールのリーグ戦がイーグル、英語予A、英語予B、タイプ、職員によって行われた。11月には、商大のコートを借りて、日曜日に一度バスケットボールの練習ができる状況であった。

　1925年（大正14）8月には定期集会（毎週）として、水曜日と木曜日の午後6時より柳田亨体育主事が体育ダンスを指導した。さらに、柳田は「家庭及事務所気分転換体操」や「気分転換少年団指導者指導」などを指導（指導内容は不明）し、東京乗合自動車会社や中野・杉並の教会青年会などで体育用フィルム幻灯による体育・衛生講話などの出張指導を行った。

（2）大阪YMCA

　1898年（明治31）の夏、大阪YMCAは会館内に大弓射場を設け、弓道を始めた。さらに、端艇を購入し、土佐堀川を利用する端艇クラブを設立

した。1907年（明治40）3月には撃剣部を設置し、同年5月には青年会館の西空き地に柔剣道場を設けた。1910年（明治43）7月には第1回富士登山会を計画し、64名（大阪44名、京都19名、名古屋1名）が参加した。この登山会は1921年（大正10）まで、毎夏行われた。

　1913年（大正2）10月にブラウンが来阪し、これまでの柔道・剣道中心の体育プログラムにバレーボールやバスケットボールが加わった。まず、1914年（大正3）頃からブラウンにより、大阪市の青年達の体育向上を目的にして、手近にやれるものとしてバレーボールが指導された。次いで、1916年（大正5）4月には会館ホールを仮の「屋内スポーツ施設」として、会館ホールの東西両側にバスケット・ゴールを設置し、床に白線を記入し、バスケットコートを設置した。また、バレーボール用のネットの設置がなされた。

　1916年（大正5）5月の『大阪青年』から、「宗教部」「学生部」「教育部」「社会部」「体育部」「会員部」「音楽部」といった事業組織のあったことが分かる。「宗教部」では、桑田牧師やグリーソンたちが修養講話、聖書研究、祈祷などを行った。「学生部」は中等学校の生徒のために、音楽や聖書講演の集会を開いた。「教育部」は英語学校や理科学院等を運営し、また小部として音楽部をつくり、毎週水曜日に讃美歌の練習を行った。「社会部」は職業紹介や少年義勇団の活動を行った。

　1917年（大正6）6月の『大阪青年』からは、次のような「体育部」の活動を知ることができる。柔道部では毎週月曜日、水曜日、金曜日の午後5時半より7時まで、人見教師の指導の下に活動が行われた。撃剣部では毎週月曜日と金曜日の午後5時半より7時まで、大日方教師の指導の下に練習が行われた。室内運動部は毎週火曜日と木曜日の午後6時より7時までと9時から9時45分まで、増田健三の指導によってバレーボール、バスケットボール、インドアベースボール、ピンポンが行われた。毎週土曜日は、午後4時より中之島運動場でバレーボールの練習が行われた。庭球部では毎週木曜日と土曜日の3時から6時まで、越中橋中詰コートにおいて練習が行われた。この時期、バレーボールは、5月に東京で開かれた第3回極東選手権競技大会にバレーボール選手として島谷平次郎、奏逸郎、

石脇為之助、河辺留造を出場させていた。しかし、バスケットボールはチーム編成中として、会員を募集していた。

1917年（大正6）10月の体育部の活動を見ると、柔道、剣道、テニス、バレーボール、インドアベースボール、バスケットボール、ピンポンの練習の他に、会館において毎週水曜日の午後5時から7時まで無料の診療が行われた。（教育部生徒及び会員は、至急を要する疾病に罹る時は、時間外においても無料診察を受けることができた。

1919年（大正8）3月まで、体育部の時間割は次のように組まれていた。柔道は水曜日と金曜日の5時から7時まで、剣道は水曜日と金曜日の5時から7時まで、室内運動は月曜日と火曜日そして木曜日の5時から9時まで、練習が行われた。しかし、同年4月には少年部の活動が開始され、体育部の活動前に少年部の運動練習を入れ、室内運動の時間を月曜日と火曜日の3時から5時まで、柔道剣道の時間を水曜日と金曜日の5時から7時までとした。

また、1920年6月号『大阪青年』には『大阪市民の体育に就いて』と題する記事が掲載されている。この中で大阪YMCAは、徴兵検査を受ける大阪青年の体格が年々悪くなることを憂い、この問題に対して大阪の各地に体育場（休憩室や図書室を付設し、事務員を配置）を設けるなど体育的設備を充足させる必要があると説くなど、積極的に体育活動を進める姿勢を強調している。

1920年（大正9）5月16日、体育部は部員協議会（参加者14名）を開催し、増田主事の希望と合議の上で、以下の事項を決定した。

「1、体育部部員は、本会会員（特別会員）たるものとす。
2、部員たる者は、部費として毎月金30銭納付すべき事、但部費は青年会会計より独立のものとす。
3、体育部委員決定
　石脇、林、竹谷、土田、野上（会計）、藤居（書記）、中井、武田
　計8名
4、バスケットボールチーム編成

「トライアングル」チーム、「スター」チーム、「サンシャイン」チーム
「ムーンライト」チーム
5、バレーボールチーム編成
「ホワイト」チーム、「レッド」チーム」[10]

　1920年（大正9）10月にはバスケットボール、バレーボール、インドアベースボール等の練習は毎週月曜日、水曜日、金曜日の午後9時より10時までであった。柔道と剣道の練習は毎週月曜日、水曜日、金曜日の午後5時半より7時まで、会館で行われた。指導は、柔道を人見教師が、剣道は大日方教師が行った。1922年（大正11）2月には柔道部と剣道部とも、毎週月曜日、水曜日、金曜日の午後5時半より6時45分まで練習を行った。他方、洋式運動部は毎週火曜日と木曜日の午後5時半より6時50分までと、各週土曜日午後6時より9時まで練習を行った。

　1924年（大正13）2月に「屋内スポーツ施設」を重視した新会館建設が始まると、4月には松葉徳三郎が体育部職員になり、9月には米国マサチューセッツ州スプリングフィールドの国際YMCAトレーニング・スクールの体育科を卒業した竹内伝一主事が体育部に就任した。1925年（大正14）、会館（「屋内スポーツ施設」）が建設中だったので、大阪YMCAの名誉主事ライアンは、神戸YMCAの体育部の指導にあたっていた。しかし、新会館の体育器具約1万円分の注文もでき、秋には東洋一の模範的な「屋内スポーツ施設」が完成する予定で、竹内伝一とライアン両主事に松葉徳三郎を加えて新会館での「体育事業」の陣容は整えられていった。1925年（大正14）10月に会館が完成するに及んで、三浦主事は組織を改革し、少年部は当分体育部所属とし、竹内伝一と松葉徳三郎が主に指導にあたった。この時期の体育部の目的は、「年齢12歳以上の会員のために本部は解放され身体の健康を増進するのみならず、人格の向上、品性の涵養を図り進んで神の王国を建設せんが為め心、身、霊の練磨を図る」[11]ことであった。

(3) 横浜 YMCA
1) 関東大震災前の「体育事業」

　会館が完成するまで、横浜 YMCA では計画的に行われるような「体育事業」はなかった。1916年（大正5）の『開拓者』4月号（第11巻第4号）には、仮会館で行われていた「体育事業」として、以下のような記述が見られる。「昼休みを利用して仮会館を訪はるる会員諸君を増加し、午食を共にせらるる者、ピンポン、メヂシン・ボールに食後の適当なる運動を取らるる者など極めて愉快なる現象なり」[12]。つまり、大正年代初期の「体育事業」としては、昼休みを利用したピンポンやメヂシン・ボールが気ままに行われる程度であった。メヂシン・ボールとはチームが一列縦隊に並び、メヂシン・ボール（パンヤや「ほろ」の入った重いボール）を頭上又は股間を運びながら競う遊戯である。また、近郊に散策する程度のものであった「土曜遠足会」が実施されている。

　1916年（大正5）に「屋内スポーツ施設」を備えた会館が完成し、独自の活動場所が確保されると、会館中心の「体育事業」が盛んになった。これに伴い、横浜 YMCA は体育部を設置し、会員のための「体育事業」を行った。会館完成後の横浜 YMCA には「体育部」の他に「教育部」「社交部」「宗教部」があり、会員たちはいずれかの部に所属して活動を行った。会館落成後の10週間の活動について、『開拓者』には次のような報告が掲載されている。「新会員450人、教育部出席生徒10,713人、諸種の集会及聖書組出席者10,638人、体育部出席者1,585人、浴場使用者1,652人、玉突室使用者1,000人、雑誌及書物室使用者1,000人、食堂使用者1,600人、本会以外の主催者にて会館使用者14人、合計約3万人が新会館落成後の十週間に於て本会館を使用したるなり」[13]。また、1919年度（大正8）の事業報告によると、「教育部」では学術演説や英語講演会などが開かれ、「社交部」では親睦会や音楽演奏会が実施され、ピンポンやビリヤードなども行われていた。「宗教部」は聖書研究や宗教講演会を開催していた。

　1920年（大正9）には「宗教部」、「体育部」、「教育部」、「社交部」の他に、「文芸図書部」（機関誌『横浜青年』の発行など）が設置された。1921年（大正10）には、「会員部」（会員募集のための活動）、1922年（大正11）

には、「社会部」（会館宿泊所の世話など）が設置された。1924年（大正13）には、「少年部」（満12歳から満18歳を対象とした全人教育活動）が開設された。このように、大正期後半には、YMCAの活動目的に応じていくつかの部が設置された。

体育部においては、活動当初より、ほとんどブラウンの主導によって活動がなされていた。毎週月曜日と木曜日の夜にはブラウンによって、また火曜日と金曜日の夜にはハンソン（外国人指導者）によって、バスケットボールの指導が行われ、外国人会員を含め15～60名の出席があった。また、体育部主事である廣田のほか、体育部委員によって指導が行われた。この体育部委員は、競技規則や技術の点でわからないことがある会員や新入会員のために指導する者であり、会員たちの中から毎年10名前後が選ばれた。また、彼らは廣田などと共に、年間の体育行事の日程や大会の開催決定などに関する会議にも参加した。

1919年度（大正8）には、体育部の中に「バレーボール部」、「バスケットボール部」、「アスレチック部」、「野球部」の各「小部」が設けられていた。この小部の委員には、「バレーボール部」では杉浦清と吉村允容が、「バスケットボール部」では田中常蔵と保科梅吉そして西川豊吉が、「アスレチック部」では柴田伊之助と平川光義そして鈴木善右衛門が、「野球部」では柴田伊之助と杉浦喜三郎が就任していた。1920年度（大正9）には、これらの各小部に「庭球部」と「柔道部」が加えられた。庭球部は横浜公園内におけるコートの開設（開設時期の詳細は不明）に伴って活動が盛んになったが、委員は不明である。柔道部は1920年（大正9）秋に開設され、部長には平沼亮三（横浜市会議員、衆議院議員、全日本体操連盟初代会長など歴任）が、顧問には柴田五萬石が、そして委員には山田と西久保の他14名が就任した。1921年（大正10）には、平沼が体育部顧問並びに柔道部部長に就任した。

1922年度（大正11）の体育部の各部及び委員は、「バスケットボール部」（鈴木民治）、「室内器械運動部」（鈴木善太郎）、「バレーボール部」（笹倉正彌）、「柔道部」（山口孫作と二宮宗太郎）、「剣道部」（榊原と河合米吉）であり、アスレチック部と野球部は廃止されていた。このように、体育部に設

置された小部は、新しく設置されたものや廃止されたものなど、頻繁に変更されていった。

2）関東大震災後の「体育事業」

　震災後の1924年度（大正13）の体育部報告には、各小部の名称は見当たらないが、体育部委員長には深澤誠一（青年会幹事）が就任し、委員として大高辰、大下繁喜、鈴木善太郎、萩野武平、保科義仁、小山田光、大石柳平がその任に就いている。1926年度（大正15）には、体育部委員長に深澤誠一が、体育部委員に萩野武平、鈴木善右衛門、雪野元吉、室原純、大下繁喜、大石柳平、古屋英雄の7名が就任している。

　1922年（大正11）6月、「体育部」は「ビジネスメンクラス」の活動を開始した。このクラスは特に勤労者を対象としており、簡単で健康上有効な運動を指導することを目的として、家庭の都合または遠方の住まいとの関係から夜間を利用するのに不便な会員が勤務先からの帰りに立寄ることができる、という利便性を考慮して設置された。体育主事の廣田兼敏が中心となって指導するこのクラスの指導時間は、毎週月曜日と木曜日の午後5時半から6時半までの1時間であった。また、指導内容は「メーズラン」（人文字を作る組体操、集団行動といったもの）、諸遊戯、初歩器械体操、ダンス、バレーボール、バスケットボールであった。「廣田資料」によると、「ビジネスメンクラス」は一日の業務に疲労した身を「体育部」に寄せ、理想的運動を試み、「YM式入浴」（YMCA会館内での入浴）の愉快さを多くの人々に味わってもらうことを期待して開設されたが、このクラスには開設当時から多くの参加者があった。特に、YMCAの職員も2名あるいは3名が参加しており、このことが会員との親睦にも効果的であり、「屋内スポーツ施設」は超満員であった。

　1923年（大正12）4月には、昼休みの時間帯を利用した活動として「ヌーンクラブ」が開設された。廣田が中心となって指導するこのクラブは、近くの会社員や商店従業員あるいは外国商会社員などの会員が昼休みに運動で気分転換をし、新しい気分で午後からの仕事に向うことを目的として計画された。毎週月曜日と水曜日及び金曜日の午後12時半より、20分間は

英語による洋式徒手体操を行い、後の10分間は歌やゲームあるいはダンス等を行うというものであった。

　これらの「ビジネスメンクラス」や「ヌーンクラブ」は、YMCAが目的とした青少年の全人的成長と完全な人格形成のためには、健康な身体が不可欠であるという主張を反映したものと考えられ、そうした身体運動に関心のある人達が利用しやすい時間帯を配慮したもので、スポーツにふれるきっかけをつくるプログラムであった。

（4）神戸YMCA
1）「体育部」の設置と「体育活動」

　1912年（大正元年）11月21日、会館の一部である1階から3階までが完成し、「屋内スポーツ施設」（大講堂）が利用可能となった。この「屋内スポーツ施設」は講堂と兼用であった。講堂が利用可能になったことにより、神戸YMCAは体育部を設立し、毎週火曜日・木曜日・土曜日・日曜日の4日間は柔道と撃剣を、月曜日・水曜日・金曜日の3日間はバスケットボール、バレーボール、インドアベースボールの球技を行った。

　1913年（大正2）1月には会館全体が完成し、神戸YMCAの事業は「宗教部」、「教育部」、「社交部」、「体育部」によって行われた。「宗教部」では、赤澤牧師と中田牧師そして村松吉太郎理事長が毎週寄宿舎における礼拝を行い、また外国語学校で毎週2回の宗教講話を行った。さらに、毎週1回、関西学院の小野教授による聖書講義が行われた。「教育部」は外国語学校に185名の生徒を有し、毎週火曜日と金曜日に宗教講演を開いた。また、予備学校は24名の生徒を収容し、国語、漢文、算術、英語、作文、図書、習字、理科の8課を教授した。さらに、図書室の開放や学術講演などが行われた。「社交部」は社交会や歓迎会や送別会、クリスマス祝会や茶話会を開いた。屋上庭園では納涼観月会や親睦会が開催された。将棋盤を置き、ピンポンもできるようにした。「社交部」内の音楽部は音楽会を開き、職業紹介部は就職の斡旋を行った。

　『大正2年度報告』によると、体育部は柔道撃剣部、室内団体運動部、テニス部、相撲部の4部から構成されている。柔道撃剣部は3月より毎週火

曜日と木曜日と土曜日の3回、遠山と菱谷の2教師により指導された。柔道に関しては、他に松尾恒四郎と眞野恒太郎が指導にあたった。室内団体運動では、1911年（明治44）12月に米国マサチューセッツ州スプリングフィールドの国際YMCAトレーニングスクール（幹事養成）を卒業した宮田守衛らの指導により、バスケットボール、バレーボール、インドアベースボールの3種が行われた。特に、バスケットボールは他の2種に比べ勇壮なスポーツだと盛んになり、バレーボールとインドアベースボールの人気を圧倒していた。テニス部は下山手小学校校庭で毎日曜日に練習を行った。相撲部は地下室に土俵を設けて、練習が行われた。

「屋内スポーツ施設」での「体育事業」は、日本人と外国人を分けて実施された。「外人組」はブラウンの指導の下に、月曜日と金曜日午後6時から7時半まで器械体操（鉄棒、平行棒、スプリングボール、クライミンスロップ、フライングリング）、メジシンボールやバスケットボール、バレーボールを行った。日本人組は月曜日と水曜日と金曜日の7時半より9時半まで、ブラウン及び岸体育主任の指導の下に、「外人組」と同じく器械体操やバスケットボール、バレーボール、インドアベースボールを行った。

1915年（大正4）の体育部は、柔道撃剣部が撃剣部と柔道部に分かれ、テニス部が廃止されて（詳細は不明）、撃剣部と柔道部そして室内競技部と相撲部の4部から構成されていた。1914年（大正3）に発足した登山会は、比叡山や六甲山に17～18名の同行者をもって登り、さらに大阪YMCAと合同で富士山登山を開催した。撃剣部は遠山牧師が指導を行い、毎回6～10名の出席であった。また、撃剣部は11月28日には市内各学校官署より選手を招待し、大会（詳細は不明）を開催した。柔道部は菱谷教師が指導にあたり、真野2段が指導補佐として菱谷教師についた。柔道部の活動には毎回10数名から30余名の出席があった。室内競技部はバスケットボール、バレーボール、インドアベースボールの3種目を毎月水曜日と金曜日の午後7時から9時半まで活動し、毎回20数名の参加があった。さらに、室内競技大会が春秋2回開催された。相撲部は地下室に設けられた土俵で練習した。夏に相撲大会を開催したところ、40組の参加があり、満場の来観者であった。相撲大会は、通常は春と秋の2回開催された。最

後に、徒歩会が毎月第 3 日曜日に開催された。

2）「体育部費」の廃止と「体育事業」

　1915 年（大正 4）末から講堂の床が修繕されていたため、体育部の活動は一時休止となっていたが、翌年の 1 月 13 日から活動が再会された。床の修繕により「屋内スポーツ施設」には鉄棒、平行棒、スプリングボード、クライミンスロップ（拳網）、フライングリング、メジシンボールを行う器械体操の用具が新設された。これにより、体育部加入の際には、体育部会費 20 銭を別に徴集することとなった。しかし、4 月には体育部費の徴収を 1 ヶ月足らずで廃止した（詳細は不明である）。体育部費廃止により、1916 年（大正 5）5 月には夜学校生徒の中には授業前に器械体操を行う者が増え、毎回 20 〜 30 名の参加があった。

　1915 年（大正 4）2 月にはブラウン（F. H. Brown）が来神し、室内競技を中心に指導した。「外人組」はブラウン指導の下に月曜日と金曜日の両日午後 6 時から 7 時半まで、器械体操及びバスケットボールそしてバレーボールを実施し、次第に会員を増やした。「日本人組」は月曜日と水曜日そして金曜日の午後 7 時半より 9 時半まで、ブラウン及び岸体育部主任の指導の下に、器械体操及びバスケットボール、バレーボール、インドアベースボール等を実施した。

　1916 年（大正 5）7 月には、中学校の 1 年と 2 年そして高等小学校の 1 年と 2 年程度の少年を対象に、健全なる精神教育と体育奨励のために毎日曜日の午後 1 時半より、精神講話及び諸運動遊戯を行った。精神講話は松村理事長や内藤主任が担当し、運動遊戯は岸体育部主任が行った。運動の種類はインドアベースボール、バレーボール、バスケットボール、鉄棒、平行棒などであった。特に、体育部は混雑と危険を避けるために、以下のような時間表を作成した。

　1918 年（大正 7）、洋式運動部は石川と奥村そして大岡によって指導されていたが、流行性感冒の余波のため活動を一時休止した。活動を再開したのは 7 月からであった。武術部においても柔道部では菱谷、撃剣部では藤山による指導で行われたが、これも悪疫流行のため武術大会は中止され

表3　1916年（大正5）7月の体育部時間割表[14]

日時	3時～5時	6時～7時半	7時半～9時半
月	16歳以下	外人クラス	16歳以上
火	16歳以下	16歳以上	柔道・剣道
水	16歳以上	16歳以下	16歳以上
木	16歳以下	外人クラス	柔道・剣道
金	16歳以上	16歳以下	16歳以上
土	16歳以下	16歳以上	柔道・剣道

た。相撲部は6月に神戸又新日報社主催の学生相撲大会に出場したが、秋に計画されていた地下室改築のために土俵が取り払われ、活動は自然休止の状態となった。登山部は毎日曜日と祝日に、寄宿舎生の中から登山に経験のある者数名が近隣の山を跋渉した。他方会館は10月に地下室物置及び相撲場約50坪を修理し、少年部遊戯倶楽部室を作った。修理のための経費は約1,000円であり、ピンポン台3台を新調し、少年部遊戯倶楽部室に設置した。

1919年（大正8）、「体育部」における洋式運動部、武術部、相撲部、登山部は、次のような活動を展開した。洋式運動部では、会員である芋田嘉一郎と原八郎の指導の下に活動が行われた。また、5月に体育部に就職した粟飯原の指導の下に、7月には神戸高等商業学校とバレーボールの練習試合をし、11月には大阪中之島公園で開催されたバレーボール大会に参加し、2等賞を得た。バレーボールの練習には、毎回20余名の参加者があった。撃剣部と柔道部が合併した武術部では、撃剣部を藤山が、柔道部を菱谷が指導した。撃剣部では平均して20名が、柔道部では平均30名の参会があった。1919年度も武術大会が開催される予定であったが、会館の都合上開催することができなかった。相撲部は先輩諸氏の指導により外国語学校の生徒が盛んに練習していたが、9月に神戸に寄港中のチェコスロバキア兵が本会館に止宿したため、土俵を壊すことになり、止むを得ず活動を中止した。登山部は毎日曜日と祭日に、寄宿舎生の中で登山経験者が近隣の山を歩き回った。遠足会は7月に会員有志の約30名が京都方面

に向けて遠足会を催し、京都妙心寺、五台山清涼寺、清瀧、愛宕山、嵐山を経て帰神した。

　1920年（大正9）、体育部の洋式運動部は3月24日に会員の芋田嘉一郎と原八郎の指導の下にアメリカからのサウスダコタ号の乗組員を会館に迎えて、バスケットボールの試合を行った。4月には、中ノ島公園で行われた近畿バレーボール大会に参加した。武術部では、藤山と菱谷の両教師の指導の下に、撃剣と柔道とも会員ならびに夜学生が数10名出席していた。しかし、会館移転工事のため、武術部は10月限りで止むを得ず活動を中止することになった。登山部は会員と交友会員あるいは寄宿舎生の中の登山同好者が集って、日曜と祭日を利用して遠近の山野を歩き回った。1920年度に関して特記すべきことは、夏期に権藤少将を迎えて10分間体操の講演会を開き、続いて権藤少将と岡田教授そして船曳教師の指導の下に講習会を開いたことである。この講演会と講習会には毎回40余名の出席者があり、良好な成績を得た。

（5）京都YMCA
「体育事業」の開始は1911年（明治44）6月に体育部を設置した時に始まる。体育事業といっても主たるものは撃剣と柔道であり、あとは球突台2台と卓球台が置かれていただけであった。撃剣は田端昇太郎5段、剣道は最上段の門奈正が指導した。1912年（明治45）には体育部への入会者は100名に達し、出席者は毎日40名ないし60名を数えた。体育部全体を楢橋主事が担当し、中村栄助が補佐した。

　大正に入って、京都YMCAは従来の日本武道中心の活動から脱し、バスケットボール、バレーボール、卓球など米国を中心に発達したスポーツを導入して、本格的な「体育事業」を展開した。

　1913年（大正2）10月、ブラウン（F. H. Brown）が日本に派遣された。彼はただちに関西の諸YMCAの「体育事業」を指導し、各地でレクリエーション・ゲームを盛んにした。この間、ブラウンはたびたび京都YMCAに足を運んでバスケットボールとバレーボールなどの紹介と普及に努めた。大正4年度の事業報告（第9回）には、室内洋式運動（生徒24名）の

教師としてブラウンの名前が記されている。1916年（大正5）10月30日にはブラウンによる体育講演会が開催された。
　1915年（大正4）、京都YMCAに日本最初のバスケットボールチームが編成された。ボーリングは1916年（大正5）5月12日に開始された。即ち、1916年（大正5）5月9日にボーリングアレー2座が竣工し、開始式が5月12日に挙行された。ボーリングアレーは第三高等学校職員や学生のスター倶楽部、学生あるいは第1銀行員たちが利用し、9月には第1回ボーリング大会を施行した。10月には、ボーリング部がボーリング番付作成競技を行った。
　1916年の時点では、バレーボールは日常的なプログラムになっていないが、1917年（大正6）3月より徐々に普及し、8月には洋式運動講習会（京都YMCAでは柔剣道の日本体育部に対してバスケットボールなどを洋式運動部として区別していた。）でバスケットボールとインドアベースボール（室内野球）とともにバレーボールが登場している。バスケットボールは佐藤金一によって指導されていた。佐藤はウィスコンシン大学のバスケットボールチームにいた経験を持っており、組織的なバスケットボールを日本に紹介したことで知られている。10月には洋式運動部員募集が始まり、室内運動としてインドアベースボール、バスケットボール、バレーボール、パンチボールの愛好者を、屋外運動としてランニング、テニス、野球、登山、遠足の愛好者を募った。この当時の京都YMCAの「体育事業」では、バレーボールはまだそれほど注目されていなかったが、バスケットボールとボーリングは非常に盛んであった。
　1917年（大正6）1月、京都YMCAの案内として、体育部の柔剣道及びバスケットボール（毎日午後7時から9時まで）、球戯部（毎日午後1時から9時まで）、ピンポン部（毎日午後6時から9時まで）、ボーリング部（毎日午後1時から9時まで）が紹介されている。京都YMCAのバスケットボール部は3月14日に豊中において行われた極東選手権競技大会予選で神戸YMCAチームに54対14で勝ち、日本代表として出場する権利を得た。バスケットボールチームは5月に東京で行われる極東選手権競技大会出場に向けて、佐藤金一はもちろんハンソン（バスケットボールの名手）を招

き、毎週水曜日と土曜日と日曜日の3日間、指導を受けた。大会直前には、ブラウンも指導にあたった。ブラウンは極東選手権競技大会の日本チームの編成において、陸上競技やボールゲームを指導し、技術面でのコーチを行った。

まとめ

日本の各YMCAは、「屋内スポーツ施設」を設置した。東京や大阪の「屋内スポーツ施設」は体育専用の施設であり、横浜や神戸の「屋内スポーツ施設」は講堂との併用であった。京都においては、既に「屋内スポーツ施設」は設置されていたが、その広さは14m×10.5mと非常に狭かったが、これにより積極的に「体育事業」を進めていった。特に、東京YMCAは、室内プールを有し、京都YMCAではボーリングアレーを設置した。

第2節　体育指導者の育成

「体育事業」を開始するにあたり、各YMCAでは体育指導者を必要とした。東京では大森兵蔵や柳田亨が積極的に「体育事業」にかかわり、大阪YMCAでは竹内伝一が、横浜YMCAでは廣田兼敏が、神戸YMCAは宮田守衛[15]が「体育事業」に携わった。北米YMCA同盟より派遣されたブラウンやライアンは、廣田兼敏や柳田亨など日本人指導者を見出すと同時に、彼らと共に学校教職員たちを対象とした出張指導やバスケットボールなどの講習会を開いた。

第1項　YMCAの体育指導者
（1）大森兵蔵と東京YMCA

大森兵蔵は1901年（明治34）アメリカに渡り、1905年（明治38）マサチューセッツ州のスプリングフィールドにある「国際YMCAトレーニング・スクール」（Inter-national YMCA Training School）に入学した。この学校は、全米各地のYMCAの体育指導者不足を解消するために、1885年（明

治18) 9月に「主事養成学校」（School for Christian Workers）として設立された学校である。大森兵蔵は1908年（明治41）に「国際YMCAトレーニング・スクール」を卒業して、東京YMCAの初代体育主事に就任した。

　大森は、帰国後、日本における体育への無関心を嘆いている。例えば、「わが国では牛馬を人よりも大切にする。馬種改良に数万金を支出するよう議決した議会は体育の奨励に少しの注意も払わない」、あるいは「体育思想が普及していないのは実にこのような状態である」[16]。そして、彼は青少年の健全育成のためには教育が必要であるが、文明の進歩に伴って青少年の身体の発育は往々にして損害を被ることを憂えた。なぜなら、経済界及び起業が進化するに従って社会状態や生活方法が変わるからである。即ち、人口の大勢は都府に集中し、機械工業が発達すると、労働時間は農夫に比べ短くなり、筋肉の労力を要することは少なくなるが、神経の過労をきたすことは多く、身体の疲労もはなはだしくなる。このような状況を前にして、大森は「ある日国民の体力を要する事最大の時、いつかわが国に襲来した時に我々は体育をおろそかにして国家百年の計を怠ってよいものか」[17]と、体育が必要であることを主張した。しかし、この頃の日本のYMCA活動において「体育事業」の振興はまだ推し進められておらず、4年後の第4回日本YMCA同盟総会（1912年）での「体育事業」の振興決議を待たなければならなかった。

　大森は東京YMCA会館の裏の空き地にコートを作り、会員たちにバスケとボールを教えた。さらに、彼は1908年（明治41）7月には日本女子大学校の講師にもなり、女子学生にバスケットボールなどを教えた。この後、彼は理事会に体育館の建設を提言したが、資金不足を理由に断られた。このような「体育事業」に対する理事会の考え方に失望した彼は、1909年（明治42）6月に東京YMCAを辞任した。

　1912年（明治45）、大森は大日本体育協会の総務理事に就任し、この年の7月6日〜14日までストックホルムで行われたオリンピック第5回大会の選手団監督として活躍した。そして、彼は日本への帰途アメリカに立寄っていたが、1913年（大正2）1月15日にロサンジェルス近郊で肺結核のため息をひきとった。

（2）外国人指導者と YMCA

　1912年（明治45）7月の第4回日本YMCA同盟総会における「体育事業」振興の決議を受けて、1913年（大正2）に日本YMCA同盟は北米YMCA同盟に対して体育主事の日本への派遣を依頼することにした。折よく、日本YMCA同盟名誉主事であるフィッシャー（Galen M. Fisher）はニューヨークに出張することとなった。彼は日本YMCA同盟による体育主事派遣の要請を、北米YMCA同盟総主事であるモット（John R. Mott）に伝えた。モットは人選をフィッシャーに任せた。その結果、フィッシャーはコネチカット州ニューブリテンYMCAの体育主事をしていたブラウン（F. H. Brown）に目星をつけた。フィッシャーはブラウンに日本の状態を次のように説明した。

　　「日本では、学生YMCAと、都市YMCAは別々に組織された団体であったが、1903年に一本化し日本YMCA同盟を組織した。都市YMCAの活動は聖書研究、英語学校と外に二・三の施設を持った「体育事業」で、その指導力は貧弱である。京都YMCAはその小さな建物の中に、小さな体育場を持ち、そこにバスケットゴールが設備されている外、柔道場の畳もある。そしてウイスコンシン大学の卒業生で、大学時代にミンウエル博士の指導の下でバスケットボールをしていた若い京都府立中学校の教諭、佐藤金一がボランティアリーダーとしてバスケットボールをやっている。神戸YMCAには、立派な体育館があるが、運動器具は少ない。スプリングフィールド大学を卒業した宮田守衛が主事となっており、バスケットボールに多少の知識を持っており、指導している。大阪YMCAには講堂兼体育場があるが、剣道、柔道をやっているに過ぎない。東京YMCAには現在体育館はないが、デモンストレーションセンターとしての体育館を建てる計画がある。スプリングフィールド大学を卒業した大森兵蔵が体育主事となったが、まもなく結核で死亡したので、東京YMCAは最初の体育主事を失った。この大森兵蔵は日本人の体位向上を目指していたので、この

意志を成功させてやりたいと考えている。」[18]

フィッシャーは、ブラウンに日本YMCA同盟の体育主事として赴任することを提案した。この提案を受けて、ブラウンは日本へ行くことを決意した。

ブラウンは1913年（大正2）10月に日本に着くと、各地のYMCAを視察し、北米YMCAに次のような報告をした。

> 「東京YMCAには会館の空き地に幾分の施設があるだけであった。横浜・名古屋はなし、京都はそのコンクリートの会館の内部に極めて小さなジムネイジアがあり、主としてバスケットボールと柔道に用いられていたが、「体育事業」の指導管理は全く行われていなかった。大阪の古い会館では種々なる事業が行われていたが、「体育事業」だけは全然行われていなかった。神戸は新築したばかりの会館で相当な体育館があったが、施設といえばバスケットボールのゴールがあるだけであった。宮田主事はバスケットボールについて幾らかの知識を持っていた。」[19]

ブラウンは1914年（大正3）から関西を中心として神戸・大阪・京都の各YMCAに出向いて、レクリエーションゲームやフォークダンスなどを指導した。そして、彼は1915年（大正4）2月に神戸YMCAに着任し、1916年（大正5）に東京YMCAの体育館が完成するまで、神戸を拠点として関西地区にバスケットボールを中心に指導した。神戸では、彼は外国人会員を月・金両日の午後6時から7時半まで、日本人会員を月・水・金の3日午後7時半〜9時半まで指導した。また、神戸YMCAは講堂の床の張り替えに伴い、1915年（大正4）1月まで約1ヶ月間休館した。この間、神戸YMCAはブラウンの指導により器械体操の器具を購入し、1月13日から鉄棒、平行棒、スプリングボードなどを使う器械体操を新設した。彼は大阪にも週1回通い、ここでもバスケットボールを指導した。大阪YMCAは1916年（大正5）4月に会館ホールを仮の室内運動場として、バ

スケットゴールを設置していた。大阪市は中の島公園の運動場を作る計画を持っており、この設計計画をブラウンに依頼した。1916年（大正5）春に公園が完成し、これを記念した京阪神バレーボール競技大会が大阪市の主催で開かれ、ブラウンは審判を行った。さらに、彼は京都YMCAの佐藤金一率いるバスケットボールチームをしばしば指導した。1916年（大正5）秋、ブラウンは東京YMCAの体育館が完成に近づくと東京に戻り、野外でテニス、バスケットボール、バレーボール、軟式野球などを指導した。彼は横浜YMCAにも毎週月曜日と木曜日に出向き、指導した。

　ブラウンはYMCAでの指導以外にも1917年（大正6）5月に開かれた第3回極東選手権競技大会（東京）では名誉競技委員として施設や運営面のアドバイスを行い、1920年（大正9）のオリンピックアントワープ大会では陸上競技チームのコーチとなった。1923年（大正12）の第6回極東選手権競技大会（大阪）では、彼は再び名誉競技委員として参加し、1928年（昭和3）に開催されたオリンピックアムステルダム大会ではジャパン・アドバイザー紙の特派員として参加した。さらに、1924年（大正13）オリンピックパリ（Paris）大会では技術顧問、1930年（昭和5）第9回極東選手権競技大会（東京）では総務委員、交渉委員、記録委員を務めた。そして、1930年6月にブラウンは帰国した。

　他方、東京YMCAの体育館が出来上がった1917年（大正6）には、体育館の管理と指導を援助するため、ライアン（W. Scott Ryan）が来日した。ライアンは1915年にスプリングフィールドの国際YMCAトレーニング・スクールを卒業し、カンザス州ウイチタYMCAの体育主事をしていた。彼は東京YMCAで体育部主事として、1917年（大正6）の第3回極東選手権競技大会でバレーボールの審判を行ったり、さらに柳田亨を助手として育てるなどして、1930年（昭和5）に帰国した。

（3）柳田亨と東京YMCA[20]

　柳田亨は1922年（大正11）に東京YMCAの体育主事となり、1924年（大正13）7月には東京YMCAのスタッフとして働いていた（総主事斎藤惣一、外務部菅儀一、宗教部石田友治、教育部永井三郎、中島五郎、体育部柳田亨、

井上辰夫、会員部・社会部鈴木恂、川口善一、会計岩崎亮)。彼は1927年(昭和2)秋に文部省委嘱として欧米の体育状況視察のために、英国、ドイツ、デンマークをまわった。デンマークではニールス・ブック体操高等学校に入学し、地理、歴史、宗教のほか、生理学や解剖学、教授法、体操、フォークダンス等の授業を受けた。その後、北米に渡り、スプリングフィールドの国際YMCAトレーニング・スクールにおいて体育を専攻し、1929年(昭和4)帰国した。その成果を受け、彼は東京YMCA50周年記念祝賀会(1930年10月18日 日比谷公会堂)で器械運動クラスを指導し、同時に出演もした。また、1931年(昭和6)3月11日～20日に、柳田亨は文部省体育運動管理講習会でデンマーク基本体操の実演及び器械運動を行った。さらに、1932年(昭和7)夏には、第10回オリンピックロスアンゼルス大会に、日本代表水泳選手のトレーナーとして参加した。1936年(昭和11)第11回オリンピックベルリン大会においても、彼は日本代表の役員として働いた。柳田は1945年(昭和20)6月まで、東京YMCA「体育事業」の任務を中心として23年間勤務した。

(4) その他の体育指導者[21]

　ライアンは荒木直範や西村正次を育てた。荒木は1920年(大正9)東京女子体操音楽学校で講師となった。西村はブラウンの助手として、球技の審判やコーチの手伝いをした。横浜YMCAでは、ブラウンとライアンが廣田兼敏を育てた。また、ライアンは休暇で帰米した際に1924年(大正13)にスプリングフィールドの国際YMCAトレーニング・スクールを卒業した竹内伝一を見出し、彼を大阪YMCAに紹介した。

　廣田は1919年(大正8)に横浜YMCAの体育部職員となり、ブラウンやライアンの指導を受けながら、「体育事業」を展開していった。廣田は高島の後を継いで横浜YMCAの第2代目の体育主事となった。彼はベルリンでオリンピックが開催されるのを機会にヨーロッパ各国のスポーツ事情を視察し、帰国後はスキーやバドミントンなどの普及に努めた。

第2項　外部指導者（YMCA会員以外の体育指導者）の育成
（1）東京における体育指導者講習会[22]

　日本YMCA同盟主催の第1回「体育指導者講習会」は、1921年（大正10）10月から3ヶ月間、東京高等師範運動場、東京YMCA「屋内スポーツ施設」、日本YMCA同盟会館を会場として開催された。この講習会はブラウンが来日して各地でバスケットボールやバレーボールなどを指導し続ける中で、参加者からの講習会開催の要望を受けて行われた。この講習会には14名の参加があった。参加者は井上家次郎（京都竹間）、石津直助（福岡朝倉）、姜澤民（支那青年）、中野哲也（山梨師範）、中島直人（東京浅草）、村川忠男（山形楯岡）、内山数雄（富山師範）、栗原八郎（埼玉折原）、福島徳寧（学習院）、安達保吉（北海中学）、佐竹信夫（大阪師範）、佐藤七郎（下谷青年）、廣田兼敏（横浜青年）、森秀樹（香川師範）であった。この講習会は指導者養成と共に、各種のスポーツを広めるための事業として行われた。

　10月1日に井深梶之助同盟委員長、斎藤総主事、岸精一博士らの出席のもとに、後藤市長の講演があった。ブラウン、ライアン、西村正次、野口源三郎（東京高師教授）の指導によって、高等師範学校の校庭並びに東京YMCAの運動場において実地練習が行われた。YMCA同盟の教室では、通訳付きでブラウンが講義した。授業内容はフィロソフィー・オブ・プレー（1時間）、団体遊戯（45時間）、ボール遊戯（60時間）、陸上競技（トラック＆フィールド75時間）、室内競技（25時間）、競技と衛生（3時間）、組織と管理（20時間）、器械体操（50時間）、科外講演（12時間）であった。山本邦之助はYMCAについて、近藤茂吉は山岳について講演をおこなった。

　この講習会について、後藤新平（男爵）は次のように述べている。戦争で疲弊した欧州の人々は教会やYMCAに心のよりどころを求めており、日本もこのような時に精神と肉体を訓練するために「体育指導者講習会」が開催されることには意義がある。世界改造の基礎は自己改造に始まらなければならない。そうして、この自己改造のためには興味ある清新な道を選ばなければならない。この意味において、健全なる体育指導者を養成して、体育を世の中に普及させる方法は、最も賢明である。健全な精神は健全な身体に宿るとは言い古した譬えであるが、肉体と精神を分けて考える

のは不当な話で、総合的に考えることができていない。自己改造を達成するためには、清新にして健全な方法によらなければならない。真に秩序があって礼節がある体育は、この目的にそうものであるとした。[23]

1922年（大正11）4月から6月にかけて、東京において第2回体育指導者講習会が第1回と同様の講習課程で行われた（会場や受講者等は不明である）。

（2）名古屋における指導者講習会[24]

日本YMCA同盟は東京における2回の講習会を経て、1922年（大正11）10月16日から20日までの5日間、名古屋市の県立第1中学校において体育指導者講習会を開催した。講師にはブラウンや元名古屋YMCA体育指導専任幹事のアッシュブルク、日本YMCA同盟体育部の西村正次等があたった。期間中、毎日午前中を理論として「フィロソフィー・オブ・プレー」、「組織と管理」、「陸上競技及審判法」といった講義があった。午後は実技として「陸上競技一般（ランニング、ハードル、リレーレース、ホップ・ステップ・ジャンプ、幅跳び、高跳び、棒高跳び、砲丸、ハンマー、ジャベリンディスカス）」、「団体運動（円陣遊戯、直線遊戯、リレー競走）」、「室内運動競技一般（集団遊戯、ジムナスティックダンシング、バスケットボール、バレーボール、インドアベースボール、その他）」などの講習があった。対象は小中等学校の男女教員と青年団員及び体育研究をしようとしている者、一般女子で運動競技を研究しようとしている者であった。

ブラウンと西村正次は台湾の体育振興と改善を目的として、同年11月1日より12日まで台湾の台北新公園並びに同地日本基督教会会堂において、体育指導者講習会を開いた。主な実習学科は「陸上競技」、「ボールゲーム」、「団体遊戯」であり、講義は「フィロソフィー・オブ・プレー」であった。受講者は60名で、いずれも教育家や体育指導者であった。講習会終了後には全体の競技会が催され、23日と25日は個人指導が行われた。

ブラウンと西村は台湾からの帰りに長崎に寄り、12月4日から8日まで、長崎市社会部が主催し、長崎YMCAが後援する体育指導者講習会を

開いた。受講者は50名で、講習科目は主に陸上競技であった（場所等は不明である）。

　これらYMCA外部の体育指導者を養成する試みは、その後も各都市YMCAにおける学校教員を対象にしたバスケットボールやバレーボールなどの講習会として行われた。

第3項　「外部（YMCA会員外）指導」の展開

　YMCAによるバスケットボールやバレーボールなどの会員外への指導は、主として学校教職員を対象に行われた。ここでは、特に外部指導への記述が多くみられる横浜YMCAでの取り組みを中心に、その活動をみていく。

（1）横浜YMCA[25]

　関東大震災（1923年（大正12））以後、「震災からの再建はスポーツから」という神奈川県や横浜市の要請によって、横浜YMCAによるバスケットボールやバレーボールの講習会の開催や出張指導の回数が急激に増えていった。

　1923年（大正12）の関東大震災の後、横浜YMCAの前にある横浜公園内に市の協力によって屋外バスケットボールコートが設置された。このコートの管理を横浜YMCA体育部が引き受け、ここで一般市民にバスケットボールを紹介することを通して、横浜高等商業学校や横浜第二中学校そして常盤青年団などにバスケットボールのチームが組織されていった。

　1925年（大正14）には横浜市より一任され、横浜YMCAの廣田主事を講師として、横浜市内の各学校の教職員を対象にバスケットボールの講習会が行われた。この講習会は4月14日より4日間行われ、参加人数は200名にのぼった。これに先立ち、横浜市内の各学校に一斉にバスケットボールのゴールが新設された。また、県教育課から依頼されて1925年（大正14）4月に横浜YMCAが行った県下各学校教職員バスケットボール講習会は鎌倉師範学校を会場として開催され、続いて戸塚小学校においては

体育教師への講習会が数日間行われた（開催日の詳細は不明）。その後、5月10日に横浜第二中学校を会場として県下教職員バスケットボール大会が開催されるなど、横浜YMCAによる講習会の後は神奈川県下ではバスケットボールが盛んに実施されるようになった。

　バスケットボールと同様にバレーボールについても、横浜市の依頼により1925年（大正14）4月12日、15日、19日の3日間、横浜YMCAにおいて市教職員を対象（180名）とした講習会が開催された。このために、全市の小学校（50校）にバレーボールのボール50個が準備され、支柱50組が設置された。これにより、市内の各小学校に急速にバレーボールが普及していった。この年の横浜YMCAの出張指導（バスケットボールとバレーボールを含む）は67回に及んだ。

　1926年（大正15）には、神奈川県で最初の体育主事である原龍蔵の依頼によって、横浜YMCAは県下の青年団並びに学校体育教師の為にバスケットボールとバレーボールの講習会を、横須賀、川崎、厚木、平塚、小田原等の各県立中等学校を中心に行った。これにより、藤沢高等女学校、第1高等女学校、女子師範学校などにおいてもバスケットボールとバレーボールが盛んに実施されるようになった。この年の横浜YMCAによる出張指導は84回となり、平均すると4～5日に一度は指導に出かけていたことになる。廣田をはじめとする体育部員による県内各学校教員を対象としたこれらバスケットボールやバレーボールの講習会や出張指導は、教員を介して学生や生徒達に伝わることを意味しており、学校における普及に大いに役立ったといえる。

　また、横浜YMCAはバスケットボールやバレーボール以外にも、デンマーク基本体操あるいはフェンシングなどの室内種目をも紹介し、その講習会を開催した。横浜YMCAは1930年（昭和5）9月に「デンマーク基本体操」に関する第1回の講習会を開催し、今後の体操の進むべき道としてこの体操の普及に力を入れていた。デンマークのニールス・ブックの下で「デンマーク基本体操」を学んだ東京YMCAの体育主事であった柳田享は、神奈川県庁教務課、横浜市体育協会、横浜市教育課、そして横浜貿易新報社の後援や、平沼亮三をはじめとする県下体育界の奨励を受け、

1930年（昭和5）9月13日から18日までの5日間に横浜YMCAの「屋内スポーツ施設」において、「デンマーク基本体操」の講習会を実施した。この講習会には県下の中等学校の体育指導者を含む約50名もの参加があった。翌年の1931年（昭和6）11月17日〜21日までの5日間にも、横浜YMCA体育部は「屋内スポーツ施設」において「デンマーク基本体操講習会」を開催し、これには県下諸学校教職員を含む67名が参加した。また、柳田亨が実施した講習会で学んだ体操に習熟するために、横浜YMCAは「屋内スポーツ施設」において11月24日から12月11日までの毎週火曜日と金曜日にデンマーク体操練習会を開催した。これには延人数200名の参加があった。さらに、1932年（昭和7）には体育部はデンマーク基本体操を国民保健体育とし位置づけ、7月21日より27日まで会員家族を対象にデンマーク基本体操の「手ほどき会」を開催するなど、この体操の普及に力を注いだ。

　フェンシングに関しては、1938年（昭和13）5月16日から26日にかけて横浜YMCAにおいて15名（女子五名含む）が参加する講習会が開かれた。この講習会はフェンシングの普及発達、フェンシングによる強健なる肉体と健全なる精神を涵養すること、厚生運動の一助とすること、さらに横浜より優良なフェンサーを多数養成することなどが目的であった。この講習会の後、横浜YMCAは1938年（昭和13）だけでも東京YMCAや慶應予科との定期試合を6回実施し、大阪YMCAや慶應義塾あるいは東京YMCAとのフェンシング競技大会（11月13日横浜YMCA体育場）を開催するなど、精力的にフェンシングの普及活動を行った。

（2）他のYMCA[26]

　『東京青年』1924年（大正13）11月号ではバスケットボールその他各種の競技及び遊戯の指導要求に応じたとの記述があり、横浜以外でも講習会が開催されていた。

　大阪においても1921年（大正10）1月16日には、大阪YMCAの体育部員12名が北河内郡南郷山へ、バスケットボール普及及び講習のため出張した。2月10日には体育部員14名が、南区恵美高等小学校の招きでバ

レーボールのコーチに赴いた。また、11月26日と27日には府立清水谷高等女学校において、市教育会体育奨励部主催の女子バスケットボール講習会が開催され、増田主事が講師として競技方法の講演を行った。さらに、第1回バスケットボール講習会が1926年（大正15）3月に行われた。この年、大阪YMCAは学校を中心としてバスケットボールを含む出張指導に十数回行った。第2回バスケットボール講習会は1927年（昭和2）2月17日から23日まで、大阪YMCAにおいて行われた。この講習会は学校体育指導者或いは関係者に基礎的指導方法を教え、同時にバスケットボールの真髄を知らしめることを目的としていた。講習会はA組とB組に分けられ、A組は今まで数回指導を受けた者とし、B組を初心者または経験の浅い者とした。第2回講習会の受講者はA組15人、B組19人であった。小学校11人、女学校9人、中学校6人、専門学校3人、職工学校2人、これらとは別に中学生2人、実業家1人であった。出身も大阪市内20人、神戸4人、大阪府下3人、松山市1人、名古屋市1人、広島市1人、岸和田市1人、和歌山市1人と、広がりをみせていた。第3回籃球講習会は1928年（昭和3）2月13日から24日（A組18日〜24日、B組13日〜17日）まで、大阪YMCAにおいて行われた。内容はバスケットボールの基礎的技術、最新の攻撃と守備、チーム指導法、審判上の心得、審判方法、新ルールの討議などであった。講師にはライアンや竹内伝一があたった。

　京都においても藤野弥一郎や高橋秀三らが堀川高等学校や二条高等学校にバスケットボールのコーチに行った。1921年（大正10）、京都YMCAは体育振興のために京都市から30円の補助金を与えられ、その資金を岡崎公園内に建設中のバスケットボールのゴール設置に使用した。11月28日、ゴールは完成した。このゴール設置は市民に対するバスケットボールの普及が目的で、そのために、YMCAは他団体のためにも喜んで指導した。1922年（大正11）6月24日、京都YMCAの指導者たちは伏見桃山中学校校庭において、バスケットボールの模範競技会を開き、その後も生徒たちのリーグ戦をコーチし、学校の教員たちも熱心に練習を行った。1923年（大正12）には、京都YMCAのバスケットボール部員は市内の桃山中

学校や府立第二高等女学校にでかけ、体育教師に指導をしたり、生徒にコーチするなどした。さらに、府立第二高等女学校校庭にバスケットボール及びバレーボールの競技場が新設された時（5月）、体育部員は女学校生徒にコーチした。1928年（大正15）6月には、5日間、卓球部の山口主将と桑原や菊池らは平安女学校の依頼により、卓球のコーチに出張した。

神戸YMCAでも1924年（大正11）11月、ブラッドレー指導のもとに体育ダンス講習会が開催され、市内60名の男女体操教師に新しい体育ダンスが紹介された。

東京YMCAは1930年（昭和5）7月25日から5日間、第3回デンマーク基本体操講習会を開催している（第1回、第2回不明）。この講習会では東京YMCAの「屋内スポーツ施設」において、文部省、東京府、東京市、デンマーク公使館の後援を得て、デンマーク基本体操（6時半～7時半）、スポーツマッサージ（7時半～8時半）、水泳（8時半～9時半）の講習が行われた。受講者は会員外から25名、会員から35名の計60名であった。1931年（昭和6）には、第7回講習会を4月に開催、第8回講習会を10月に開催した。特に、第7回講習会は4月13日から5日間に渡って開催され、学校よりも一般工場や官庁そして会社の指導者が多数参加した。しかし、毎回のデンマーク基本体操が余りに短期であったため、参加者から長期の講習会を切望され、翌年3月7日から5月30日と、4月4日から5月30日まで長期講習会が開催された。

フェンシングの普及活動としては、東京YMCAを会場に1937年（昭和12）ロルフヘンケル氏によるフェンシング講習会が開かれた。また、1940年（昭和15）には、森寅雄が各大学から指導者を集め、フェンシング講習会を開催した。その他、東京YMCAは1937年（昭和12）4月にYMCA第1回水泳講習会、続いて6月には、YMCA第2回水泳講習会を開催した。講習会の期間は2週間で、講話と実習が行われた。水泳講習会への参加者は教員27名、官史5名、店員21名、学生15名、軍人1名、その他22名であり、講師には松澤一鶴と齊藤巍洋そして野田一雄らがあたった。1938年（昭和13）10月には、大日本アマチュアレスリング講習会が9回に渡って行われ、延200名余りが参加した。講師には八田、丹波、風間らがあ

たった。同年11月14日から19日まで、YMCA拳闘講習会が全日本アマチュア拳闘連盟後援で行われた。講師にはベルリンオリンピック大会でコーチをした坂口信夫、代表選手の永末永吉、中野千代人、極東選手権競技大会代表の青木茂喜があたった。

まとめ

「体育事業」を開始するにあたり、日本の各YMCAでは指導者の養成に力を注いだ。東京における大森兵蔵や柳田亨、大阪YMCAの竹内伝一、横浜YMCAでは廣田兼敏、神戸YMCAでは宮田守衛が体育事を支えた。さらに、指導者養成のための講習会を開き、YMCAの職員や学校教員たちに指導法など教授した。

おわりに

　この章では、日本の各都市YMCAの「屋内スポーツ施設」の設置状況と、そこでの「体育事業」の開始についてみてきた。東京YMCAでは第2次会館建設に際して、「屋内スポーツ施設」は会館とは独立して建てられた（1917年）。また、当時としては珍しく室内プールを有していた。大阪YMCAにおいては、「屋内スポーツ施設」は会館建設当初はなかったが、仮会館ではホールを利用して活動し、新会館では専用「屋内スポーツ施設」を設置した（1924年）。横浜YMCAは講堂と兼用であった（1916年）。神戸YMCAは2期工事において専用の「屋内スポーツ施設」を設置した（1922年）。京都YMCAは明治期より専用の「屋内スポーツ施設」を有していたが、非常に狭いものであった。しかし、ボーリングアレーを設置するなど独自の施設を有していた。

　各YMCAとも「屋内スポーツ施設」の設置によって、「体育事業」は様々な活動が可能になっていく。そして、各都市YMCAには、この「体育事業」の指導的役割を担っていた人物が存在していた。また、バスケットボールやバレーボールなど新しい種目を広めるために行われた指導者講習会や出張指導が、主に学校の教職員や生徒を対象に広く行われていた。

これらは学校での普及を可能にし、学校を卒業してからの継続的な運動を期待させるものであった。

注

1）山本邦之助、禿翁百話、新々堂、1951、p.133。
2）この会議はタフト大統領の好意によって、ホワイト・ハウスの一室を会議として行われたもので、200万ドルの資金をもって外国の都市や大学にYMCAのビルを建設すると共に、50名の海外事業主事を派遣して、事業を援助することを目的とした。事業計画の中心的存在だったジョン・R・モットの世界各国の視察による調査報告によって、約200名の実業家に対し援助を申しでた。日本からは帰米中のG・M・フィッシャー、R・S・ミラー及び同盟委員の原田（同志社）が出席した。
3）基督教青年会一覧、日本基督教青年会同盟、1911、p.31。
4）日本基督教青年会同盟、開拓者、1913、12月号、第8巻第12号、p.58。
5）大阪基督教青年会、大阪青年、1925、10月号、p.8。
6）神戸キリスト教青年会、KOBE YMCA70年の歩み、1987、p.17。
7）京都基督教青年会、京都青年、1923、5月号、p.1。
8）久保川守（東京YMCA主事）、東京YMCA体育事業史（原書）、pp.17-18。
9）久保川守、前掲書、p.19。
10）大阪基督教青年会、大阪青年、1920、5月号、p.6。
11）大阪基督教青年会、大阪青年、1925、8月号、p.2。
12）日本基督教青年会同盟、第11巻第4号、p.98。
13）日本基督教青年会同盟、第12巻第3号、p.94。
14）神戸基督教青年会、神戸青年、1916、7月号、p.6。
15）宮田守衛は大森と入れ替わるように1908年（明治41）11月にアメリカに渡り、International YMCA Training Schoolに入学した。彼は1911年（明治44）6月に卒業し、12月には日本に帰国して、神戸YMCAに着任した。神戸YMCAは1909年（明治42）1月に文部省より財団法人設立の認可を受け、1910年（明治43）2月に会館建設基金募集運動を展開し、1911年（明治44）1月定礎式を行っていた。完成した会館に附属している「屋内スポーツ施設」（講堂兼）で、体育部を作った宮田はアメリカ留学で学んだ各種スポーツを紹介した。
16）日本基督教青年会同盟、開拓者、第3巻第5号、1908、p.44。
17）日本基督教青年会同盟、開拓者、第3巻第5号、1908、p.44。
18）日本基督教青年会同盟、開拓者、第8巻第12号、1913、p.58。

19）奈良常五郎、日本 YMCA 史、日本 YMCA 同盟、p.207。
20）柳田亨に関しては、星野達雄、YMCA 人間抄史（16）体育指導半世紀の柳田亨、別冊東京青年 5 月号、1984、p.44-63 を参考にした。
21）その他の体育指導者に関しては、奈良常五郎、前掲書を参考にした。
22）東京における体育指導者講習会に関しては、日本基督教青年会同盟、開拓者、第 16 巻第 11 号、1921、pp.20 - 21 を参考にした。
23）日本基督教青年会同盟、開拓者、第 6 巻第 11 号、1921、pp.20-21。
24）名古屋における指導者講習会に関しては、日本基督教青年会同盟、開拓者、第 17 巻第 10 号、1922、p.74 を参考にした。
25）横浜 YMCA における外部指導に関しては、以下の史料を参考にした。
　　　神奈川県教育委員会、神奈川県体育史、1972、p.48。
　　　廣田資料
　　　横浜基督教青年会、横浜青年
　　　1925、5 月号、p.3。
　　　1926、4 月号、p.3。
　　　1931、11 月号、p.3。
　　　1932、11 月号、p.3。
26）東京 YMCA、大阪 YMCA、神戸 YMCA、京都 YMCA における外部指導に関しては、以下の史料を参考にした。
　　大阪基督教青年会、大阪青年
　　　1921、12 月号、p.8。
　　　1922、1 月号、p.7。
　　　1926、4 月号、p.10。
　　　1927、2 月号、p.9、3 月号、p.8。
　　京都基督教青年会、京都青年
　　　1922、7 月号、p.2。
　　　1923、4 月号、p.6、5 月号、p.6。
　　東京基督教青年会、東京青年
　　　1924、11 月号、p.3。
　　　1931、5 月号、p.17。
　　　1932、3 月号、p.24。
　　　1937、7 月号、p.47。
　　　1938、11 月号、p.34、12 月号、p.28。
　　京都基督教青年会、常務理事会記録、1921。
　　神戸基督教青年会、大正 11 年度事業報告
　　第 3 回デンマーク基本体操講習会　パンフレット（原文書）

第 4 章 「体育事業」の発展期

はじめに

　各 YMCA において、「屋内スポーツ施設」設置により、この施設を利用した「体育事業」が展開されるようになると、「体育部」が開設したクラスや会員同士が作ったクラブによって施設の利用が活発になっていった。体育部は会員の「屋内スポーツ施設」利用に関して、効率的に管理・運営するために「利用時間割」を作成し、これに沿って会員向けのバスケットボールやバレーボールあるいは器械体操など、目的に応じた様々なクラスやクラブの運営を行った。この「利用時間割」は、主に仕事帰りの勤労者や YMCA 夜学校の生徒たちを対象に設けられたものであった。「利用時間割」が作成されたために時間と場所が有功に活用され、バスケットボールやバレーボールなどの種目が継続的に展開されていった。また、活動の隆盛と共に各種競技会が開催され、さらに会員相互の親睦と会員以外の一般への宣伝等を目的とした実演会やエキジビション等が行われた。

　この章では、主として「体育部」が主導して展開した「体育事業」の内容を明らかにしていく。そして、活動の展開や紹介された種目、対象となった会員、競技大会の開催、参加状況、実演会等の開催状況を、「屋内スポーツ施設」を中心とした施設の「利用時間割」や事業報告から、大正期後半から昭和期（戦前）にかけて展開された「体育事業」の広がりについて明らかにする。[1]

第1節 「体育事業」の展開とクラブ発足

　東京YMCAをはじめ大阪、横浜、神戸、京都の各YMCAは、会館改築や海外からの体育指導者の着任を節目に、活動がより活発になっていった。ここでは、各YMCAが行った「体育事業」の実態（屋内スポーツ施設利用状況、新種目の登場、新しいクラブの発足）をみていく。

第1項　体育部の「屋内スポーツ施設」利用実態
（1）東京YMCA[2]
1）体育部「利用時間割」にみる活動実態
　関東大震災後、東京YMCAでは、1924年（大正13）には「屋内スポーツ施設」の修復増築工事が始まり、1927年（昭和2）7月に落成式を行った。これによって再開されていた「体育事業」も大きく展開していった。体育指導に関しては、新たに指導者として神戸YMCAでライアン体育主事と共に働いた小山朗が東京に迎えられた。
　1927年（昭和2）7月の屋内スポーツ施設（プール含む）を利用した体育クラス予定表は、表4の通りである。ビジネスメンクラスは仕事のある者のために、仕事帰りに立ち寄って運動に親しんでもらうために開設されたもので、短い時間に過激な運動でなく、興味ある運動を中心に組み立てられた体育クラスであった。ビジネスメンクラスは1931年（昭和6）には、デンマーク基本体操やバドミントン、ハンドボール、スポーツマッサージなども取り入れられ、1クラスの使用時間は30分から1時間が多かった。また、少年部や青年組あるいは夜学校生などYMCA内のクラスの他に、会社員や商店員のためのクラスが開設されていた。これらのクラスではバレーボール、バスケットボール、器械体操、水泳が主に行われた。さらに、会員でつくるバスケットボールチームやバレーボールチームの練習を確保するため、それぞれ火曜日と金曜日にクラスが開設された。
　こうして、修復・増築された施設で「体育事業」が行われる一方、1926年（大正15）2月には新会館建築資金募集運動として160万の募金を目標

表4 1927年（昭和2）7月の体育クラス予定表 [3]

3:00開館			9:30締切			
月	火	水	木	金	土	
ビジネスメンクラス 5:30-6:45	少年部クラス 4:00-5:00	競技運動 5:30-8:00	ビジネスメンクラス 5:30-6:45	少年部クラス 4:00-5:00	競技運動リーグ戦或いは試合 3:00-9:00	
青年組 7:10-8:10	ビジネスメンバレーボールリーグ 5:00-6:00	水泳競技 7:00-9:00	青年組 7:10-8:10	ビジネスメンバレーボールリーグ 5:00-6:00		
器械運動クラス 8:30-9:00	会社員クラス 6:00-7:00	会社員クラス 8:30-9:00	器械運動クラス 8:00-9:00	会社員クラス 6:00-7:00		
	水泳初心者クラス 6:30-7:00		商店員クラス 8:30-9:00	バレーボールチーム練習 7:10-8:10		
	指導者クラス 7:00-7:30			指導員クラス 8:00-9:00		
	バスケットボールチーム練習 7:10-8:10			夜学校生クラス 8:30-9:00		
	商店員クラス 8:30-9:00					

として掲げ、募金運動が開始されていた。北米YMCAから100万円の寄付の申し出があったこともあり、1929年（昭和4）12月15日には新しい会館が竣工した。この新しい会館は1階と2階を会員のために提供し、講堂はなかった。すべての部屋は小さくされ、クラブ集会に用いられることになった。当時、アメリカではYMCA活動はグループ単位で行うことが圧倒的に多くなっていた。これにならって、東京YMCAも新会館建設を契機にグループによる活動に変えていくことが方向づけられた。

1930年（昭和5）に新しい会館が完成すると、これまでの「宗教部」や

「社交部」、「教育部」、「体育部」、「社会部」といった組織が廃止され、「少年部」、「青年成人部」、「学校部」、「社会部」「経営部」の5部に再編成された。そして、5つの部の外に庶務、宗教、体育、学生、国際の係が設けられ、各部と各係にはそれぞれ専任主事及び委員を置く体制が構築された（「体育事業」は柳田亨と鈴木東平が担当した）。これにより、活動の中心がクラブ事業に置かれ、クラブによるグループ行動をとることが容易になった。

クラブの運営に関して、殖栗文夫は機関誌『東京青年』（1928年）の1月号から3月号にかけて「クラブ事業の考察」（一、二、三）と題する論考を発表している。[4] 殖栗によれば、「クラブの一般的な価値」は、「友人を得ること」「知識を増すこと」「暇を利用し得ること」「奉仕をなし得ること」にある。また、クラブの組織にあたっては、「期間によく区別」「継続による区別」「事業による区別」「その他年齢などによる区別」が必要である。さらに、クラブの運営に当たっては、「クラブの排他性」「クラブの指導者」「クラブの経済」に関する考慮が重要である。このように、東京YMCAではクラブの価値、組織法、規則の作り方、運営の仕方等につき細かく指導・助言し、クラブによる活動を推進した。これにより、同じ企業に勤めている者同士のクラブや同じ学校に通う者同士が集ってできたクラス（クラブ）が増えてきた。

組織変更後の体育活動の時間割からは、活動場所が大体育室と小体育室そしてハンドボールコートなど数か所に分かれたため、活動するクラス数が多くなっていることが明らかになる（表5）。

器械運動クラスは主に毎週月曜日と木曜日、金曜日に開講され、内容は吊り輪、平行棒、鞍馬、鉄棒等であり、柳田と今村そして吉田が指導にあたった。基本体操（デンマーク基本体操）の指導は柳田と安田そして田中があたった。水泳クラスは、夏期は毎日クラスを設定したが、クラスの時間外は誰が泳いでも差支えなく、枝吉、山崎、布施、山本、三瓶が指導した。バスケットボールでは、団体ゲームのためチームをつくるように、勧められていた。指導は明大バスケットボール部監督の鈴木が行った。また、新入会員に対しては柳田や鈴木達が指導にあたった。その他に、清水会やインディアンクラブ、アメリカンスクールや水泳のオリンピック選手の練

習も行っていた。「清水会」というのは、東京海上火災保険会社及び明治火災保険会社の青年社員約60名が、相互の親睦と品性向上そして体育奨励を目的として作ったクラブである。ビジネスマンの体育に力を入れている東京YMCAは、清水会のために時間をとって、施設を利用することを承認した。この時期、銀行や会社あるいは商店などが5人以上の一団となって入会すると、団体会費として会費の減額をするという優遇もあった。

表5 1932年（昭和7）春体育クラス時間割 [4)]

月	火	水	木	金	土
少年部クラス 3：00-4：00	少年部クラス 3：00-4：00	球技個人指導 2：30-4：00	少年部クラス 3：00-4：00	少年部クラス 3：00-4：00	アメリカンスクールクラス 10：00-12：00
基本体操高等クラス 5：00-5：40	オリンピック水泳選手クラス予備運動 4：00-5：00	ゲーム 4：30-9：00	基本体操高等クラス 5：00-5：40	ビジネスメンズクラス 5：00-6：00	球技個人指導 1：30-3：00
基本体操 5：40-6：20	ビジネスメンズクラス 5：00-6：00	ボクシングクラス 6：00-7：00	器械初心者クラス 7：00-8：30	清水会 6：00-7：00	ゲーム 3：30-8：30
器械初心者クラス 7：00-7：30	インディアンクラブクラス 7：00-7：30	スポーツマッサージ研究 5：00-6：00	器械高等クラス 7：00-8：30	水泳クラス 6：00-7：00	オリンピック水泳選手クラス 4：30-5：10
器械高等クラス 7：30-8：30	青年クラス 7：00-8：00	自由	オリンピック水泳選手クラス 7：00-7：40	ボクシングクラス 7：00-7：30	自由
ボクシングクラス 6：00-7：00	英語学校クラス 8：30-9：00	自由	英語学校クラス 8：30-9：00	器械クラス 7：00-8：30	自由
自由		自由	自由	インディアンクラブクラス 7：00-7：30	自由
	新入会員クラス 6：00-7：00				

東京YMCAは、1932年（昭和7）10月4日付けで「東京基督教青年会会員クラブ規定」を制定した。[6] この規定によれば、YMCAに所属するクラブの目的は青年会の目的実現を究極目的とするよう求められた。クラブ員は必ず青年会員に限ることと規定された。但し、会員は会員外の者を客員として招待することができるが、客員として引き続きクラブに出席を希望する者は速に青年会に入会する必要があった。また、会員の有志が発起人となって、クラブを組織しようとする場合は、まず担当主事と相談の上、クラブ名称、目的、指導者、幹事の氏名及び会員名簿等を提出し、委員会の承認を得る必要があった。但し、新設クラブは組織後3ヶ月及至6ヶ月間活動をしていない時は、一時休止するものと見なされた。

表6 1933年（昭和8）体育クラス[7]

クラス名	実施回数
基本体操	76
少年部クラス	122
器械運動クラス	84
清水会	35
水泳クラス	101
ボクシング	12
三越クラス	39
慶応籃球練習	70
帝大籃球練習	53
中大籃球練習	63
中華籃球練習	10
農大籃球練習	6
スポーツマッサージ研究会	35
体育会維持研究会	47
イーグル倶楽部	45
日語学校	19
特別会員クラス	5
新入会員クラス	7
水泳指導者	6
少年部夏期学校	24
学生夏期水泳	27

2）体育部「年間活動」にみる活動実態

1933年（昭和8）移降、『東京青年』には体育部の施設利用時間割が記載されていない。そこで、1933年移降の活動については、各クラスやクラブの年間活動回数（実施回数）から、活動の実態を考察していくことにする。

表6から表8は1933年（昭和8）、1936年（昭和11）、1940年（昭和15）の体育クラスの数（継続的な活動クラスやクラブから単発的な行事を含む）を示したものである。これをみると、1933年度（昭和8）のクラス数は21で、これまであった「ビジネスメンクラス」はなくなっている。基本体操（デンマーク基本体操）、少年部クラス、

器械運動クラス、水泳クラス、日語学校、特別会員クラス、新入会員クラス、クラブ（清水会、イーグル倶楽部）、大学（慶応、帝大、中大、農大のバスケットボール練習）、企業名クラブ（三越クラス）が開設されている。これらは主に1月、4月から6月、9月から12月を中心に定期的に活動を行った。また、水泳クラスは1月から8月までに行われた。水泳場の利用は、1月はわずか6回の使用であったが、徐々に回数を増やし、8月には27回に及んだ。種目ではバスケットボールが最も多く、続いて水泳、デンマーク基本体操、ボクシングなどであった。

表7 1936年（昭和11）体育クラス[8]

クラス名	実施回数
基本体操	77
器械クラス	96
少年部クラス	113
イーグルクラブ	49
三越（籃球）	55
清水会（籃球）	55
東京堂（籃球）	15
慶大（籃球）	23
鷹隊（籃球）	31
東星（籃球）	19
YMCA（籃球）	5
少年部（籃球）	9
外人（籃球）	5
南加学生（籃球）	1
オリンピック籃球選手	7
岐阜薬専	4
松江高校	2
ハンドボール	178
マットワーク	55
ボクシング	23

表8 1940年（昭和15）体育クラス[9]

クラス名	実施回数
基本体操	108
転回運動	34
器械体操	114
拳闘	81
重量挙	60
レスリング	64
フェンシング	61
ハンドボール	22
少年部クラス	125
イーグル籃球	59
コンドル籃球	53
清水会籃球	38
三越籃球	45
日立籃球	27
中華籃球	54
日産清和会	11
清水会排球	8
バドミントンクラス	16
富士電炉体操	6
明大篭球	22

排球クラス	32
飛込みクラス	118
清水会（水泳）	5
器械夏期合同練習	24
夏期少年クラス	13
少年部水泳	154
親水会	56
松坂屋水泳	34
楽水会	121
三越水泳	82
初心者水泳	61
立教大学水泳	19
日大水泳体操	1
オリンピック飛込選手体操	11
オリンピック女子水泳選手体操	3
経理学校体操	29
経理学校水泳	23
国際ホテル学校	29
スポーツマッサージ研究会	1
オリンピック水泳選手体操	17
体育主事練習会	2
体育抄読会	1
清水会基本体操	3

日大・立大・慶大　水泳体操	53
百洋舎　体操	4
ホテル学校体操	18
朗詠会水泳	18
楽水会水泳	45
少年部水泳	122
三越水泳	52
飛込	106
清水会水泳	11
藤水会水泳	13
日立水泳	3
会員初心者水泳講習会	12
水泳講習会	5
少年部夏期学校	24
興亜学校クラス	3
拳闘講習会	12
背嚢強行軍	1
実業団篭球リーグ戦	45
全関東フェンシング新人戦	1
全日本団体対抗器械体操選手権会	1
全日本器械体操個人選手権大会	1
日華交流第14回篭球リーグ戦	38
全日本フェンシング選手権関東予選	1
冬の体育大会	1
全関東フェンシング個人選手権大会	1
体力章検定	1

　1936年（昭和11）になると、43のクラスが活動をおこなった（表7参照）。バスケットボール、水泳のクラス・クラブが14に及び、また三越や松坂屋あるいは東京堂などの企業名のクラブ利用がみられるようになってきた。さらに、水泳とバスケットボールのオリンピック選手が定期的に練習した。
　1940年（昭和15）になると、46のクラス・クラブが活動を展開した（表

8参照)。水泳は相変わらずの人気であり、実施回数を増やされた。バスケットボールのクラブも定期的に行われていた。また、レスリング、フェンシング、バドミントンといった新種目のクラス開催がみられた。さらに、バスケットボールのリーグ戦やフェンシング大会、体操選手権大会としての使用があった。

しかし、日中戦争で非常時宣言がなされ、体育館員が招集されていくと、次第に「体育事業」は縮小されていった。

(2) 大阪YMCA[10]
1) 大正期の利用時間割にみる活動実態

1924年(大正13)2月、大阪YMCAは新会館建設に着工した。4月には松葉徳三郎が体育部職員となり、9月には米国マサチューセッツ州にある国際YMCAトレーニングスクールを卒業した竹内伝一主事が体育部に就任した。名誉主事のライアンは、屋内スポーツ施設が建設中だったので神戸YMCAの体育部の指導にあたっていたが、1925年(大正14)には大阪YMCAに戻ることとなった。体育器具も約1万円分の注文の準備ができ、1925年(大正14)10月には東洋一の模範的な「屋内スポーツ施設」が完成した。会館が完成するに至って、三浦主事は組織を改革し、少年部は当分体育部所属として、竹内伝一と松葉徳三郎が主に指導にあたった。

1925年(大正14)12月、新しく完成した青年会館に附属して設置された「屋内スポーツ施設」は、従来の講堂を転用した施設に比べ事業ごとに用意された専用の施設であった。学校部の生徒は一定の時間に「屋内スポーツ施設」を中心に柔道、銃剣、各種競技、体育ダンス、ハンドボールを実施し、図書室や食堂あるいは大講堂等を利用することができるようになった。

新しい「屋内スポーツ施設」の完備に伴ってプログラムも変更された。まず、体育部に入会して運動しようとする者は、体格検査室にて医師の証明する検査証を提出しなければならなかった。バレーボールやバスケットボールその他の遊戯を眼鏡なしで行う者は視力検査を行い、聴力と手足そして関節等の状態が完全で、肺や心臓その他の器官が健全であることが必

要であった。

　ライアン名誉主事を体育指導として迎えて、次のようなプログラムが開設された。バスケットボール、バレーボール、ダンシング（一流の舞踏家を聘して指導する予定）、コーチングスクール（科学的なコーチングの仕方を1週間に1回開催する予定）、ハンドボール（新遊戯）、ゴルフ（室内で行える便宜がある）、ボクシング（根本的学理を教授し、経験者が練習を監督する）、リレーゲームス、スポーツ（リレーその他の遊戯を行い、心身の錬磨を増進する）。ハンドボールコートはブラウンの修繕建築費の寄付により、本会館の屋上にコート（長さ30フィート、幅18フィート、天井は金網）を設置し、夜もできるように照明の設備も完備した。1926年（大正15）2月には「屋内スポーツ施設」利用の時間表（表9）が発表された。

表9　1926年（大正15）2月「屋内スポーツ施設」利用時間割[11]

クラス＼曜日	月	火	水	木	金	土
ビジネスメン（夜ノ組）	5：30-6：30		5：30-6：30		5：30-6：30	
ビジネスメン（正ノ組）		12：00-1：30		12：00-1：30		
シニア	7：00-9：30		7：30-9：30		7：00-9：30	
スチューデント		5：00-6：00		4：00-5：00		4：00-6：00 リーグ
ボーイズ		3：30-4：30			3：30-4：30	2：00-3：30 リーグ
コーチングクラス		8：00-9：30		7：00-8：30 選手		7：00-9：30 リーグ
ダンシング		7：00-8：00				
ナイトスクール				5：30-7：00		
柔道剣道	会員中希望者			8：00-9：30		
リーダー				8：00-9：30		
一般	1：30-3：30	2：00-3：30	1：30-3：30	2：00-3：30	1：30-3：30	
陸上競技	3：00-4：30	3：30-4：30	3：00-4：00	3：30-4：30	3：00-4：00	1：30-3：00
ハンドボールマート	自由			12：00-9：30		

陸上競技クラスは毎週月、水、金は市立築港運動場で行い、火、木、土は青年会の「屋内スポーツ施設」において午後3時から4時半まで行った。

会館が完成した1926年（大正15）には、次のような事業が展開されていた。

「1. 会員に対する事業として、
 A　8月中及び日曜日を除いて、毎日一定の時間割により指導した。
 B　春と冬の二季に会員籠球リーグ戦を行った。
 C　室内及び室外の各種運動競技の委員を組織した。
 D　体育部員のため時々社交会を開催した。
2. YMCA学校部生徒に対する事業としては、
 A　毎週火曜日、水曜日、木曜日、金曜日の4日間、会館を開放し、柔道と剣道は水曜日と金曜日に、室内諸洋式体操は火曜日と木曜日に一般生徒のため専任教師を置き、指導した。
 B　学校部における各種体育の委員を組織した。
3. 社会に対する事業では、
 A　私立と公立の各運動団体と協力し、向上を計る。
 B　運動団体よりの質問及び実際指導に応じた。
 C　市内外中等学校及び専門学校のために各種運動競技を指導した。
 D　籠球講習会或いは室内競技の公開競技会を開催した。
 E　室内体育場の整備、器具等に関し学校その他の運動団体に教示し、十数回出張指導及び講演をした。」[12]

なお、10月中の「屋内スポーツ施設」の利用者及び観覧者はビジネスメン224人、シニア177人、スチューデント235人、ナイトスクール（学校部運営の英語学校と理科学院）162人、柔道245人、剣道170人、リーダー24人、一般71人、新入部員13人、観覧者1,299人、シャワーバス利用者487人であった。[13]

体育部は大正天皇の不例に際し、1926年（大正15）12月8日より1927年（昭和2）1月9日まで休場とした。

2）昭和期（戦前）における活動実態

1927年（昭和2）1月13日、バスケットボール委員会が開催され、以下の事柄について協議された。

「1. バスケットボール部委員長の件、
2. 委員会の例会に関する件、
3. バスケットボールその他各種競技宣伝の方法に関する件、
4. バスケットボール講習会開催に関する件、
5. バスケットボール講習会フリースロー選手権大会競技参加に関する件、
6. チーム練習日決定、
7. 府下中等学校バスケットボール戦開始の件」[14]

また、体育部では以下のような事柄が協議された。

「1. YMCA バスケットボール委員会を組織し、左の人々を委員に任命した。高橋佳十郎、佐野貞治、小川喜十郎、石脇吉之助、西川安次郎、中井徳一
2. 第2回万国バスケットボールフリースロー選手権大会に参加することを（体育部）委員会で可決した。
3. 春秋2回開催するYMCA内バスケットボールリーグ戦に優勝トロフィー寄贈のチェアーマンを石脇吉之助氏に任命した。
4. 1月29日の土曜日より毎週土曜日中等学校を招待して、藍球試合を行ふ事にした。
5. 藍球委員会の定会をした。即ち年2回開会する事（但必要なる時に開会する）第1回1月（既開く）、第2回9月
6. 学校部委員会開催（委員13名来会）

A. 毎週火曜日に体育場を開放して　夜学校生徒に自由運動をさせる事
　　B. 毎月、土は学校部籃球選手の練習日としてコーチする
　　C. 毎水、金、午後5時半より7時迄柔剣道の練習日、之の時間中は一般競技の練習を一切させぬ事
　　D. 木曜日は指導練習日（室内諸競技を指導す）
　　E. 24日よりフリースロー練習を開始する事」[15]

　また、体育部はビジネスメンクラスの指導に一層の力を入れ、このクラスを盛大にすること、ハンドボールコートが出来上がったため、これを新競技として紹介することとした。
　1927年（昭和2）2月に「第1回評議員懇談会」が開催され、「体育事業」を善積武太郎、桜根考之進、江藤栄太郎、畠中博、緒方次郎、山本五郎が担当することとした。同年7月15日より、毎日午後4時より6時まで市立築港運動場において陸上競技クラスを開催され、講師は竹内と松葉そして岸その他数名であった。8月19日には、竹内とライアンが指導するリーダーズクラスの石渡俊一が、北米スプリングフィールドの国際YMCAトレーニングスクールに体育学を学ぶために渡米した。
　新しい種目についてみると、ボクシングは1927年（昭和2）9月14日より、明治神宮ボクシング試合に選手派遣のため毎週月、水、金の午後6時より、高橋佳十郎の指導のもと練習が開始された。1928年（昭和3）2月には、毎日午後6時より練習が行われた。1928年（昭和3）6月1日には、卓球部を新設するため創立委員会が開かれた。委員には安原、酒井、山本、豊島が推薦され、毎週月曜日と水曜日そして金曜日の午後5時より屋上コートで練習が行われた。テニスは1928年（昭和3）9月から毎日曜日甲子園コートにおいて、午前中から貸し切って練習が行われた。1929年（昭和4）秋にはテニスクラブが結成され、毎日曜と祝祭日に神埼川コートにおいて練習が実施された。この年のテニスクラブの活動回数は35回であり、社交部内のテニスクラブが世話をした。1930年（昭和5）7月末、会館屋上にゴルフ練習場が設置された。この練習場は、球を遠くに

飛ばすドライビングの練習を主としたものと、ホールに球を入れるためのパッティング（芝生）の設備からなっている。練習は毎日午後9時半までで、火曜日と木曜日は北川虎雄がコーチについた。この年の活動回数は20回で、このゴルフ倶楽部は社交部の扱いになった。しかし、その後（戦前まで）、社交部の活動にゴルフの文字はでてこない。また、1931年（昭和6）には、フェンシングクラブが的場一雄らによって創設された。この外、1929年（昭和4）10月より、毎週水曜日午後7時より9時まで、緒方準一医師が会館3階体育部において、会員及び学校部学生のために無料の健康診断を行った。

1932年（昭和7）年度の「体育事業」は、以下のクラスが年間をとおして約10回から約200回の活動をした。

「会員クラブ…………166回（延4,372人）
　一般会員利用者………207回（〃1,449人）
　学校生徒……………48回（〃590人）
　少年会員……………44回（〃360人）
　ボクシング…………54回（〃387人）
　柔道、剣道…………90回（〃1,176人）
　器械運動……………33回（〃215人）
　職員運動……………11回（〃135人）
　コーチング…………127回（〃2,010人）
　ピンポン……………116回（〃718人）
　入浴者………………　　（2,480人）
　庭球部………………40回（参加会員数10人）
　また、特別「体育事業」として、各種大会や研究会を行った。」[16]

1933年（昭和8）11月、YMCAに卓球倶楽部が生まれ、続く1934年（昭和9）1月にはYMCA英語学校に学ぶ婦人チーム（ヤング、レディース、クラブYLC）ができ、毎週月曜日と木曜日の午後6時より7時まで練習した。1933年（昭和8）度の「体育事業」は、以下の通りである。[11]

「会員籠球 9 クラブ‥‥‥‥‥591 回（延 4,822 人）
　一般会員利用者‥‥‥‥‥‥198 回（〃 1,878 人）
　学校生徒‥‥‥‥‥‥‥‥‥32 回（〃 655 人）
　少年会員‥‥‥‥‥‥‥‥‥37 回（〃 444 人）
　卓球クラブ‥‥‥‥‥‥‥‥64 回（〃 785 人）
　ボクシング‥‥‥‥‥‥‥‥38 回（〃 217 人）
　フェンシング‥‥‥‥‥‥‥50 回（〃 125 人）
　柔道、剣道‥‥‥‥‥‥‥‥84 回（〃 1,074 人）
　器械運動‥‥‥‥‥‥‥‥‥28 回（〃 168 人）
　職員運動‥‥‥‥‥‥‥‥‥40 回（〃 439 人）
　YLC‥‥‥‥‥‥‥‥‥‥‥16 回（〃 177 人）
　ピンポン‥‥‥‥‥‥‥‥‥212 回（〃 1,563 人）
　入浴者‥‥‥‥‥‥‥‥‥‥‥‥（2,815 人）
　観覧者‥‥‥‥‥‥‥‥‥‥‥‥（6,498 人）」[17]

　このように、大阪 YMCA では昭和初期（昭和 8）において、9 つのバスケットボールチームクラブが主に活動を行い、また卓球クラブが誕生した。柔道や剣道、フェンシングのクラブも定期的に活動を続けた。さらに、1932 年（昭和 7）にはバドミントンクラブも創設された。社交部において活動していた庭球部は、1932 年（昭和 7）には年間 40 回活動を行っていたが、参加数は 10 人と少なく、1933 年（昭和 8）には社交部の活動から消えていく。そして、1937 年（昭和 12）に起こった日中戦争を境に、体育活動は縮小を余儀なくされた。

（3）横浜 YMCA[18]
1）大正期の利用時間割にみる活動実態
　1923 年（大正 12）9 月に関東地方を襲った地震は、横浜にも大きな被害をもたらした。横浜 YMCA の会館は震災のため全焼してしまうが、建物自体は倒壊を免れた。横浜の経済活動の再起と共に、横浜 YMCA の「体

育事業」も震災後 1 年足らず（1924 年 5 月）で再開された。

1924 年（大正 13）5 月には、「青年組」が開設された。「青年組」の活動は毎週月曜日と水曜日及び金曜日の 7 時半から 9 時 15 分の間に行われ、ダンス、遊戯、器械運動、諸体操、諸ゲーム等が実施された。青年組に所属する会員は横浜 YMCA の代表として、一般の人達にも公開した「体育実演会」などにも参加した。

横浜 YMCA は一般会員向けに定期的な活動を行っていたバレーボールやバスケットボールの「クラス」（毎週火曜日・木曜日、7 時半〜9 時 15 分）のほかに、指導者と個人的に接してバレーボールやバスケットボールの規則等を研究するために、新しく会員になった者を対象としたクラス（「初心者組」）を設置した。この「初心者組」は毎週月曜日と金曜日の 7 時から 7 時半に活動を行った。

震災後（1924 年 1 月）は英語学校も授業を再開し、1924 年（大正 13）5 月には英語学校に所属する働く青年のための「英語学校組」が設けられ、体操やボールゲーム等を行うクラスとして屋内スポーツ施設の利用団体の一つとなった。英語学校組の活動は廣田らの指導によって毎週水曜日の 6 時から 7 時と、土曜日の 7 時から 9 時に行われた（表 10）。

表10　1924 年（大正 13）5 月　時間割 [19]

ヌ ー ン ク ラ ブ	12：45 〜 1：15	月・水・金
初 心 者 組	7：00 〜 7：30	月・金
バ レ ー ボ ー ル バスケットボール	7：30 〜 9：15	火・木
青 年 組	7：30 〜 9：15	月・水・金
英 語 学 校 組	6：00 〜 7：00 7：00 〜 9：00	水 土

震災後に展開されていた「体育事業」で特徴的なのは、バスケットボールの専門チームのための「選手練習」（毎週水曜日、7 時〜8 時）の時間枠が設けられたことである。このチームは、1924 年（大正 13）9 月、深澤誠一を委員長とする体育部員 8 名からなる体育部委員会が、笹倉や大下ら 5

名を横浜YMCAのバスケットボール代表選手である「第一選手」として選出し、専門的な練習をするチームであった。この代表選手は体育部委員会の許可なく他チームへ加入することを禁止された。1924年（大正13）9月6日に開催された体育部各チームキャプテン及委員相談会においては、体育部内にチームを作る時は委員会の承認を得ることが決議された。

このように、横浜YMCAの「体育部」は大衆向け（ビジネスマン）の活動クラスと同時に、競技志向の強いクラブ（バスケットボール）を置き、その活動を推進するようになった。また、極東選手権競技大会の開催や全日本学生籠球連合の結成（1924年）など競技スポーツが注目される中で、横浜YMCAにおいてもバスケットボールの専門チームが活動を始めた。

震災後の1924年（大正13）10月には、「ビジネスメンクラス」が「外人ビジネスメン体育クラス」として再び設置された。このクラスでは、震災の復興と共に著しく増加した外国人会員のために、10月28日（火）より毎週火曜日と金曜日の夕方5時半から7時まで、ブラウンや体育主事の廣田の指導の下にバスケットボールやバレーボール等の活動が行われた（翌年1月には時間が午後5時から7時までに変更された）。このクラスは「外人」のためのものであったが、実際には外国人に限らず邦人中年ビジネスマン会員の参加も可能とされていた。大正14年（1925）3月になると、このクラスの活動は邦人の中年有志が中心となり、毎回40名の出席があり、体育部の人気クラスであった。

1925年（大正14）9月には、「少年部」（毎週水曜日・土曜日、4時半〜5時）が廣田の指導によって「体育事業」を開始した。「少年部」では体操やボールゲームなどが行われた。この「少年部」は、横浜YMCAが1924年（大正13）6月16日に茅ヶ崎にYMCA雲雀ヶ丘キャンプ村を開設し、本格的にキャンプ事業を開始したことに伴い、同年12月から活動が開始された。「少年部」の対象は満12歳以上18歳以下の少年であり、部員は横浜商高や横浜二中あるいは関東学院などの生徒たちであった。活動開始当初は新年会や遠足などが行われていた。少年部の活動に関しては、この時期は心身の発育が一通り完成し、次の成長段階に移行するための第二の誕生期であるとして、少年の適切なる指導の重要性が説かれ、少年たち相

互の知・体・霊・社交の四方面を発達させるための全人教育プログラムの実施の一環として、活動の中に体育活動が入れられた。

一方、1925年（大正14）1月には、剣道組が毎週月曜日の5時半から7時まで活動を開始した。剣道大会を開催するまでに至った「剣道部」は、9月には、毎週月曜日の5時半から7時までと木曜日の5時半から9時まで、体育場の利用回数をふやした。その後「屋内スポーツ施設」は会館の増改築のため、1926年（大正15）6月中旬より1927年（昭和2）5月中旬まで閉鎖された。

1928年（昭和3）3月の体育部に入会した会員を対象としたクラスやクラブは、「ヤングマンクラス」（毎週火曜日・金曜日、8時10分～9時半）、「ビジネスメンクラス」（毎週火曜日・金曜日、6時50分～8時10分）、「機械運動・ダンスクラブ」（毎週月曜日・木曜日、7時～9時）、「剣道クラブ」（毎週月曜日・水曜日、7時～9時、木曜日、5時半～9時）であった。

2）昭和期（戦前）の利用時間割にみる活動実態

1928年（昭和3）3月に、バスケットボールを専門とするクラブ「A．A．A」（アラムナイ・アソシエーションの略）が毎週月曜日・水曜日、6時～7時に、「聖ジョセフ」（聖ジョセフカレッジ卒業生で組織された）が毎週水曜日と土曜日そして1時半～3時に、そして「黒船」（最初は横浜YMCAの代表選手である「第一選手」のクラブ）が特別練習として毎週水曜日の7時～8時に活動を行った。比較的閑散としていた夏季休暇中にも、「A・A・A」や「黒船」は、これまで通り活動を行った。1928年（昭和3）9月には、「A・A・A」や「黒船クラブ」に加え、「Yクラブ」（毎週木曜日、土曜日、6時～7時）の活動がみられた。

1928年（昭和3）3月より行われていた「少年部クラス」（毎週水・土、4時～5時半）、「英語学校クラス」（毎週水、9時～10時、土、6時～7時）の活動は、夏期休暇中は活動を休止していたが、同年9月より「少年バスケットボール」（毎週月、4時～5時）や「少年部クラス」（毎週水・土、4時35分～4時50分）の活動が開始され、また昼間商工業に従事する少年のためのクラブである「パイオニアクラス」（毎週土、7時～8時10分）が

新たに利用時間割に加わった。1932年（昭和7）9月には「パイオニアクラス」の活動はなくなったが、「少年部」の活動（毎週水曜日、3時半～5時、土曜日、3時半～5時半）は引き続き行われた。その後、利用するクラス・クラブが多くなり、限られた施設で、限られた時間に活動が行われる中で、1937-38年（昭和12-13）においても「少年部」の活動は毎週土曜日の4時から5時半に確保された。

表11　1932年（昭和7）9月　時間割[20]

器械運動組	7：30～9：15	月・木
デンマーク体操組	6：00～7：00	火・金
バレーボール組	7：00～8：00	火・金
バスケットボール組	7：00～8：00	水・土
排球クラブ	8：00～9：15	火・金
黒船クラブ	8：00～9：15	水・土
横商クラブ	5：30～6：30 5：00～6：00	月 水
婦人体育クラブ	5：00～6：00 6：00～7：00 5：30～7：00	火 水 土
第一高女クラブ	3：00～5：00	月・金
ACES	6：30～7：30（10月より）	月・木
少年部	3：30～5：00 3：30～5：30	水 土

しかし、夏期には指導者たちがキャンプあるいは海水浴での指導に出かけるため、夏期休暇中の屋内スポーツ施設でのクラスやクラブの活動は縮小されたり、休止されるなどした。

このような中で、1932年（昭和7）の7月から9月は、室内の器械体操やダンスあるいはボールゲーム等を指導する「ヤングメンクラス」（毎週火曜日・金曜日、8時～9時）や、数分のウォーミングアップの後に主にバレーボールを実施する誰でも簡単に出来る社交的なクラスである「ビジネスメンクラス」（毎週火曜日・金曜日、7時～8時）の活動は、時間帯を変更

しながら実施された（表11）。体育部に新しく入った会員は2つのクラスのうちどちらかで活動した。また、体育部の会員はバスケットボール・バレーボール（毎週火曜日、8時～9時、土曜日、7時～9時）や器械運動・剣道（毎週月曜日・木曜日、7時～9時）については、どこに出席しても良かった。さらに、毎週火曜日・木曜日・金曜日・土曜日の6時から7時までは、どこのクラスやクラブも「体育場」を利用しておらず、会員は屋内スポーツ施設を自由に利用できた。このように、利用するクラスやクラブの減少から、屋内スポーツ施設（「体育場」）を利用したい会員にとっては利用の制限が大幅に緩和された。

夏休みが明けると、会員向けクラスの「ヤングメンクラス」（毎週火曜日・金曜日、8時～9時半）、「ビジネスメンクラス」（毎週火曜日・金曜日、6時50分～8時）、「一般ボールゲームクラス」（毎週水曜日・土曜日、8時10分～土）〕が再び開設されるようになった。9月には、これまで開設されていた「ヤングメンクラス」や「ビジネスマンクラス」にかわって、「器械運動組」（毎週月曜日・木曜日、7時半～9時15分）、「バレーボール組」（毎週火曜日・金曜日、7時～8時）、「バスケットボール組」（毎週水曜日・土曜日、7時～8時）が開設された。これまで「ヤングメンクラス」や「ビジネスマンクラス」で行われていた機械体操やバスケットボールあるいはバレーボールなどの活動は、これらの「組」で行われるようになった。

1932年（昭和7）9月には、「黒船クラブ」（毎週水曜日・土曜日、8時～9時15分）、「横商クラブ」（毎週月曜日、5時30分～6時30分、水曜日、5時～6時）のバスケットボール練習に加え、「排球クラブ」（バレーボールの特別練習、試合）の活動が入ってきた。「排球クラブ」は1930年（昭和5）に体育部員の有志によって生まれ、バレーボールにおける体育部の代表チームであった。このように、この時期、バスケットボールだけでなく、バレーボールにおける専門チームの活動が行われるようになった。

1934年（昭和7）9月には、「婦人クラブ」（毎週火曜日、5時～6時、水曜日、6時～7時、土曜日、5時半～7時）、「第1高女クラブ」（毎週月曜日・金曜日、3時～5時）が開設されるなど、横浜YMCAにおける体育活動にこれまでにない展開が見られた。「婦人クラブ」は、女学校においてバレー

ボールやバスケットボールを行っていた女生徒が、卒業後にも競技を続ける場としてYMCAの屋内スポーツ施設を利用したい、という声に応える形で設置された。この「婦人クラブ」について、『横浜青年』（1932年3月号）は次のように伝えている。

「各女子学校チーム卒業者の体育場（屋内スポーツ施設）使用の希望者があり、市内に適当な女子の体育設置が出来る迄、夕方の空いている時間を利用して篭排球クラスを設けることとした」。その後、「申込者二十名の方々にお集まりを願い、種々と相談の結果、毎週火、午後五時―六時（排球）、六時―六時四十分（デンマーク体操）、水、午後六時―七時（篭球）、土、午後五時半―七時（篭排球）と定め、尚容易な器械運動、室内野球等も自由に取入れて運行する事を相談した」。また、「夏の特別の催としては、婦人体育クラブの籠排球特別練習を七月下旬の十日間を毎夕体育場で行った。出席者は平均15～6名、主にチーム組織の練習」[21]を行った。

こうして、「婦人クラブ」は秋の利用時間割に組み込まれ、活発な活動を行った。その後、10月には「YCAC（外人運動クラブ）」の婦人チームと横浜YMCAの女子体育クラブ（婦人クラブ）によるバスケットボールの試合が初めて行われ、翌年の1933年（昭和8）には横浜YMCA「婦人体育クラブ」が第3回全神奈川四人制排球大会に参加した。

こうした女性の「体育事業」への進出は、1933年（昭和8）4月からの活動にも見ることができる。この時期に「婦人」と名のつく活動が屋内スポーツ施設において、毎週火曜日、水曜日、金曜日、土曜日に計画された。さらに、「横浜高女」や「第一高女」などがバスケットボールとバレーボールの昼間の練習として「体育場」を使用しており、女性の「体育事業」の盛況ぶりが伺える。この時代の女性チームのほとんどは女子師範、第一高女、神奈川高女等の女子校によって組織され、卒業者を含めた者達で作られたクラブによって活動がなされていた。1933年（昭和8）4月に開催された第3回全神奈川四人制排球大会では、参加女子9チーム中7チームが

女子校であり、2チーム（YMCA婦人体育クラブと真澄クラブ）が女子校を卒業した者たちを中心とするクラブであった。これらの活動は、第6回極東選手権競技大会（1923年大阪で開催）での女子種目の採用（水泳・テニス・バレーボールのオープン種目）や日本女子スポーツ連盟の創設（1926年）に見られるように、女性の間にスポーツに対する関心が高まる中、横浜YMCAにおいても昭和期に入り女性の継続的な運動の実施が主張されていたといえる。

1928年（昭和3）には、NHK（日本放送協会）による「ラジオ体操」放送や1929年（昭和4）に東京日日新聞主催による「健康増進運動」などにみられるように、昭和期に入り、健康を意識したイベントが日本各地で行われるようになった。横浜YMCAにおいても、1934年（昭和7）9月に会員を対象とした「デンマーク体操」（毎週火曜日・金曜日、6時～7時）のクラスが新しく開設された。

デンマーク体操は当時欧米で流行していた体操で、この体操の特徴は従来のドイツ式体操やスウェーデン式体操とは異なり、器具を使わず日常の閑暇を利用して生活の場でできる国民体操という点にあった。東京YMCA体育主事であった柳田享は、1929年（昭和4）にデンマークにおいてニールス・ブックが経営する国民高等学校において「デンマーク体操」を学び、帰国後、この体操を日本でも普及させようとしていた。そのため、横浜YMCAも柳田享・廣田兼政・金子魁一らを講師として、1930年（昭和5）9月と1931年（昭和6）11月に「デンマーク基本体操講習会」（5日間）を開催した。この講習会には県下の学校教職員や体育関係者を含む350名が参加した。さらに、横浜YMCAは翌年7月に会員及びその家族に対して1週間に及ぶ「デンマーク体操手解きの会」を開催した（50～60名参加）[14]。その成果を受けて、デンマーク体操は1932年（昭和7）9月から屋内スポーツ施設の「利用時間割」（毎週火曜日・金曜日、6時～7時）に組み込まれ、横浜YMCAの定期的な体育活動となった。さらに、1937～38年（昭和12～13）には、「基本体操（デンマーク体操）研究クラブ」が開設され、毎週火・金曜日の6時から7時の間に、ボールゲームや器械運動とは区別された独立した「体育事業」が展開された。

一方、より手軽に、限られた空間と時間を効率よく利用させていく工夫の一つとして、横浜 YMCA が独自に開発した種目（四人制バレーボール）を行うクラスも現れた。「四人制バレーボール」は関東大震災後に廣田（横浜 YMCA 体育主事）によって考案された。[22] この四人制バレーボールは1932 年（昭和 7）9 月には、「バレーボール組」（毎週火曜日・金曜日、7 時〜8 時）の活動の中に、また「婦人体育クラブ」（毎週火曜日、5 時〜6 時、水曜日、6 時〜7 時、土曜日、5 時半〜7 時）においても、活動の中に入れられるようになった。

　この「四人制バレーボール」の考案の背景には、9 人制バレーボールに比べ、小さなコートで簡単に出来ること、メンバーが容易に集められること、従って会社内や一部内でチームがいくつもでき、親睦ゲームとして役に立つなどのメリットがあり、狭いコートにおいてメンバー不足によって試合ができない等の問題を解消するねらいがあった。さらに、一人あたりの運動量が多いこと、全員が平均して面白く活躍できること、動きが敏捷になること、1 回サーブ制やローテーションサーブ等により無駄な時間がはぶけることなどの特徴を有していた。つまり、「四人制バレーボール」は、普段のバレーボール（9 人制）の活動においては、人数の確保や運動量の確保が難しく、試合も十分にできない状況があり、これを考慮して作り出されたものといえる。その後、横浜 YMCA では、「四人制バレーボール」が普及し始めた。同時に、婦人クラブなど女性を中心としたクラブの中では競技志向を強めていった。

　1937〜38 年（昭和 12〜13）においても、体育部の会員であれば自由に参加できるクラスとして「器械運動」（毎週火曜日・金曜日、7 時〜8 時）、「排球練習」（毎週火曜日・金曜日、8 時〜9 時 15 分）、「籠球練習」（毎週水曜日・土曜日、8 時〜9 時 15 分）が開設された。このことは、バスケットボールやバレーボール、器械体操など多様な運動をするクラス（「ヤングメンクラス」、「ビジネスメンクラス」）から実施種目を分け、1 つの種目に限定して行うクラス（「器械運動」、「排球練習」、「籠球練習」）への転換であり、利用者のニーズに沿ったクラス設置といえる。

　1936 年（昭和 11）には、いずれもバスケットボールチームであった「正

金倶楽部」(正金銀行、毎週水曜日、5時半～7時)、「ナショナルクラブ」(ナショナル銀行、毎週月曜日・木曜日、6時～7時)、「南里倶楽部」(南里会社、毎週月曜日・木曜日、7時～8時)といった企業内の有志が作ったクラブが「屋内スポーツ施設」を利用している。1937～38年(昭和12～13)には、企業名をつけたクラブの利用(古河電線クラブ)が増え、企業内の有志が作ったチームの活動の場としても横浜YMCAの「屋内スポーツ施設」は機能していた。

　1937～38年(昭和12～13)には、「フェンシング」(毎週月曜日・木曜日、7時～8時10分)や「バドミントン」(毎週火曜日・金曜日、5時～6時)といった新種目を行うクラスが登場する。バドミントンに関しては、既に1934年(昭和9)の春の利用時間割に、土曜日の5時半から7時半に活動が計画されていた。しかし、バドミントンが本格的に活動し始めたのは、横浜YMCAの体育主事であった廣田がベルリンでの夏季オリンピック大会後に欧州各国の体育視察研究を終え、帰朝した1937年(昭和12)6月からである。1937年(昭和12)6月から始まったバドミントンのクラスも、1939年(昭和14)9月にはバドミントンクラブ(専用クラスとして出席者を制限)として、毎週水曜日の5時から7時までと土曜日の1時から4時まで活動をおこなった。1939年(昭和14)9月には、毎週火曜日の5時から6時、金曜日の4時半から6時の間に会員用のバドミントンクラスが開設された。

　フェンシングもバドミントンと同様に、1937年(昭和12)6月より新しくクラブとして活動を開始した。その目的は「斯道の普及発達は勿論、更に大なる目的としてフェンシングに依る強健なる肉体と健全なる精神を涵養せしめ、以て厚生運動の一助とすべく、且つ又横浜より優良フエンサーを多数養成してオリンピック大会に貢献する」[23]ことであった。1939年(昭和14)には、毎週月曜日の6時から7時までと木曜日の6時から7時まで会員用クラスとして開設された。バドミントンとフェンシングの2つのクラスには、「基本体操研究クラブ」や「器械運動」、「籠球練習」や「排球練習」と同様、体育部の会員であれば誰でも自由に出席して練習することができた。

表12　1938年（昭和13）－1939年（昭和14）　時間割[24]

○基本体操	6:00～7:00	火・金	主に基本体操を行って一般部員の保護、体位向上を計っています。
○器械運動	7:00～8:00	火・金	各種器械運動の練習及研究
○籠球練習	8:00～9:15	水・土	黒船クラブ員を中心として一般部員の籠球練習
○排球練習	8:00～9:15	火・金	排球クラブ員を中心として一般部員の排球練習
正金クラブ	6:00～7:00	水	正金銀行クラブ員の体操及び籠球
古河電線クラブ	5:00～6:00	水	古河電線クラブ員の籠球練習
二世クラブ	7:00～8:00	水・土	二世クラブ員の籠球練習
中華クラブ	8:00～9:15	月・木	中華クラブ員の籠球練習
白菊クラブ	5:30～7:00	土	女子体育クラブ員の籠球練習
○フェンシングクラブ	7:00～8:00	月・木	体育部員のフェンシング練習
○バドミントンクラブ	1:00～1:30	火・金	バドミントンの自由練習
○青葉クラブ	1:00～1:30	火・金	一般会員の（昼休利用）保健体操
少年部クラス	4:00～5:30	土	少年部員の体育クラス
横専クラブ	6:00～7:00	月・水	横浜専門学校チームの籠球練習

○印の時間には、体育部員は誰でも自由に出席して練習できます。
他のクラスの迷惑にならぬ様練習時間をお守りください。
籠、排球は団体ゲームでありますからなるべく何れかのチームに加入されて練習下さい。

　この時期（昭和期戦前）は、一般会員のクラス、競技志向の強いクラブ、企業クラブ、婦人クラブ、少年部など14のクラスとクラブが「屋内スポーツ施設」を利用した活動を行っており、利用するクラス・クラブの多さと共に、多様な種目が登場した。これら利用団体の多さや種目の多様化傾向は、「屋内スポーツ施設」利用の希望に応えるために、可能な限り効率的に「屋内スポーツ施設」利用を図った結果といえる。
　このように昭和期（戦前）の頃は横浜YMCAの体育活動が健康増進の

ために広がりを見せると共に、競技志向のクラブの誕生等クラブやクラスの運営目的も多様化を見せ、女性のスポーツ参加も充実していった時期にあたる。

(4) 神戸YMCA[25]

1) 大正期の利用時間割にみる活動実態

1921年度（大正10）の神戸YMCAでは、屋内スポーツ施設がなかったので体育活動は休止状態であったが、12月米国スプリングフィールドにある国際YMCAトレーニングスクール卒業のブラッドレー氏を青年会体育部主任として迎えた。

1922年（大正11）4月に新しい体育施設を得て、体育部は競技として「インドアベースボール」「バスケットボール」「バレーボール」「ハンドボール」をし、西洋運動として「平行棒」「器械体操」「飛台及こん棒」「吊り輪及び登り縄」、その他として柔道と撃剣そして相撲の活動を開始した。これらの活動を開始するに際し、体育部は「屋内スポーツ施設」利用に関して以下のような時間割（表13）を作成した。

表13　1922年（大正11）4月時間割[26]

	午後	5時	8時
月曜日	商業生徒	外人のため	日本人　バスケットボール
水曜日	商業生徒	外人のため	日本人　各種運動
金曜日	商業生徒	外人のため	日本人　バレーボール

毎週月曜日、水曜日、金曜日の午後から午後5時までは商業学校の生徒が利用し、5時から8時までは外国人のために時間を確保した。8時からは日本人がバスケットボールやバレーボールなどの活動を行った。

加入者には、各自の運動用品を保存するために「ロッカー」が貸与された。運動用品を割引購入する制度もあり、毎晩清新なる入浴場が提供された。会員は室内と室外の各運動の「チーム」を組織して、他チームと試合をした。7月には、神戸YMCAのバスケットボールチームは関西バスケッ

トボール大会に第一第二チームを送った。また、淡路縦断テント旅行や富士登山会が行われた。しかし、1922年（大正11）7〜9月は、「屋内スポーツ施設」大修理のために活動を休業した。

　1924年（大正13）7月にはブラッドレーが帰国し、同年10月にはライアンが来神した。この年、会員は日本人が15名、中国人は12名、外国人が48名であった。そのため、活動も日本人と外国人とで時間を分け、行うようになっていた。

　1928年（昭和3）1月の「屋内スポーツ施設」の利用時間割（表14）をみると、カナディアンとビジネスメン（外国人）、日本人、中国人、AAA（外国人クラブ）、外国人女子に分かれ、活動を展開しているのがわかる。また、新規格として、部員の熊澤甚之助が器械体操を初歩から指導した。

表14　1928年（昭和3）1月　時間割 [27]

時間	4:00〜5:30	5:30〜6:30	6:30〜7:30	7:30〜9:30	9:00〜10:00
月曜日	Canadian	Businessmen（外国人）	AAA	日本人	
火曜日		女子外国人		支那人 日本人	夜学校
水曜日	Canadian Academy	Businessmen（外国人）	AAA		
木曜日		女子外国人		日本人	
金曜日	Canadian Academy	Businessmen（外国人）	AAA	支那人	夜学校
土曜日					

　1929年（昭和4）4月にライアン体育部主事が帰米した。この月の「屋内スポーツ施設」の時間割（表15）には、「大丸」（百貨店）クラスが登場した。運動はバスケットボール、バレーボール、吊輪、木馬、器械体操、インドアベースボール、平行棒、室内運動などであった。特に、バスケットボールは邦人チーム16名、大丸チーム43名、中華チーム14名、外国人AAAチーム15名、外国人CA（カナディアン）13名のチームが練習し

表15　1929年（昭和4）4月時間割 [28]

クラス名	月	火	水	木	金
A.A.A.(外国人)	6：00-7：30	6：00-7：00		6：00-7：30	
Yメンバー	7：30-9：00			7：30-9：00	
大丸		7：00-8：00			7：00-8：00
V.チーム（中華民国人）		8：00-9：30			8：00-9：30
Y.及V（合併）			7：30-9：00		
V.チーム					8：00-9：30

ていた。

1929年（昭和4）7月には、登山部が誕生した。創立委員は福本、服部、池下、倉田、真鍋、長山ら11名であった。創立委員会は、毎月第3日曜日に登山遠足を挙行し、第4の火曜日の夜に会館において懇談親睦会を行うことを定めた。これにより、第1の計画として7月21日（第3日曜日）に布引水源地から徳川道、シャクナゲ山、山田道を歩く行程（約4里）に出発し、さらに7月20日から24日までの白馬山への登山を計画した。

1930年（昭和5）2月には、表16のプログラムでシーズンを迎えることになった。このプログラムでの特徴は、大丸に続いて兼松の企業内の有志が作ったクラブが練習を行っていること、初心者のために毎水曜日の夜7時から8時まで運動場を開放して主事が指導したこと、女子のクラスが活動に加わったことである。

1930年（昭和5）10月からは、毎水曜夜6時より室内陸上競技の練習が開始された。続いて11月には、神戸YMCAは社会人としての「K.V.C.」（関西バレーボールクラブ）を設立した。この倶楽部は毎週火曜日の午後6時から1時間半、バレーボールOBとして練習した。バレーボールは男女共に中等学校ではほとんど全てにおいて行われているが、それ以上の学校あるいは社会人の間にはまだ普及していなかった。特に、学生生活を終わってから後にスポーツに親しむ機会がない日本の現状を憂えた有志は、社会人としていつでもバレーボールに親しみ、バレーボールの理解と体験を社会人の間に拡大する目的で、K.V.C倶楽部を設立した。登山部におい

ては冬の登山期を控え、専門家の指導により登山プランの作成、案内、文献、質問応答などをした。

表16　1930年（昭和5）2月時間割[29]

クラス名	月	火	水	木	金	土
団体 女子青年会	午前 11時－ 12時					
イングリッシュクラブ女子				5時半－ 6時半		
同文学校 チーム	午後 4時半－ 5時半		4時半－ 5時半		4時半－ 5時半	
会員 器械の練習 バスケットボール	6時－ 7時 7時－ 8時		初心者の為6時より7時まで主事指導 7時－8時		6時－ 7時 7時－ 8時	
中華民国人会員	8時－ 9時		8時－9時		8時－ 9時	
大丸				6時半－ 8時		7時45－ 9時
兼松				8時－ 9時半		6時半－ 7時45
当校夜学校			9時－10時		9時－ 10時	
寄宿舎	9時－ 10時					
試合其の他		7時－ 9時				

　神戸YMCAスキークラブは1933年（昭和8）11月10日に、スキークラブ相談会を前開き、スキー講習会開催やスキークラブハウス設置の件などについて協議した。その後1936年（昭和11）12月2日から20日まで、

スキー準備体操講習会が緒方直光、緒方温光、金井忠男の指導によって行われた。スキークラブは1937年（昭和12）1月から第1回スキー練習会（神戸YMCA体育部初の試み）を兵庫県神鍋山栗栖野で開き、また2月10日から13日まで神戸YMCAスキーツアー親睦会として大山に行った。

　昭和10年に入ると新しい種目が登場してくる。1月8～10日、レスリング講習会が早稲田大学の丹羽選手の指導により行われ、3月28日には大阪と神戸のレスリング対抗戦が実施された。一般会員のために2月より、以下のような各クラスが開設された。

　　　球技クラス（バスケットボール）　水曜日7時—8時
　　　器械体操クラス　　　　　　　　　金曜日6時—7時
　　　レスリングクラス火曜日、木曜日、土曜日夜8時—9時

この年、「屋内スポーツ施設」の開場日数は276日、利用者数は9729名、バスケットボールゲーム数は222回を数えた。さらに、この年には、球戯クラス、器械体操クラス、レスリングクラスに加え、デンマーク体操クラスが加えられた。

　1936年（昭和11）2月20日からは、デンマーク体操練習会が毎週木曜日午後6時半—7時半まで綾部久秋、金井忠男、射延治郎らの指導によって開催された。これに対して、器械体操練習会は2月と3月が休講となった。1936年度（昭和11）における神戸YMCAの「体育事業」として、会員事業として独逸クラブ、会員バスケットボール2組、ドミトリークラス（詳細不明）、一般卓球、一般会員利用、夜学校、ハイキング倶楽部、スキー練習会（1月より開始）、柔道クラス（11月より開始）、少年部クラス（5月より開始）、ジムクラス（11月より開始）、バレーボールクラス（2月より開始）、KCSSバレーボールクラス（3月より開始）が新設された。

　1937年（昭和12）5月には、新興種目であるバドミントンの練習が開始された。練習日は毎週火曜日と金曜日の午後6時から7時までで、土曜日に限り貸館時間の他はバドミントンゲーム及び練習に開放された。指導には石渡主事があたった。また、レスリングも毎週火曜日、木曜日、土曜日午後8時—9時まで山村正之（元明大レスリング選手）の指導の下に練習を行った。バドミントンは、1937年（昭和12）10月20日に第1回オープ

ンバドミントン大会を開催した。このように、神戸YMCAでは昭和になり新たな種目が多く紹介され、練習されていった。

（5）京都YMCA[30]
1）大正期の時間割にみる活動実態

1918年（大正7）2月には、グラフトン（カンサス州立大学出身で米国体育、ことに野球選手として活躍した人物）が京都YMCAに来て、コーチすることとなった。彼は毎土曜日の夜6時から、バスケットボールとインドアベースボールそして音楽的舞踊体操を指導した。9月には、グラフトンの指導の下に、洋式運動部がクラスを事務家組と少年組そして青年組に分かれて、毎週火曜日と土曜日に練習を行った。

　　A事務家組　　午後5時—6時
　　B少年組　　　午後6時30分—7時30分
　　C青年組　　　午後7時30分—9時

この様式運動部の種目はバスケットボール、インドアベースボール、バレーボール、メディシンボール、組織的体操、蓄音器応用の行進、舞踊体操などであった。[31] バスケットボールやインドアベースボール、バレーボールなどの洋式運動は、「屋内スポーツ施設」において夜7時から9時まで柔道・剣道と交互に練習した。柔道や剣道の練習の時は床に畳を敷き、洋式運動を行う時は畳を隅に片付けて、練習が行われた。この外、アウトドア・ゲームとして野球、バスケットボール、バレーボール等が随時行われた。

1919年度（大正8）、「体育部」は日本体育部として剣道を門奈が、柔道を田畑と金丸が指導し、洋式運動部はバスケットボールや野球などを行った。登山部は比叡山や富士山などに登った。

1916年（大正5）5月9日、ボーリングアレーが京都YMCAの地下において竣工した。[32] 12日には開始式、そして9月11日から4日間第1回ボーリング大会が開催されている。第1回大会には12チームが参加、第2回大会（大正6　1月11日から19日）には3人組12チーム、コングレス5人組4チームが参加して、覇を競っている。この間、ボーリング部ができ、

毎日午後1時から9時まで開場された。ボーリングは競技そのものが容易な上、服装が簡単でよかったのと、当時非常に珍しいスポーツであったことから、1919年（大正8）上半期には利用者は1534名、大会数3回を数えるに至った。

1922年（大正11）1月には、商店に勤める青少年が利用しやすいよう、第1と第3の日曜日にもレーンが開放された。このころのボーリング場はレーンも小さく、ボールも直径10センチメートル位で、ピンが立てられている周囲にはピンが飛び散らないように囲いがしてあった。ピンは自動化されたものではなく、囲いの上端にピンボーイと呼ばれる人間が座っており、ピンボーイは投球された後すぐに飛び降りてピンを立てたり、片付けたりしていた。このピン・ボーイはアルバイトで雇われており、ピンボーイが都合で休むとボーリングは休みになった。例えば、1923年（大正12）1月にはピン立ての人がいないため休場となり、4月1日から開場致したにも関わらず、当分の間ピン立の人の都合で月曜と土曜に開場することになった。

ある会員は『京都青年』に寄稿してボーリングの楽しさと効用を次のように述べている。

　　　「ボーリングアレーの吾人（京都YMCA史では各人）に与ふる教訓
　一、其成績の至公至平なる事
　二、小策は破ることを示す
　三、投機心の最後に破る事を示す
　　　奇をてらった策を用いても勝てない。我慢して正道を行く者が勝利を収めることをボーリングを通して学び、それは一般的な事柄にも通じる。
　四、正常なる競争心を促し、敗れて悲観せず勝って傲らざるの精神を修養し得
　五、体育となる事無論
　六、精神の鬱屈を散ず
　　　ドイツには憂さ晴らしのゲームとして小皿を割る遊びがあり、こ

こ京都東山にも達磨落としがあるが、ボーリングにはそれと同類の快感がある。
　要するに体育になりて、精神修養となりて、鬱屈停滞せる心を根本より洗濯する簡便なるゲームとして之を実検せざる人に推奨するは無用にあらざるを信じ一言す。」[33]

　卓球は、1917年（大正6）1月には毎日6時から9時まで開設されていた。野球は1916年（大正5）8月6日、京都YMCA主催によって第1回都下実業団野球大会が第三高等学校グラウンドで開催された。この大会には京都YMCAの他、市事業部、電燈会社、大沢商会、大丸商店など11チームが参加した（大沢商店チームが優勝した）。
　1917年（大正6）11月には少年部が設置され、「京都基督教青年会少年部則」が制定されて、本格的な少年事業が開始された。それまで少年対象のプログラムとしては、剣道が盛んであり、少年少女大会などがあるくらいで、目立ったものはなかった。しかし、太田代直志が宗教部主任として就任するや、彼は従来の少年対象の事業が剣道中心とする体育であったのを見て、体育のほかに知的、精神的な側面もプログラムに導入すべきであると考え、少年部を設置して総合的な少年事業を展開することになった。

　　　　　　　「京都基督教青年会少年部則
　一、目的　少年期に於ける発育上最も必要にして、而も閑却せられ居る教育的欠陥を多方面より充たし、以て第二国民として健全なる要素を築くにあり
　二、会員　十歳より十四歳迄の男子にして保護者の同意を経たるもの
　三、部員　入会金五十銭部費一ヶ月金五十銭とし、毎月五日迄に納付する事
　四、設備　部員は備附の図書を閲覧し、種々なる娯楽器具を自由に使用することを得
　五、運動　会員は毎週規定の時間に於て、バスケットボール、インドアベースボール、パンチボール及び其他諸種の運動を斯道

　　　　専門家の下に練習せしむ
　六、会員は精神講話、学術講義及び音楽会に出席することを得
　　　本会の目的を助成する為、普通教育講演、茶話会、実地見学、遠足其他の会合を臨時に開くことあるべし。」[34]

　少年部のプログラムは1週間を単位としてカリキュラムが決められ、いわば夜間の学校にも似ていた。1917年（大正6）12月の内容を紹介すると、以下のようであった（表17）。

表17　1917年（大正6）12月時間割 [35]

日曜は午後2時―5時半	前1時間精神講話	後2時間半洋式運動
月曜は夜6時―9時	前1時間図書室及びピンポン	後2時間剣道及び柔道
火曜は夜7時―9時	前1時間剣道及び柔道	後1時間談話会
水曜は夜6時―9時	前1時間音楽練習	後2時間剣道及び柔道
木曜は夜7時―9時	前1時間剣道及び柔道	後1時間学術講演
金曜は夜6時―9時	前1時間図書室及びピンポン	後2時間剣道及び柔道
土曜は夜6時―9時	前1時間洋式運動	後2時間遊戯
祭日午後1時―5時	遠足、室内運動、茶話会、実地見学などを適宜に催した。	

　少年部は太田代直志が熱心に指導したほか、専任の講師が3名と児童に関心を持つ有志教育者が応援した。部員は開始後一ヶ月目に約50名が入会し、毎回の出席者は22～23名を下回ることはなかった。剣道は門奈正が、柔道は田端昇太郎が指導にあたり、洋式運動は新任のグラフトン名誉主事が指導に協力した。
　バスケットボールとインドアベースボールなどは、少年達の興味を誘った種目であった。少年部に属し、バスケットボールの普及に功労のあった藤野弥一郎は、「京都青年」に次のような文章を寄せている。

　　　「愛らしき少年部　　　　　　　　　　　　　　藤野弥一郎
　　あゝ我が愛らしき少年部よ!!　我が少年部は昨秋十一月始めて我が青年会館内に孤々の声を挙げたのである。生まれて僅かに五ヶ月、人

間に喩ふればまだ小さき赤子に過ぎないのである。然るに現在の部員殆んど五十名近くに達し、皆兄弟の如くに仲よく一致団結してさながら軍隊の如く規律正しく毎日洋式運動、ピンポン、談話会、さては音楽会等定規されたる日課のもとにまじめに果してゐる。思ふ。何づこにかく円満なる少年団結があらうかと。
　毎夜少年部館に来るのは我等にとって無二の楽しみである。この他日曜日祭日には旅行遠足等を試み又変った気分を養ってゐる。
　　かくして我等部員の YMCA の主義とせる S（スピリット）、M（マインド）、B（ボディー）、の三方面に断えず向上し将来の活舞台に飛躍せんとする適はしき基礎を築きつゝあるのである。」[36]

　この少年事業も、指導者太田代直志が 1920 年（大正 9）にシベリア軍隊慰問事業に専心するため少年部より離れてからは、事業は急激に衰退する。その後、京都 YMCA は少年事業を維持し、発展させることはできなかった。
　1920 年度（大正 9）には、剣道と柔道は青年の間に普及したことと経費の都合により、京都 YMCA は洋式運動に専念することし、日本体育部を廃止した。このことにより、「体育事業」は完全に撃剣と柔道から洋式運動に比重が移った。
　バスケットボールは、大正期において、京都 YMCA の「体育事業」の中で最も活躍した種目の一つであった。1921 年（大正 10）、京都市より YMCA 体育振興のために与えられた補助金（金 30 円）によって、岡崎公園にバスケットボール施設が建設された。コートの建設は市民に対するバスケットボールの普及が目的であり、完成の直前に常務理事会は「市の希望に従い、これ（バスケットボールの諸設備）を市に寄附する」ことを決定した。そして、「これはバスケットボール運動の普及発達の目的をもって。但しその目的達成の為に YMCA は他団体のためにも喜んで指導する旨適宜の方法にて掲示する」[37] ことになった。
　ゴール建設完成を祝って 12 月 4 日、YMCA 主催近畿バスケットボール大会が岡崎公園で開催された。参加チームは京都と大阪の各 YMCA 青年

部・少年部と同志社学生 YMCA で、神戸 YMCA は新会館落成後の多忙を理由に出場できなかった。『京都青年』は大会の様子を次のように伝えている。

「正午、京都青年会総主事瀧浦文弥氏の開会の挨拶をもって競技は開始されしが、該バスケットボール競技は、未だ世人の耳目に新なると、競技の性質態度全て、男性的にして、当日岡崎原頭の人を全部此所に吸収せり。観衆の血をたぎらして午後五時に及び漸くプログラムは尽き、二戦二勝同志社青年会に（エビスヤ運道具部寄贈の）花環を、青年会運動部長中村栄助氏の手より渡し、同氏の発声に応じ万歳の三唱をもって大会を終ふ。」[38]

また、『京都 YMCA』に掲載された「バスケットボール大会雑録」には、バスケットボールに関する当時の人々の感想が載せられている。

岡崎運動場監視人横田先生曰く「バスケットボールとはこんなものか、何ちゅ男らしくて面白くて、そして冷や冷やするもんかな。世の中にこんな面白い運動があるとは知らなかった。野球もテニスもフットボールもバスケットボールの前には全て顔色はないがなあ。なんで今少し早くからこんな運動をやって見せなかったんだい。これでこそ運動場を貸すねうちがあるわい。」[39]

岡崎公園グラウンドのバスケットボールコートの開設後の 1922 年（大正 11）5 月には、毎週月曜日と水曜日と金曜日は館内の「屋内スポーツ施設」において練習が行われ、土曜日と日曜日の晴天時には岡崎公園において練習がなされた。チームの活動も一段と活発になり、対外試合もひん繁に行われるようになる。同時に、バスケットボール部は市内の桃山中学校や府立第二高等小学校などに出かけ、体育教師に指導したり、生徒に対しコーチするなど、その普及に努めた。1923 年（大正 12）5 月 6 日には、府立第二高等女学校の校庭にバスケットボール及びバレーボールの競技場が新設され、体育部員は女学校の生徒にコーチをし、模範試合を催した。『京都青年』は部員のコーチについて次のように伝えている。「桃中（注・

桃山中学)の熱心なる有志達と当部員の練習試合をし、学校より茶菓の招待があり6時ごろ散会した」。[40]

　1923年(大正12)11月、大阪毎日新聞京都支局の後援を得て関西バスケットボール大会が岡崎公園で開催された。その年の春に開催された極東選手権競技大会が大きな刺激になって、当日は多数の観衆を集め、コートの周囲は何重にも及ぶ人垣で埋まった。1923年度(大正12)の京都YMCAにおけるバスケットボールの活動は、6月まで毎週2回会館の「屋内スポーツ施設」並びに岡崎公園において行われ、9月からは(7月、8月は休み)毎週1回岡崎公園において練習を行った。また、1925年(大正14)には毎週1回岡崎公園で練習した。1925年(大正14)5月18日には、京都YMCAにおいて京都バスケットボール連盟が発足し、YMCA以外に同志社大学、京都師範、桃山中学、旭クラブなどが加盟した。

　ボーリングは1926年(大正15)6月にも毎日開場したが、利用者が低調であり、少数で大会を開くことを競技した。8月には18名で大会が開かれた。1926年の体育活動の時間割は、表18が示す通りである。

表18　1926年(大正15)6月時間割 [41]

野球・籠球	毎日曜日
ピンポン	月・水・金　午後3時－9時
ボクシング	火・木・土　午後6時－9時
ボーリングアレー	毎日　午後7時－9時
ビリヤード	毎日　午後1時－9時

　他の種目についてみると、卓球は京都YMCAの体育活動としては最も早く登場しているが、競技会として催されたのは1916年(大正5)会館で第1回京都実業団ピンポン大会が最初である。野球とテニスなどが盛んになりつつある時に、卓球は一般の人々に愛好されていたとはいえ、競技会が頻繁に行われるまでに至らなかった。しかし、1920年(大正10)ごろより全市的な卓球大会が開催されるようになってから、卓球の全盛時代を迎える。

　登山とハイキングは、京都YMCAの体育活動の中でも古い歴史を持っ

ている。ことに、登山は毎年富士登山隊が組織され、会員と夜学校の生徒達の年中行事であった。現在確認できる史料[42]によれば、富士登山隊は1917年（大正6）に第8回を数えているから、第1回はおそらく明治43年ごろと考えられる。費用は全てを含んで約9円であり、会員もしくは夜学部生徒で満14歳以上、しかも健脚の持ち主ならば、誰でも参加できた。富士山以外に比叡山などもハイキングがてらよく好んで選ばれた。

　テニスクラブの創設は1924年（大正13）5月である。練習は植物園のコートで毎朝8時より開始されていた。しかし、それ以後の活動の記録はない。また、植物園の運動場にはバスケットボールの移動式ゴールを設置する計画もあり、YMCAの体育施設は会館外にひろげられた。

　野球部は1925年（大正14）8月、岡崎の市立運動場で活動を開始し、練習は早朝未明に行われていた。休日には深草の練兵場で練習に励んだ。創立当時は11名の部員がいて、YMCAのマークのついたユニホームを着用した。翌年には、京都最強チームである旭クラブと対戦し、12対3でコールドゲームとなり、創立1年目にして大勝の栄をつかんだ。次第に実力を養ってきたところでチームの中から大野末三郎、木村副三、田井常男の三選手を兵営に送らねばならなくなり、チームは大きな痛手をこうむった。

　ボクシング部（1926年2月、新設）については、当時ボクシングはほとんど一般的なスポーツとなっておらず、京都では同志社大学と市内のあるクラブとYMCAだけであった。ボクシングを最初日本に紹介したのは興行師であった。いわゆる商業的興行ボクシングとして紹介されたため、ボクシングに対する社会的偏見が強い中、健全な「誰にでも親しめるスポーツ」としてYMCA活動の中に取り入れたのは、体育主事であった上野儀一である。彼の努力が実を結んで、入会申込者は50余名を数え、順調なすべり出しを見ることができた。しかし、1927年（昭和2）11月、ボクシングは時間表から消滅する（理由は不明である）。

　スキーも新しい体育プログラムとして、1925年（大正14）1月に登場する。伊吹山でのスキー大競技見学会が計画されたが、残念ながら積雪が乏しく見学会は中止となった。しかし、翌年にはスキー同好会が伊吹山でス

キー練習を実施する予定で、会員を募集した。石田孝清と藤野弥一郎が初心者指導にあたった。この年、比叡山でもスキー場が新設され、スキーのプログラムも盛んになった。1930年（昭和5）には、京都YMCAはスキー10台を購入し、同7年にはスキーの利用者が120名を数えた。

　京都YMCAでは第三代理事長中村栄助のあとを継いで、第4代理事長に大沢徳太郎が就任した。大沢は1925年（大正14）2月に就任して以来、1929年（昭和4）3月までの4年間の短い在任であった。彼は創立者の一人である大沢善助の長男で、父善助の事業を助け、発展させた実業家であった。彼は京都財界の大御所で、大沢商会社長や京都商工会議所会頭そして貴族院議員にも列し、人格高潔をもって人々の信望を集めた。彼とYMCAとのつながりは古く、フェルプスの歓迎会の席上で組織された創立委員会のメンバーの一人であった。彼は積立講を熱心に推し進め、これが幾度かYMCAの財政難を救った。

　第5代理事長に就任したのは湯浅八郎である。彼が就任したのは1929年（昭和4）4月のことであり、YMCAが財政難に見舞われた苦しい時代の最中であった。湯浅は1935年（昭和10）45歳の若さで京都帝国大学理学部教授から第10代同志社総長に抜擢されて理事長を辞するまで、誠心誠意をこめてYMCAの重責を担った。湯浅理事長時代のYMCAは、極度の財政難のため積極的な事業展開は困難であり、従来の事業を維持するにとどまった。しかし、困難な事情の中で1934年（昭和9）、琵琶湖西海岸青柳の敷地に本格的なキャンプ事業が展開された。

　梅村英は総主事滝浦文弥が第三高等学校教授に転じたあと、主事陣強化のため1924年（大正13）大阪YMCAより招聘された。そして、彼は1927年（昭和2）第4代総主事に就任し、財政悪化するYMCAの打開のために苦闘したが、彼が手がけた自動車学校の会計処理問題の責任をとって1934年（昭和9）辞任した。

　フェルプスとグラフトンに続く名誉主事として、スワン（George D. Swan）が1922年（大正11）10月に着任した。スワンは京都のみならず大阪と神戸のYMCAを応援していた。彼は機械と建築を修めた理学士で、大学卒業後青年伝導を志して北米YMCAの主事となった。1926年（大正

15) に改築された大阪 YMCA の家具装飾は、すべてスワン夫妻の考案であった。彼は京都 YMCA では教育事業を応援し、英語社交会や教育部生徒のために英語講演会などを担当した。1926 年（大正 15）4 月にスワンが辞任して直後に、大阪 YMCA 名誉主事カンバース（Guy C. Converse）が週1 回京都 YMCA を応援することになった。彼は産業 YMCA の分野で貢献があった。

2）昭和期の時間割にみる活動実態

　1931 年（昭和 6）の「体育事業」をみると（表19）、大正後半に盛んだったバスケットボールと卓球の活動は活発で、バスケットボール部は練習の合間に各学校のコーチに出かけており、卓球部は 1928 年（昭和 3）11 月 18 日に第 1 回京都府下新人卓球大会を主催し、出場選手も数百名に達した。同じ年、全国 YMCA 卓球連盟の組織化において、京都はそのイニシアティブをとった。

表 19　1927 年（昭和 2）11 月時間割 [43]

毎週プログラム（ボクシング部が消滅）	
バスケットボール練習	毎週
野球練習	毎週
ボーリングアレー	毎日正午―午後 9：30
ビリヤード	毎日正午―午後 9：30
ピンポン練習	火木土正午―午後 9：30

　1927 年（昭和 2）12 月、体育部はバスケットボール、野球、卓球、ボーリング等の各部を有していた。バスケットボール部は関西でも強豪で、2 年連続して明治神宮競技大会にも出場した。野球部も徐々に実力をつけてきていた。卓球部も以前から強豪チームと認められ、大日本卓球協会京都支部の仕事も引き受け、卓球界に貢献している。しかし、かつては柔剣道部を有し、庭球部もあり、拳闘部も存在していたが、これらの活動はみられなくなった。野球は練習場所がなく、毎休日ごとに困り、バスケットボー

ル部は現在どこの青年会にも立派な屋内スポーツ施設を有しているのに京都は貧弱な有様であった。

1934年（昭和9）6月、滋賀県木戸村青柳ヶ浜において、土地所有者である岡松茂三郎氏の好意により無償での使用許可を得て、キャンプ場が建設された。寄付金736円12銭をもって建設されたキャンプハウスは20坪木造平屋建てであり、ロックキャビン式の外便所1棟の外、テント4張りが準備された。1937年（昭和12）の夏期キャンプ事業では、参加団体28団体、延人数1,240人、日帰り利用者1,000人余りとなった。1939年（昭和14）には、比良山麓と琵琶湖畔青柳ヶ濱に土地を得てから満5年が経過し、ここ2,3年のうちに設備もほとんど完備して、今では関西唯一の良キャンプ地となった。

1939年（昭和14）には、学生数が増加したため、教室が不足し、これまで使っていたピンポン室が教室になり、ボーリングアレー室がピンポン室になることになり、ボーリングアレー場は閉鎖された。このように、屋内スポーツ種目が低調になるにつれ、野外での活動（キャンプ）に重点を置くようになる。

京都YMCAにおける「体育事業」は、昭和に入り急速に衰退した。その原因は、体育施設の脆弱さと、新たな事業としてキャンプ事業がかなり大きな比重で登場すること、そして深刻な財政難の打開のために主事たちの努力が次第に体育から離れていったことなどであった。

まとめ

本節では、日本の各YMCA（東京、大阪、横浜、神戸、京都）が行った「体育事業」のうち、「屋内スポーツ施設」を利用した活動の実態を「屋内スポーツ施設」利用時間割や年間活動報告から明らかにした。

東京YMCAでは、震災後「屋内スポーツ施設」（プール含む）の利用がはじまるとビジネスメンのためのクラスがつくられ、夜学校の生徒や会社員のためのクラスが開設された。また、大学生でつくるクラブや企業クラブがつくられ、水泳ではオリンピック選手の練習の場としても利用された。さらに、利用するクラブの増加とともにレスリングやフェンシング、

バドミントンといった新種目のクラスが開設された（1940年は、46のクラス・クラブが活動）。

　大阪YMCAでは、ビジネスメンクラスとともにバスケットボールのクラスやクラブの活動に力を注いだ。1933年（昭和8）には9つのバスケットボールクラブが活動を行い、また卓球や柔道・剣道などとともにフェンシング、バドミントンのクラブも創設されていった。

　横浜YMCAでもビジネスメンや英語学校の生徒のためのクラスが開設された。また、バスケットボールやバレーボール、あるいはデンマーク体操などのクラス・クラブが増えるとともに、企業クラブ、女性のクラブ利用もみられるようになった。そして、東京や大阪のYMCAと同様フェンシングやバドミントンのクラスも開設されていった。

　神戸YMCAにおいてもビジネスメンや夜学校の生徒のためのクラスが開設された。また、女性のためのクラスや企業クラブの利用がみられるようになった。1935年（昭和10）には、レスリングやデンマーク体操がプログラムに加えられ、1937年（昭和12）にはバドミントンの練習が開始された。

　京都YMCAでは、バスケットボールやバレーボール、インドアベースボール、柔道・剣道などに加え、ボーリングが行われていた。ボーリングアレーは、1916年（大正5）につくられ、当時としては非常に珍しく多くの人に利用された（1919年上半期利用者1534名）。また、ボクシングなども新たにプログラムに加えられたが、「屋内スポーツ施設」の脆弱さや財政難のため昭和期（戦前）には、野外活動（キャンプ）に事業の重点が置かれるようになった。

第2節　競技大会の開催と参加

　各都市YMCAは大正後期から昭和期にかけて、各種大会やリーグ戦を主催したり、対外的な試合などにも頻繁に参加するようになった。関西圏では、大阪、神戸、京都の各YMCA同士での試合も行われた。ここでは、各YMCAが関わった主な大会やリーグ戦を種目ごとに概観していく。

第1項　東京YMCA

（1）バスケットボール[44]

1）大正期のバスケットボール大会

　東京YMCAのバスケットボールチームは、1921年（大正10）11月19日に東京大学駒場農学部運動場において行われた第1回全日本選手権大会に出場した。この大会は大日本体育協会主催であったが、大会の運営は東京YMCAのブラウンやライアンたちであった。この大会に出場したチームは4チームであり、全てのチームがYMCAのチームであった（東京YMCA、東京YMCA英語学校、横浜YMCA、大阪YMCA）。この大会で東京YMCAは優勝した。第2回大会は1922年（大正11）5月20日より21日まで、お茶の水女高師の校庭で行われた。この大会には東京YMCA、横浜YMCAの他、外国人チームが2チーム参加したが、東京YMCAはこの大会でも優勝した。また、この大会ではジュニアの大会も併せて行われ、成城中や立教などが参加した。

　1923年（大正12）1月2日から5日に大阪YMCAのバスケットボールチームが上京し、東京YMCA、巨人軍、成城中学、立教大学、英語学校、横浜YMCAのチームと対戦した。大阪YMCAチームは東京YMCAに2敗、立教大に1敗した。また、1月25日から27日まで、東京YMCA主催で、報知新聞社後援による第1回バスケットボール大会が開催され、早大、立教大、商業大の3大学、戸山学校、成城中学、イーグル（大阪）、巨人軍、外人LDS、体育研究会等が参加したが、東京YMCAが優勝した。震災により東京YMCAの屋内スポーツ施設が焼失し、その後の大会は行われていない。

　1923年（大正12）2月5日、朝鮮京城バスケットボールチームが入京し、東京YMCAや立教大などのチームと対戦し、東京YMCAと立教大のチームとも京城チームを破った。第3回全日本選手権大会は第6回極東選手権競技大会の予選を兼ね、1923年（大正12）2月22日から24日まで東京YMCAで行われた。神戸外人チーム、巨人軍、成城中学、大阪YMCA、横浜YMCA、アメリカンスクールなど11チームの参加があり、東京YMCAチームが優勝した。1924年（大正13）5月24日から25日まで戸

山学校及び学習院のコートにおいて行われた第4回全日本選手権大会では、立教大が優勝した。東京YMCAバスケットボールチームは、1925年（大正14）2月17日にハワイ遠征に出発した。続く1925年（大正14）4月19日から20日にかけて行われた第5回全日本選手権大会では、再び東京YMCAが優勝した。第6回全日本選手権大会は、大阪YMCAにおいて1926年（大正15）4月8日から10日にかけて行われた。大阪商業倶楽部、立教大、京都YMCA、東京商大、早稲田大（RDR）などが参加し、早稲田大チーム（RDR）が優勝した。これ以降、東京YMCAチームの優勝はなく、大学チームの参加が多くなると同時に、優勝も大学チームがするようになった。1925年（大正14）11月には東京YMCAの屋内スポーツ施設はまだ復旧されず、東京YMCAチームは商大のコートを借りての日曜日に1度という練習不足の状態で、明治神宮バスケットボール競技東京府予選に出場した。しかし、東京YMCAチームはこの予選で敗退したため、明治神宮競技会には出場できなかった。

2）昭和期（戦前）のバスケットボール大会

1928年（昭和3）に「屋内スポーツ施設」が完成すると、体育部内バスケットボールリーグ戦（参加チーム　PBC、GBS、イーグル、タグ、Wクラブ、外人、スタッグ）が毎週水曜日と土曜日の午後7時から行われるほど、東京YMCAにおけるバスケットボールは盛んになった。

表20は1930年（昭和5）から1935年（昭和10）に東京YMCAが関わった主な大会をまとめたものである。

表20　昭和初期における主なバスケットボール大会（東京YMCA関連）

開催日時	大会名
1930年（昭和5）	会員バスケットボールリーグ戦
1932年（昭和7）	全日本総合選手権大会 会員バスケットボールリーグ戦 五大学OBバスケットボールリーグ戦 都下中等学校バスケットボール競技大会 実業バスケットボール選手権大会

1933年（昭和8）	会員バスケットボールリーグ戦 五大学OBバスケットボールリーグ戦 都下中等学校バスケットボール競技大会 全日本倶楽部バスケットボール選手権大会 関東百貨店バスケットボールリーグ戦 実業団連盟リーグ戦
1935年（昭和10）	会員バスケットボールリーグ戦 大学OBバスケットボールリーグ戦 実業団バスケットボールリーグ戦 都下中等学校親睦バスケットボール競技大会 百貨店バスケットボールリーグ戦 全国実業団バスケットボール選手権大会 全国中等学校バスケットボール選手権大会 実業バスケットボールリーグ戦

　バスケットボール大会が行われはじめた当初（大正期）は、YMCAが中心となって大会が進められ、次第に大学チーム等が参加することによって規模も拡大していった。昭和に入り、バスケットボール大会はYMCAのみならず、中等学校、大学、実業団などで大会やリーグ戦が頻繁に行われるようになった。1930年（昭和5）、東京YMCA会員の協力で宮城内にバスケットコートが作られ、2月23日のコート開きで東京YMCAイーグル倶楽部が招待されるなど、宮内省にバスケットボール熱が上がった。この年の12月13日より24日まで、イーグル、三越、海上火災保険会社、出版業組合総合、宮内省の5つのチームによって会員バスケットボールリーグ戦が行われた。

　1932年（昭和7）から東京YMCAにおいて行われたバスケットボールの大会とリーグ戦をみると、1932年（昭和7）1月9日から10日には、東京YMCAにて全日本総合選手権大会が男子参加チーム13によって行われ、早稲田大が優勝した。女子の大会も昭和6年より開始され、1932年（昭和7）1月16日から17日には、第2回大会が8チーム（木更津高女、横浜一女、愛知淑徳、埼玉女師など）によって東京YMCAにて行われた。優勝は、前年に引き続き愛知淑徳が優勝した。2月2日から13日には、会員バスケッ

トボールリーグ戦が9チーム（アメリカンスクール、イーグル、少年部、上海チーム、三越、英語学校、水泳、出版総合、青年会職員）によって行われた（試合回数36）。第1位は、アメリカンスクール、2位イーグル、3位少年部であった。さらに、3月16日から20日にかけて、東京YMCAにて五大学OBバスケットボールリーグ戦が早稲田、立教、商大、明治、帝大の間で行われた。また、朝鮮バスケットボール団が東京5大学（明治、慶応、帝大、早稲田、商大）と4月25日から27日にかけて試合を行った。帝大、慶大、中大、立大の5校は、東京YMCAの会員チームであった。4月29日から5月1日にかけては、少年部主催による都下中等学校バスケットボール競技大会が行われた。参加チームは、男子18、女子5であった。6月18、19日には、実業バスケットボール選手権大会が、13チームの参加によって行われた。10月28日から31日には、神戸大丸チームが上京し、三越、常盤生命、白木屋と対戦した。また東京YMCAを会場として、11月2日から12月4日にかけて東京11大学バスケットボールリーグ戦が51試合行われた。優勝は、帝大、2位が早大、3位慶大であった。

1933年（昭和8）には、会員バスケットボールリーグ戦、五大学OBリーグ戦、都下中等学校バスケットボール競技大会に加え、6月2日、3日には、全日本倶楽部バスケットボール選手権大会が、参加チーム11によって行われた（横浜YCACが優勝）。7月1日には、中華チーム5チームがトーナメントによりバスケットボール大会を開催した（優勝　工業大学）。また、9月3日から13日、10月20日から11月14日の2回に分け、関東百貨店バスケットボールリーグ戦を東京YMCAにて開催した。参加デパートは、三越、白木屋、松坂屋、松屋の4デパートであった。その他、大学バスケットボールリーグ戦が、10月6日から8日間、16試合を行い、実業団連盟リーグ戦（海上火災、三越、白木、研究社、宮内省、太陽生命、貯金局、保健局、海軍水路部）が行われた。また、イーグルクラブが、明治神宮体育大会の東京府予選の決勝まで残った。

1935年（昭和10）には、会員バスケットボールリーグ戦が1月22日から2月6日まで東京YMCAにて行われ、第5回大学OBバスケットボールリーグ戦が3月23日から4月13日にかけて開催された（慶大OB優勝）。

実業団バスケットボールリーグ戦が4月14日から5月11日にかけて、また、少年部主催都下中等学校親睦バスケットボール大会が5月11日から5月22日に行われた。6月15日には、百貨店バスケットボールリーグ戦、7月7日から8日まで、第5回全国実業団バスケットボール選手権大会が挙行（参加15チーム）され、イーグルが優勝し、9月23日は、全国中等学校バスケットボール選手権大会を開催し、10月16日から11月16日まで実業バスケットボールリーグ戦大会（東京海上が優勝）、12月24日から12月26日まで全日本バスケットボール選手権東京府予選が行われた（いずれも詳細は不明）。

1936年（昭和11）は、第4回となる会員バスケットボールリーグ戦が、1月15日から28日まで行われた。リーグ戦は、1部と2部に分かれ、1部は、静水会、少年部A、B、三越、無名、鷹隊、2部は、ハンドボール、英語学校、飛込み　によってなり、1部は静水会、2部はハンドボールが優勝した。3月25日から6大学OBバスケットボールリーグ戦（帝大、立教、早稲田、明治、慶応、商大）が行われ、4月29日、5月2日、3日、6日には、第5回目を数える都下中等学校親睦バスケットボール大会が17校の参加で行われた。優勝は、府立実工であった。5月30日、実業団選手権大会決勝にて東京海上が優勝した。また、6月13日、東京YMCA内バスケットボールクラブのイーグルが、茨城県日立製作所のバスケットボール部と日立製作所運動場に遠征した（42対21で勝利）。7月4日から6日までは、第6回全日本実業クラブバスケットボール選手権大会にイーグルが出場、千葉商OBに決勝で敗れた。9月14日には、三越バスケットボールクラブが、関西に遠征し、神戸大丸、大阪大丸、神戸三越と対戦し、全勝にて帰京した。

1937年（昭和12）6月5日、6日、12日、13日には、東京YMCA主催による第1回関東実業団倶楽部バスケットボール大会を開催した。優勝は、実業チームが静水会（参加チーム　保険局、東京堂、静水会、王子製紙、日本電気、三越A,B、S・K・F、日立製作）クラブチームが東敏（参加チーム　横浜黒船、一球会、神風、朝陽、R・K・M、府立一中OB）女子チームは、簡易保険（参加チーム　日体女子、瀧ノ川クラブ、貯金局、コメット、簡易保険、

三越女子、横浜白菊）であった。

このように昭和に入り、各種大会が行われる中で参加チームをみると、都下中等学校や大学（明治、慶応、帝大など）チームはもとより早稲田、立教、商大などのOBチーム、三越、白木屋、松坂屋などの百貨店チーム、静水会をはじめとする海上火災や太陽生命などの保険会社、また貯金局、保健局、海軍水路部、宮内省、王子製紙、日本電気、日立製作など、さらに木更津高女、横浜一女、日体女子、三越女子など女子チームを含む幅広い業種からの参加がみられた。

「屋内スポーツ施設」設置に伴い、会員クラブや中等学校そして企業にもクラブができると共に、日本の各YMCAを中心に大会や競技会が頻繁に開かれるようになり、バスケットボールの普及に大きな役割を果たした。

（2）バレーボール[45]

バレーボール日本チームは、1917年（大正6）5月に行われた第3回極東選手権競技大会（東京）に初めて参加した。この大会では1チーム16人編成であり、日本チームのメンバーは各地のYMCAと神戸高商からなる混成チームであった。この大会で、日本代表チームは中国とフィリピンを含めた3チーム中最下位であった。第4回極東選手権競技大会にバレーボールは不参加であったが、1921年（大正10）に上海で行われた第5回大会には東京YMCAチーム（大半がバスケットボールの選手）が出場した。しかし、日本は中国とフィリッピンに勝てなかった。この大会より、バレーボールのチーム編成は12人制になった。また、1921年（大正10）11月に大日本体育協会主催により、東京大学駒場農学部運動場において第1回全日本総合選手権大会（9人制）が行われた。優勝は神戸高商であり、準優勝は横浜YMCAであった。1922年（大正11）9月に行われた第2回大会では、東京YMCAは準優勝（優勝は横浜YMCA）を果たした。

震災後の1925年（大正14）7月には、バレーボールは毎夕会館の中庭において活動を続けており、7月28日から4日間は東京YMCAの内部リーグ戦が開催された。このリーグ戦への参加チームはイーグル、英語予備校A、B、タイプ、職員（ブレーブス）であった。また、11月には新しく部

内に誕生していたスマイルバレーボールクラブA、Bチームが、明治神宮体育大会バレーボール関東予選に参加した（予選敗退）。

　1928年（昭和3）2月には、毎週水曜日と土曜日夕方5時半から、東京海上A、B、外人組、スタッグ、GBS、オライオンの各チームによるリーグ戦が開催された。1932年（昭和7）8月3日、満州国派遣体育使節のバレーボールチームが東京YMCAを訪問し、神奈川女師と試合を行った。1936年（昭和11）9月19日と26日そして30日には、秋季会員排球大会がホテル学校、少年部、静水会、海上、マストクラス、職員の6チームによって開催された。1938年（昭和13）6月10日には第1回会員バレーボールトーナメントが、日立製作、マットクラス、少年部、アスレチック、外人チーム、ファルコン、ホテル男、ホテル女、静水会によって、6人制により行われた。

　しかし、バレーボールは、バスケットボールのような大会やリーグ戦の開催は少なく、部内におけるリーグ戦や会員体育大会での種目による実施がみられる程度であった。

（3）水泳[46]

　東京YMCAの室内プールは日本で唯一のものであったため、東京YMCAは会員専用にすべきでないとして、幅広く全国の選手を集めて、競技会を行うようになった。1922年（大正11）11月21日から23日まで、第1回室内水泳選手権競技大会を開催した。この大会は、競技を6種目（体形自由、背泳、平泳、潜水、跳伸、曲跳）に分け、各種目ごとに競技者をシニアとジュニアの2級に分けた。シニアは、これまでの大会で優秀な成績を収めたことのある者で、宮畑虎彦、藤本秀松、五味金司、松尾正弘らが優勝した。震災後、復興した室内プールも改築のため1924年（大正13）10月31日、閉鎖されることになった。閉鎖を前に10日、21日、23日と、水泳能力検定の名目で惜別水泳大会が開かれた。室内プール改修後、1928年（昭和3）2月1日、第1回水泳競技会が、YMCAで育ったスイマーたちによって開催された。結果は、40mでは大野正雄、400mでは黒澤榮、100mでは後藤武夫、背泳ぎ80mでは沖野英二、160mリレーではビジネ

スクラブが優勝した。これまで学生が独占しがちであった水泳界に、一般ビジネスマンにも活躍の場ができた。

1929年（昭和4）2月16日には東京YMCA室内プールにおいて、名誉主事ブラウンの審判の下、出場者延べ98名で全日本競泳大会が開催された。設定された種目は40m自由形ジュニア・シニア、200m自由形シニア、100m平泳ぎジュニア、120mメドレー、100m自由形ジュニア、120m自由形シニア、潜水、180m平泳ぎシニア、100m背泳ぎジュニア、160mメドレーリレー、60m背泳ぎジュニア、160mリレーであった。1931年（昭和6）4月11日には、ダイビング競技大会をA組（定評選手）B2組（素人選手）に分けて行った。A組は規定飛5種、選択5種、B組は、規定飛3種、選択3種で行われた。

1932年（昭和7）2月19日、体育部行事である冬季室内競泳大会が開催された。この大会は、出場者を初心者、上達者、年長者、一流選手の番外出場に分け、50名の出場者によって行われた。8月26日には、三越、静水会、楽会による対抗水泳競技会が、60名の参加者によって行われ、続いて、9月3日には、静水会水泳大会が行われた。

1933年（昭和8）には、オリンピック水泳選手の清川正二、小池礼三、杉本盛り、豊田久吉、遊佐正憲、河津憲太郎、松沢一鶴、野田一雄がYMCA体育部会員として入会し、活気づいた。そして、多くの水泳競技会、大会が開催された。まず、3月4日、室内水泳競技大会（出場者50名）が行われ、続いて、3月25日、室内飛込競技大会（出場者30名）が行われた。この大会は、第1回の初心者飛込競技大会として催された。5月14日、都下中等学校水泳大会が開催された。この大会は、少年部10周年記念のために開催されたもので、都下中学校5校の参加で、日大中学が優勝した。9月7日には、三越対高師附中水泳競技会が催された。タイムレコードにより三越24点、高師附中12点で三越の勝ちとなった。続いて、9月19日には静水会水泳競技会が行われ、6種目が実施され、30名の参加者であった。10月25日には室内水泳競技大会が行われ、10種目約60名の参加者で、途中オリンピック選手の河津や清川たちの模範試泳があった。

1934年（昭和9）4月13日には、会員募集デモンストレーション水泳大会が行われた。また、5月26日には三越室内水泳大会、6月7日には三越対青山学院の水泳競技会、6月10日には少年部主催の都下中等学校水泳大会が開催された。さらに、8月20日三越対帝国生命水上競技会、9月14日静水会水泳大会、11月25日都下中等学校水泳大会、12月18日クリスマス水泳大会が開催された。これらは、いずれも40から50名の参加者により行われ、100名から150名の観客を呼んでいた。また、9月23日、24日には新しい飛込み台を新設し、12月8日には第1回飛込み競技会が開催された。競技種目は立前棒飛伸切型、走前棒飛伸切型、走前飛伸切型、走前飛蝦型、後棒飛伸切型、後飛伸切型、走前棒飛半回捻りの7種目であった。

　1935年（昭和10）も多くの競技会や大会が催された。5月4日約60名の参加による総合水上競技選手権大会（第1回クラブ対抗水上選手権大会）、5月26日少年部主催都下中等学校水泳大会（7校の参加、日大工業の優勝）、6月9日青山学院対三越水上競技（30名の参加、青山学院優勝）、7月9日三越対大倉高商水泳競技会（大倉高商優勝）、7月31日松坂屋対兜町水泳競技会（兜町優勝）、8月15日楽泳会対水交会（参加者23名　水交会優勝）、8月20日内閣印刷局水上競技会（夏期臨時会員にて、王子、丸ノ内、瀧ノ川に分かれて競技し、王子優勝）、9月18日静水会水泳大会（参加者25名）、9月23日東京少年対横浜少年水上競技（参加者23名）、11月30日会員飛込選手権大会が開催された。また、8月17日から3日間、神宮プールにて第2回日米対抗水上競技大会が開かれ、日本は勝ちを得た。

　表21は東京YMCA室内プールで開催された1935年（昭和10）までの主な大会をまとめたものである。

表21　昭和期（戦前）の東京YMCA室内プールでの主な大会

開催日時	大会名
1922年（大正11）	第1回室内水泳選手権競技大会
プール改修	
1928年（昭和3）	第1回水泳競技会
1929年（昭和4）	全日本競泳大会

年	大会
1932年(昭和7)	冬季室内競泳大会 対抗水泳競技会 清水会水泳大会
1933年(昭和8)	室内水泳競技大会 室内飛込競技大会 都下中等学校水泳大会 三越対高師附中水泳競技会 清水会水泳競技会
1934年(昭和9)	会員募集デモンストレーション水泳大会 三越室内水泳大会 三越対青山学院の水泳競技会 都下中等学校水泳大会 三越対帝国生命水上競技会 清水会水泳大会 都下中等学校水泳大会 クリスマス水泳大会 第1回飛込み競技会
1935年(昭和10)	総合水上競技選手権大会(第1回クラブ対抗水上選手権大会) 都下中学校水泳大会 青山学院対三越水上競技 三越対大倉高商水泳競技会 松坂屋対兜町水泳競技会 楽泳会対水交会 内閣印刷局水上競技会 清水会水泳大会 東京少年対横浜少年水上競技 会員飛込選手権大会

　1936年(昭和11)5月1日には第2回クラブ対抗水上選手権大会が、楽泳会、三越、親水会、学生、少年部、静水会の参加によって行われた(優勝　楽泳会)。第3回大会(1937年5月11日開催)では、1部(楽泳会、三越、清水会、藤木会、少年部、親水会)と、競泳を第1の目的としない2部(アスレチック、ダイビング、ボクシング、ファルコン、小学生、ハリキリ)に分

かれ、競技が行われた。しかし、1938年（昭和13）5月7日に行われた第4回大会では1部と2部の区分けはなく、楽泳会、三越、朗泳会A、少年部、静水会、朗泳会B、日立、丹泳会の参加によって行われた（優勝　楽泳会）。

　このように、水泳は初め個人参加の形式であったが、これに2つのクラブが記録を得点化して競う形式が加わり、それが発展してクラブ対抗の形をとって展開されていった。また、東京YMCAの室内プールは競技選手の養成としてもオリンピック選手の練習場所としてもその役割を果たしていた。

（4）器械運動[47]

　1932年（昭和7）9月25日、東京YMCA対慶応大学の器械運動対抗試合が行われた（YMCAの勝利）。1933年（昭和8）9月16日には第2回の対抗戦が行われ、慶大が勝利した。この試合での種目は鞍馬、吊り輪、平行棒、鉄棒、マットの5種目であり、YMCAから14名、慶大20名の選手が参加して競われた。第3回は1934年（昭和9）6月2日に催された。

　1934年（昭和9）7月29日に日本体操連盟主催で行われた第11回国際オリンピック大会派遣体操選手選抜第1次予選会には、東京YMCAから角田不二夫と中村博洋そして石井銀次郎が出場した。また、器械クラスは中庭に鉄棒を新設し、10月6日には内部の対抗戦（紅白戦）を行った。

　1935年（昭和10）には、3月18日から31日までオリンピック体操選手の合同練習会が開催された。6月8日には文理大との第1回器械運動競技会（文理大の勝ち）、9月28日には慶応大との対抗戦（Bクラス）、11月16日には会員器械体操選手権大会が開催された。慶応との定期戦は1936年（昭和11）9月24日にも行われ、慶応の勝利に終わった。また、11月15日には全日本器械体操選手権大会が日比谷公園において開催され、東京YMCAからは器械部員の3名（石井、遠藤、児山）が出場した。

　器械運動ができるようにつくられた東京YMCAの「屋内スポーツ施設」は、オリンピック大会派遣選手を輩出するなど、器械運動にとって貴重な活動場所の一つとなっていた。

（5）ハンドボール[48]

　この競技は、手でボールを壁に打ち当て返ってきたボールを互いに返し合いながら得点を競い合う競技で、東京YMCAは幅3間、長さ6間、高さ2間半の壁で仕切られたコートを作り、1927年（昭和2）12月、第1回ハンドボールトーナメントを行った。1位は坂本郵次、2位はオースチン、3位は野村瞳であった。この種目は毎年行われた。1933年（昭和8）5月11日から24日にわたって行われた第5回大会はシングルスだけの開催で、参加者14名であった。この時の記録は、この競技はYMCA独占のもので他では全然行われていないため、刺激がすくなく、ただちょっとした運動の一つとして行われているにすぎない、と述べている。[49]

（6）「背嚢行進競技」[50]

　この競技は、震災前はウォーキングレースとして行われていた。[51] しかし、非常時に処する堅忍不抜の精神と耐久体育の達成を目的[52]として、1934年（昭和9）5月13日に、重さ2貫匁目の携行物を連行するウォーキングレース（「背嚢行進競技」）が六郷から東京（YMCA）の間で行われた。1935年（昭和10）5月26日にも同区間で行われたレースには40名が参加した。

　1936年（昭和11）5月24日に行われた背嚢行進競技は、YWCA憩いの宿（国領）から東京YMCAまでの約13里で挙行された。このレースでは、参加者の所属を青年A、B、少年、壮年、老年に区分し、1位は青年Bの風間金治であり、記録は2時間50分であった。

　1937年（昭和12）5月16日に行われた背嚢行進競技は、千葉県船橋から東京YMCAまでの約14里で行われた。20名で行われた競技では、2時間27分で風間金治が優勝した。1937年（昭和12）12月21日には「時局背嚢競歩」として、武蔵野沿線大泉学園からYMCAまでの13里で、約30名が参加して行われた。優勝は富井匡で、記録は2時間13分であった。

　1938年（昭和13）5月15日には「背嚢強行軍」として44名が参加して、井の頭公園からYMCAまでの13里で行われた。優勝は大関正雄で、記録は1時間50分であった。

このように、「背嚢行進競技」は 1934 年（昭和 9）より毎年定期的に行われていた。

（7）その他の種目 [53]

1937 年（昭和 12）12 月 5 日、拳闘部は大阪 YMCA 拳闘部と大阪において試合をした。

1938 年（昭和 13）5 月 9 日、第 1 回会員重量挙げ大会が開催された。また、YMCA 主催のもとに第 2 回市民一般重量挙選手権大会が 5 月 5 日午後 1 時より体育館において開催された。この大会では、オリンピック規定種目の押挙、牽挙、扛挙の三種目が実施され、前年の第 1 回重量挙大会において優秀な成績をあげた遠藤、飯田、中島、金鐘淳等の強豪が本大会においても日本新記録を出した。

東京 YMCA フェンシング部は、1938 年（昭和 13）9 月 20 日より開催された全関東フェンシング選手権大会において、団体フェンシング試合及び個人フルーレ試合の両種目に出場した。11 月 13 日（日）には、横浜 YMCA 体育館においてフェンシング競技大会が挙行された。この大会は横浜 YMCA 及び慶応義塾の共同開催で、YMCA 東西対抗試合と第 3 回大阪フェンシング倶楽部定期試合を含むものであった。関西代表が大阪 YMCA、関東代表が横浜フェンシング倶楽部であった。東京 YMCA 倶楽部も参加し、鳥海正治、粟生淳二郎、鎌田政雄、野島健一、山本勝夫、小長井弘の新鋭六士が慶應予科軍と対戦した。フェンシングの試合に引き続きバドミントン試合が行われ、東京 YMCA から鳥海と入江組が出場した。

このように、大正期から昭和期に入り、東京 YMCA は多くの大会や競技会を開催すると共に、新しい種目の紹介を行った。

第 2 項　大阪 YMCA

大阪 YMCA は、関西圏として京都と神戸の各 YMCA と互いに練習試合や定期戦を多く組みながら、様々な競技で対戦していた。ここでは、大阪を中心に神戸と京都の YMCA と関連した事業に関しても同時に考察する。

（1）バスケットボールとバレーボール[54]
1）大正期におけるバスケットボール大会、バレーボール大会

　1919年（大正8）3月22日、西区第2高等小学校主催球技大会に大阪YMCAより17名が出場し、バレーボールにおいて優勝した。次いで、4月20日に開催された大阪市教育会体育部主催中等学校バレーボール大会に出場した。5月9日、大阪YMCA体育部選手20名は神戸YMCAにおいて、バスケットボールとバレーボールの練習試合を行った。また、1920年（大正9）3月28日には、中之島運動場で米艦サウスダコダ号乗組員兵とバスケットボールの試合を行い、78－0で惨敗した。4月18日には、神戸YMCAとの練習試合を中之島運動場で行い、16－16で引き分けた。続いて、6月4日にはシカゴ大学野球団を迎え、団中のバスケットボール選手と同じく中之島運動場でバスケットボールの試合を行い、40－0で大敗した。10月21日には大阪市体育奨励部主催の近畿バスケットボール試合が催され、大阪YMCAより3組、少年部と商業学校から各1組が出場した。

　1921年（大正10）3月6日、大阪YMCAの体育部員9名が京都へバスケットボールの遠征試合に行き、同志社大で同志社大と京都YMCAのチームと試合を行った。大阪YMCAのAチームは同志社大に15－3、大阪YMCAのBチームは京都YMCAに12－8、大阪YMCAのAチーム対全京都選抜は27－23で、いずれも大阪YMCAの勝利となった。4月23と24日には、第5回極東選手権競技大会関西予選会のバレーボールとバスケットボールに出場したが、同志社と神戸高商に敗れた。また、大阪YMCAは6月19日の大阪市教育会体育奨励部主催のバスケットボール大会に、4組のチームを送った。10月2日には、同じく大阪市教育会体育奨励部主催のバスケットボールとバレーボールの大会が行われ、体育部より2組、商業学校より2組が出場した。11月19日と20日には、東京駒場農大運動場において大日本体育協会主催の全日本選手権競技大会が行われ、体育部よりバレーボールとバスケットボールに代表各1組ずつ参加した。バレーボール決勝は神戸高商対大阪YMCAとなり、神戸高商が勝った。バスケットボール決勝は東京YMCA対横浜YMCAとなり、東京YMCA

の勝ちとなった。12月4日に京都YMCAは京都岡崎運動場においてウイリアムス誕生百年の記念事業としてバスケットコートを整備し、大阪YMCA　B組、大阪YMCA少年部、京都YMCA少年部、同志社大と共に競技会を開いた（同志社大が優勝）。

　1922年（大正11）5月20日と21日に第2回全日本選手競技大会が、お茶の水女子高師運動場にて開催された。バスケットボール大阪青年会代表として、野上、石脇、芦森、保科、西川、津石、常城の7名が上京し、第1日目第4回戦（B組）で東京青年会英語学校と対戦し、19対13で勝利した。第2日目の第5回戦では立教大学1組と対戦し、29対22で惜敗した。7月2日午前9時より中之島公園剣先運動場で、青年会及び美津濃運動具店主催による第1回関西バスケットボール大会が開催された。大阪から7チーム（大阪駒島クラブ、大阪中外商業学校、大阪青年会商業学校、大阪スター倶楽部、大阪YMCA、大阪ビジネスメン倶楽部、大阪グリン倶楽部）、京都から2チーム（京都YMCA少年部、京都YMCA）、神戸から2チーム（阪神中華民国学生チーム、神戸YMCA）が参加し、大阪ビジネスメン倶楽部が優勝した。7月30日、東京YMCAバスケットボール部員8名が来阪した際、体育部が主催し、大阪時事新報社が後援した東西バスケットボール試が開催された。大阪スター倶楽部、大阪ビジネスメン倶楽部、大阪駒島クラブ、大阪グリン倶楽部等と対戦し、東京YMCAチームが4戦4勝となった。9月22日には、神戸青年会館で大阪と神戸の対抗試合が行われた。これは、神戸YMCA体育部の申し出により、毎年2回春秋を期してバスケットボール2組とバレーボール1組の都合3組の対抗試合を行い、内2組以上の勝者を出した方が次回を開催する、というものであった。試合の結果、バスケットボールで2勝した大阪で次回が開催されることになった。1922年（大正11）10月17日、体育部部員数十名が名古屋へ遠征し、名古屋中学室内運動場で外人チームとバレーボールおよびバスケットボールの試合を行った。バレーボールは21－18と21－5で敗退し、バスケットボールは14－11で勝利した。10月29日、立教大学バスケットボール選手が来阪し、中之島運動場で大阪YMCAと試合を行い、37－10で大阪YMCAチームは敗れた。1922年（大正11）10月31日、青年会及び市教

育会体育奨励部が主催し、大阪時事新報社が後援し、立教軍を迎え撃つ試合が中之島運動場で実施された。迎え撃つチームは大阪YMCA（ゴールデンベア組）、大阪YMCA（ビジネスメン倶楽部）、京都YMCA（ブルドック組）であった。試合の結果は、第1回戦が京都YMCA16－10大阪グリン倶楽部（青年会商業生徒及び卒業生から成るチーム）、第2回戦が立教大学33－11大阪YMCA（ゴールデンベア組）、第3回戦が大阪YMCA（ゴールデンベア組）16－14京都YMCA（ブルドック組）、第4回戦が立教大学26－14大阪YMCA（ビジネスメン倶楽部）、第5回戦が大阪YMCA（ゴールデンベア組）26－14京都YMCA（ブルドック組）であった。11月16日には、神戸YMCAで大阪YMCA対神戸YMCA及び外国人チームのバスケットボール試合が行われた。12月17日には、東京YMCA体育部員が来阪し、中之島運動場で試合が実施された。

1923年（大正12）正月早々、大阪YMCAは東上し、巨人軍、英語学校、横浜YMCA、成城中学、立教大学とバスケットボールの試合を行った。巨人軍、英語学校、横浜YMCA、成城中学に勝利し、東京YMCAには2敗し、立教大学には1敗して、帰阪した。1月20日には、神戸YMCAでバスケットボールの試合を行い、結果は在神外人組16－7大阪YMCAA組、神戸YMCA30－13大阪YMCAB組であった。2月1日と2日には、神戸YMCA会館において京城YMCAとバスケットボールの試合を行った。1日の結果は京城YMCA42－11大阪YMCAB組であり、2日の結果は大阪YMCA　A組29－23京城YMCAであった。2月17日神戸YMCA会館において、京阪神YMCA体育部主催、大阪時事新報社後援による第6回極東選手権競技大会関西予選大会を兼ねた関西アマチュアバスケットボールトーナメントが開催された。参加チームは6チーム（京都YMCA、大阪YMCAビジネスメン、大阪YMCAゴールデンベア、神戸外国人、神戸支那人ゴールデンベア、関西学院、）であり、極東大会関西代表は大阪YMCAゴールデンベアとなった。4月11日と18日には神戸YMCAにおいて、神戸外国人チームと大阪YMCAチームがバスケットボール試合を行い、いずれも神戸外国人チームが勝利した（11日神戸外国人28－21大阪YMCA、18日神戸外国人31－29大阪YMCA）。次いで、5月5日には大阪市立大運動

場で東京YMCA対大阪YMCAのバスケットボールの試合が行われた（63－6で東京YMCAの勝利）。また、5月6日には大阪市立大運動場において、バスケットボールを一般に宣伝するために東京YMCAと大阪YMCAとの試合が行われ、38－6で東京YMCAの勝利となった。

1923年（大正12）バスケットボールオープン競技を5月25日に開催し、1試合目東京YMCA対京都YMCA、2試合目比軍対立教、3試合目比軍対大阪YMCA、4試合目比軍対東京YMCAとなり、フィリピン軍が優勝した。

1923年（大正12）7月8日、大阪YMCA体育部及び美津濃が主催し、大阪時事新報社が後援した第2回関西バスケットボール大会が中島公園において行われた。参加チームは中外商業学校、神戸YMCA、中川商店シルバービー、京都桜桃倶楽部、大阪グリン倶楽部、京都YMCA、大阪ホワイト倶楽部、大阪ゴールデンベア、大阪ビジネスメンであり、大阪ゴールデンベア（大阪YMCA体育部）が優勝した。8月12日には、市立運動場で大阪YMCAビジネスメン対中川商店、大阪YMCA対巨人軍が行われ、いずれも大阪YMCAの勝利となった。9月16日には京都岡崎公園運動場で京都YMCA、大阪YMCA、京都チャイルド、大阪巨人、京都巨人、京都朝日の6チームによるバスケットボール試合が行われた。11月4日には京都岡崎公園において、京都YMCA主催による関西バスケットボール大会が開催された。参加チームは、京都旭商会、京都中学、中外商業学校、桃山中学校、京都YMCA、大阪巨人軍、大阪YMCA、同志社YMCA、神戸YMCAの9チームであり、大阪YMCAチームが優勝した。

1924年（大正13）4月12日、パリオリンピック代表選手を決定する第2次予選大会を兼ねた極東選手権競技大会が、東京農業大学駒場運動場で開催された。バスケットボールの予選では、大阪YMCAが東京YMCAに敗れ、マニラの極東選手権競技大会に出場する権利を失った。

1925年（大正14）4月15日、築港市立運動場で第7回極東選手権大会に出場するための近畿予選会が行われ、バスケットボールは大阪YMCAが優勝し（参加チーム、大阪ヤングスター、京都YMCA、西野田職工、モンキー、大阪YMCA）、全国予選会出場を果たした。6月には、大阪YMCA

体育部及び美津濃運動具店の主催により、市立運動場で全関西バスケットボール選手権大会が行われた。

表22　大正期のバスケットボール大会（大阪YMCA関連）

開催日時	大会名
1919年（大正8）	対神戸YMCA
1920年（大正9）	対米艦サウスダコダ号乗組員 対神戸YMCA 対シカゴ大学野球団 近畿バスケットボール試合
1921年（大正10）	対同志社、対京都YMCA 第5回極東選手権競技大会関西予選会 大阪市教育会体育奨励部主催バスケットボール大会 全日本選手権競技大会
1922年（大正11）	第2回全日本選手権競技大会 第1回関西バスケットボール大会 東西バスケットボール試合（対東京YMCA） 対神戸YMCA 対名古屋YMCA 対立教大学 対神戸YMCA、外人 対東京YMCA
1923年（大正12）	東京遠征 対神戸YMCA 対京城YMCA 第6回極東選手権競技大会関西予選 対神戸外人 対東京YMCA 第1回バスケットボールオープン競技 第2回関西バスケットボール大会 対中川商店、対巨人軍 バスケットボール試合 関西バスケットボール大会
1924年（大正13）	極東選手権競技会予選

1925年（大正14）	第7回極東選手権競技大会近畿予選 全関西バスケットボール選手権大会 対名古屋中学校バスケットボール 対早稲田大学
1926年（大正15）	リーグ戦 第6回全日本選手権大会 第5回関西バスケットボール選手権大会 近畿中等学校バスケットボール選手権大会 神宮競技選手権大会予選 第3回全関西バスケットボール選手権大会 第1回YMCAバスケットボールリーグ戦

　1925年（大正14）7月、名古屋中学校バスケットボール部が来征し、府下学校チームと試合を行った。また、大阪YMCAのバスケットボールチームは、9月に大阪商業学校において行われた大阪府下学校バスケットボール選手権大会において、役員あるいは審判員として活躍した。1925年（大正14）12月28日と31日には、早稲田大学バスケットボール部が来征し、府下のチームと試合を行った。

　1926年（大正15）2月13日、大阪YMCAはバスケットボールリーグ戦を開始した。体育部の一事業として毎土曜日に行われたリーグ戦への参加チームはバッファロー、ベアー、タイガー、レパード、ウルフ、ライオンの6チームであった。4月8日から10日まで、大日本体育協会主催の第6回全日本選手権大会が大阪YMCAにおいて開催され、早稲田大（RDR）が優勝した。6月24日〜27日、大阪YMCA及び美津濃運動具店共催による第5回関西バスケットボール選手権大会が大阪YMCAで開催された。参加は天王寺中学、大阪商業、豊中中学、甲南中学、中外商業、今宮中学、関西学院、西野田職工、池田師範、京都YMCAなど30チームあまりで、これまでにない参加チーム数となった。優勝は関西学院チームであった。10月16日、近畿中等学校バスケットボール選手権大会が大阪YMCAにて開催された。19チームの参加があり、豊中中学が優勝した。また、10月中旬、明治神宮体育大会バスケットボール選手権の地方予選が、高津中

学コートで開催された。参加チーム15チームで、優勝は大阪YMCAのGBチームが優勝した。BGチームは明治神宮体育大会に出場するための旅費を得るため「映画の夕」を催し、大入り満員によって目標を達成した。明治神宮体育大会では、準決勝で早稲田大チームに惜敗した。11月28日、全関西連盟主催による第3回全関西バスケットボール選手権大会が、京都三高コートで開催された。大阪YMCAから大商倶楽部、GB、RD等が参加した。12月3日、大阪YMCA主催の第1回YMCAバスケットボールリーグ戦1回戦（ゴールデンベア、大商クラブ、オールドボーイズ、赤鬼クラブ）が行われた。しかし、大正天皇崩御に際し1926年（大正15）12月9日から1927年（昭和2）1月9日まで体育部は休場し、第2回戦は2月19日、29日に行われ、大商クラブが優勝した。

表22は大阪YMCAが関わった主な大正期のバスケットボール大会をまとめたものである。

2）昭和期（戦前）におけるバスケットボール大会

1927年（昭和2）5月13日から19日まで、大阪YMCA主催の第1回全関西バスケットボール選手権大会が開催された。これは、昭和の新時代を永久に記念し、かつ過渡期にあるバスケットボールの健全なる発達を助長する、という趣旨のもとに開催された。出場延人数はB組（高津中学、大阪商業、天王寺師範、住吉中学、豊中中、大阪YMCA学校など）139名、A組88名（GB、ヤングスター、大商クラブ、神戸支那人、関西学院など）であり、B組は高津中学が、A組は大商クラブが優勝した。7月23日と24日、大阪体協主催の全関西選手権兼極東大会予選が行われた。決勝は京都YMCA対大商クラブとなり、大商クラブが優勝し、第2予選の出場権を得た。11月12日より12月21日まで、府下6チームを集めて第1回選抜バスケットボールリーグ戦が行われた。参加チームは大阪商業、高津中学、豊中中学、西野田職工学校、今宮中学、東商業であった。優勝は大商対豊中で行われ、24－13で大阪商業の優勝となった。11月26日と27日と、第4回全関西バスケットボール選手権大会が行われ、関西学院が大商クラブを35－23で破り、優勝した。他方、大阪YMCA内のクラブ（ゴール

デンベアー BG）は、関大（1月21日、4月26日、6月18日、6月20日、11月9日など）や大商大（2月10日、6月18日、6月25日、11月19日など）、さらには京城YMCA（4月14、15日）などと、練習試合や遠征を通じて多くの試合を行った。

　大阪YMCAは1928年（昭和3）1月20日より3月中、中等学校冬期招待バスケットボール戦を屋内スポーツ施設において開催した。この大会は、中等学校の室外コートが寒さ或いは霜解けのためコンディションが悪く、大阪YMCAの「屋内スポーツ施設」を開放して開催された試合であった。参加校は大商、八尾中、桃中、東中、堺中など12チームであった。4月9日、東京商大が来阪し、大阪YMCAのGBチームと対戦した。10日には大商クラブと、また11日には神戸中華Vと大阪高校と対戦した。結果は東京商大の圧勝となった。大阪YMCAの体育部はこの結果の原因について、「東京のチームはインターカレッジエイトが中心となって絶えざる研究と錬磨とに腐心しているのに対し、関西のチームの多くは倶楽部チームが掌握しているため、時間的に充分な練習や研究ができない」[55]ことを挙げた。5月3日から13日まで、大阪YMCA体育部主催による第2回バスケットボール選手権大会が「屋内スポーツ施設」で開催された。A組は専門学校チームとクラブチームであり、B組は中学校チームであった。A組の参加チームはGB（C）、甲南高校、大阪高校、GB（B）、大阪商大、GB（A）、中華V、YMCA英語等であり、B組の参加チームは大阪商業、中外商業、天王寺師、東商業、都島工業、池田師範、豊中中学、天理中学、今宮中学等であった。試合の結果、A組はGB（A）組が、B組は大阪商業が優勝した。10月20日には第1回「籠球の夕」が開催され、大阪商業25－14東商業、大阪外国語学校30－25関大予科という試合結果となった。

　1929年（昭和4）12月7日と8日、大阪YMCA開館4周年記念バスケットボール大会が行われた。参加チームは関西学院、同志社高商、関西大学、大阪籠球クラブ、独立クラブ、GBの6チームであり、GBが優勝した。12月18日から20日にかけて行われた大阪YMCA会員リーグ戦は、第1位大阪バスケットボール倶楽部、第2位GBチーム、第3位GBOB、

第4位独立倶楽部となった。続いて、12月26日には、大阪YMCA主催の第1回会員スクールリーグ戦が、大阪商業、都島工業、桃山中学、天王寺商業の4チームによって行われ、大阪商業が第1位となった。

　1930年（昭和5）2月1日から10日まで、第3回バスケットボール選抜リーグ戦が5校（大阪商業、高津中学、東商業、西野田職工学校、都島工業）により行われ、A組は大阪商業が、B組は都島工業が優勝した。また、5月1日～6日まで、大阪YMCA体育部主催による第4回全関西バスケットボール選手権大会が開催された。A組は同志社高商が、B組は高津中学が優勝した。この時期より、関西バスケットボール界の情勢は倶楽部チームから学校チームへと覇権の推移がみられる。6月1日午後7時半から、全関西バスケットボール連盟主催、大阪朝日新聞社後援による日比対抗バスケットボール試合が、大阪YMCAの「屋内スポーツ施設」で行われた。1日の第1回戦は52対50で日本の勝ち、2日の第2回戦は午後5時半から行われ、54対31で比島の勝ちとなった。さらに、11月26日から12月10日まで、第4回府下中等学校選抜バスケットボールリーグ戦が東商業、西野田職工、京阪商業、高津中学が参加して行われ、A組とB組とも東商業が優勝した。

　1931年（昭和6）1月17日から2月2日まで、大阪学生バスケットボールユニオン主催、大阪YMCA体育部後援で、第2回大阪学生バスケットボールリーグ戦が行われた。第1位は大阪外語学校、2位大阪高等学校、3位関西大学、4位大阪商科大学、5位大阪高等医専門学校、第6位大阪浪高であった。また、5月1日より6日まで、大阪YMCA体育部主催の第5回全関西バスケットボール選手権大会が行われた。A組は18チーム、B組は17チームが参加した。優勝はA組が甲南高校、B組は神戸二中が手にした。3月16日、大阪YMCA「屋内スポーツ施設」で行われた会員中等学校バスケットボールリーグ戦（大阪商業、都島工業、京阪商業）は、大阪商業が全勝で優勝した。6月、男女チームの招待バスケットボール試合を17日から26日まで、工大、関大、商大、高医、市岡、市立、生野、薬専等を迎えて、開催することになった（梅雨招待バスケットボール試合）。10月3日、明治神宮体育大会女子バスケットボール予選大会が大阪

YMCA「屋内スポーツ施設」で開催された。参加校は6校（生野高女、関西婦人クラブ、その他）で、生野高女の優勝となった。11月中ば、体育部は火、水、土に男子と女子の中等学校バスケットボールスポーツウイークとして、選抜招待試合を行った。参加校は男女共に20校（住中、京阪、八尾、大商、都島、東商、市岡、清水谷、寝屋川、夕陽、薬専など）に登った。全日本女子バスケットボール協会主催の全日本女子中等学校バスケットボール選手権大会は、11月22日と23日に大阪YMCAコートで挙行され、愛知淑徳が優勝した。

1932年（昭和7）1月14日より、大阪YMCA体育部主催の第5回府下中等学校選抜バスケットボール大会が東商、都工、住中、高津中、天中、大商の6校の参加により行われた。A組とB組とも東商が優勝した。4月28日から5月2日までは、大阪YMCA体育部主催による第6回全関西バスケットボール選手権大会が大阪YMCA「屋内スポーツ施設」で行われた。A組は男子高専と大学クラブチーム（師範学校を含む）であり、B組は男子中等学校チームに限られた。優勝はA組が京都帝大、B組は神戸二中であった。

1933年（昭和8）2月15日より、YMCA主催の第5回会員バスケットボールリーグ戦が開始された。参加チームは大丸クラブ、大商クラブ、GBクラブ、蛍ヶ池クラブ、REXクラブの5チームであった（優勝チーム不明）。4月27日、体育部主催の第7回全関西バスケットボール選手権大会が参加チーム46組で開催され、A組優勝は京都帝大、B組優勝は神戸三中であった。

1934年（昭和9）1月13日から2月6日まで、第7回大阪府下中等学校選抜リーグ戦が大阪YMCA「屋内スポーツ施設」において開催された。参加校は東商業、豊中中学、住吉中学、今宮中学、北野中学、天王寺中学の6チームであり、豊中中学が8勝2敗で優勝した。2月14日より4月7日まで、大阪YMCA第6回会員バスケットボールリーグ戦がGBクラブ、REXクラブ（中学卒業直後の若者で形成）、大商クラブ、大丸クラブ（大阪の百貨店チーム）、商大OBチーム、日生クラブ（生命保険会社のチーム）の参加により開催された。優勝は10戦10勝のGBチームであった。5月4

日から7日、「屋内スポーツ施設」において体育部主催の第8回全関西バスケットボール選手権大会が開催された。参加チームはA組男子が高専、大学、クラブチーム、B組男子が中等学校チームであった。A組には次の22チームが参加した。関西大学、浪速高校、同志社高商、池師OB、トーロクボーイ（東商OB）、大阪商大、大丸クラブ、大阪高校、神戸高等商船、姫路高校、杏林クラブ、神戸高商、甲南高校、神戸外人、京都師範、クレセントクラブ、京都帝大、GBクラブ、大阪薬専、関西学院）。B組には次の19チームが参加した。神戸二中、扇町商業、西野田職工、堺商業、城東商業、第1神戸商業、住吉中学、大阪商業、東商業、北野中学、灘中学、天理中学、都島中学、粉河中学、神戸三中、天王寺中学、高津中学、五條中学、奈良中学。A組は京都帝大、B組は神戸山中がそれぞれ優勝した。6月9日より15日まで、「屋内スポーツ施設」にて大阪府下中等学校梅雨招待バスケットボールリーグ戦が、北野中学、大阪商業、今宮職工、扇町商業、天王寺中学を迎えて開催された。優勝は4戦4勝で北野中学であった。9月15日、関西学生バスケットボール連盟主催による第8回秋季リーグ戦が、京都一中と甲子園そして大阪YMCAコート（17日）で行われた。

　このように、大阪と神戸そして京都の各YMCAは互いにバスケットボール大会や競技会で顔を合わせていた。昭和期に入り、学校チームの参加が増大し、大会やリーグ戦は主として学校のクラブチームが主体となっていった。

表23　昭和期におけるバスケットボール大会（大阪YMCA関連）

開催日時	大会名
1927年（昭和2）	第1回全関西バスケットボール選手権大会（大阪YMCA主催） 全関西選手権兼極東大会予選 第1回選抜バスケットボールリーグ戦 第4回全関西バスケットボール選手権大会（全関西連盟主催）
1928年（昭和3）	第2回バスケットボール選手権大会
1929年（昭和4）	開館4周年記念バスケットボール大会 大阪YMCA会員リーグ戦 第1回会員スクールリーグ戦

1930年（昭和5）	第3回バスケットボール選抜リーグ戦 第4回全関西バスケットボール選手権大会 日比対抗バスケットボール試合 第4回府下中等学校選抜バスケットボールリーグ戦
1931年（昭和6）	第2回大阪学生バスケットボールリーグ戦 第5回全関西バスケットボール選手権大会
1932年（昭和7）	第5回府下中等学校選抜バスケットボール大会 第6回全関西バスケットボール選手権大会
1933年（昭和8）	第5回会員バスケットボールリーグ戦 第7回全関西バスケットボール選手権大会
1934年（昭和9）	第6回会員バスケットボールリーグ 第8回全関西バスケットボール選手権大会 大阪府下中等学校梅雨招待バスケットボールリーグ戦 第8回秋季リーグ戦

　表23は大阪YMCAが関わった主な昭和期のバスケットボール大会をまとめたものである。

（2）卓球[56]

　大阪YMCAにおいて、卓球（ピンポン）の競技会の記録がみられるのは1916年（大正5）からである。例えば、1916年（大正5）6月24日、会館階下で行われた第2回ピンポン競技大会（主催体育部）には16名が参加した。

　1922年（大正11）3月11日には、会館一室においてピンポン競技会が開催された。申込者は40名で、23試合行い、入賞者にはメダルが授与された。優勝者は中野であった。その後、体育大会やYMCA内部の試合などはあったものの、それ以外は『大阪青年』には殆ど記録されていない。『大阪青年』に記録として出てくるのは、1933年（昭和8）2月4日、体育部主催の第1回会員ピンポン大会が「屋内スポーツ施設」において行われた時からであった。参加資格はYMCA会員及び学校部員であり、参加数は12名であり、朱祖徳が優勝した。第2回会員ピンポン大会は4月15日に行われた。12名の参加で、優勝は久保氏であった。第3回会員ピン

ポン大会は5月13日に開催され、16名の参加であった。この回より、大阪YMCA英語教師であるジョージ・ベイカ氏からトロフィーが寄贈され、YMCAに保存することになった。優勝は重村氏であった。第4回会員ピンポン大会は6月17日に行われた。第5回大会は9月21日に14名の参加によって行われ、重村氏の優勝となった。

　1934年（昭和9）2月10日、第7回会員オープン卓球大会（ベーカー・トロフィー争奪オープン大会）は20名の参加で行われ、樋口氏が優勝した。3月29日、日華交歓卓球試合が「屋内スポーツ施設」において開催され、大阪チームは2勝7敗で負けた。また、5月20日には、京都YMCAにおいて京阪神YMCA対抗卓球大会が開催された。神戸チームが7勝2敗、京都チームは6勝3敗、大阪チームは1勝9敗で、神戸チームが優勝した。6月10日には、前年に大阪YMCAに卓球クラブ誕生が誕生したことを記念して、大阪YMCA体育部主催の第1回全関西卓球選手権大会が「屋内スポーツ施設」において開催された。39名の参加によって行われた大会では、川上氏（尚球会）が優勝した。続いて、7月14日、「屋内スポーツ施設」において第8回ベーカーズトロフィー争奪尾オープン卓球大会が行われた。また、11月には京阪神YMCA対抗バスケットボール大会が開かれた。これは、京阪神チェーン事業として計画された事業の一つであった。

（3）柔道・剣道[57)]

　1916年（大正5）、10月28日に京都青年会が開催した秋季剣道大会には、大阪YMCAから春日美三が出場した。また、第1回武術大会が11月23日午後5時より、大阪YMCAの会館で行われた。この大会には、柔道と剣道合わせて71名の参加があった。増田部長挨拶のあと、人見と大日方の両教師の審判で試合が開始された。

　1917年（大正6）11月4日、大阪高等商業学校が主催した武術部大会に大阪YMCAは松下選手を派遣した。また、1918年（大正7）2月2日、天王寺大阪高等商業学校主催の武術大会には、柔道で原と福原を、剣道で松下と北秋を派遣した。

1926年（大正15）12月8日、「屋内スポーツ施設」において、大阪YMCAは大阪高商と柔道の試合を行い、大阪高商が大将と副大将を残して勝利した。

（4）拳闘 [58]

1928年（昭和3）5月19日と21日、「屋内スポーツ施設」において関西学生拳闘連盟の主催により、第1回学生拳闘選手権大会が開催された。この大会ではジュニアフライ級、フェザー級、ライト級、ウェルター級の試合が行われた。

第3項　横浜YMCA

（1）バスケットボール [59]

横浜YMCAは、スポーツによる震災復興を企図していた神奈川県や横浜市の要望によってバスケットボール大会を主催し、多くの役員や審判を提供した。

1924年（大正13）、横浜YMCA主催による第1回神奈川県下バスケットボール大会が5月21日と28日及び6月4日と11日に、横浜YMCA屋内スポーツ施設において開催された。4チームが参加したこの大会の準決勝（6月11日）には関東学院オールドボイス、N,Sクラブ（三井物産社員を中心としたチーム）、関東学院、横浜YMCAの4チームが勝ち残り、横浜YMCAチームが優勝した。さらに、横浜YMCA主催の全横浜バスケットボール大会が同年11月22日と23日さらに29日と30日の4日間、横浜公園内のコートで開催され、関東学院や第二中学校、常盤町青年団など13チームが参加した。この大会においても横浜YMCAチームが優勝した。

横浜YMCA主催による第2回神奈川県下バスケットボール大会は、1925年（大正14）6月13日と20日に横浜YMCA屋内スポーツ施設において開催された。関東学院や本牧中学など14チームが参加して行われたこの大会では、横浜YMCAチームが優勝した。この優勝を機に、「第1選手チーム」と称した横浜YMCAを代表するバスケットボールチームは、横浜YMCAが主催する県下バスケットボール大会には参加せず、審判や

運営方面に協力するようになる。また、10月10日と17日に横浜YMCA屋内スポーツ施設を会場として開催された神宮競技大会予選会において、横浜YMCA第1選手チームは決勝において東電チームを破り、県代表となった。1925年（大正14）11月には、横浜YMCA主催による第2回全横浜バスケットボール大会が横浜YMCA屋内スポーツ施設において開催された。18日、21日、24日、28日の4日間に渡って開催されたこの大会には15チーム（第二中学、常盤町青年、関東学院など）が参加した。この大会でも、横浜YMCAのAチーム（第1選手チーム）は出場せず、代わってBチームが参加した。優勝したのは「十三クラブ」（社会人チーム）であった。

　横浜YMCA主催による第3回神奈川県下バスケットボール大会は、1926年（大正15）6月22日より26日まで8チームにより行われ、AAA（アラムナイ・アスレチック・アソシエーション、聖ジョセフ・カレッジの出身者により組織されたチーム）が優勝した。1927年（昭和2）には、横浜YMCA主催の第4回神奈川県下バスケットボール大会が、6月22日から29日までの4日間横浜YMCA屋内スポーツ施設において、16チームが参加して実施され、AAAチームが再び優勝した。この大会は、1933年（昭和8）第10回大会より全神奈川シニアバスケットボール大会（専門学校及びクラブチーム限定）として受け継がれていった。1935年（昭和10）6月15日、17日から19日に横浜YMCA屋内スポーツ施設において行われた第12回全神奈川シニアバスケットボール大会（横浜YMCA主催）では、15チームの参加により、関東学院チームが優勝した。

　このような競技大会の開催や競技チームの増加に伴い、1930年（昭和5）には神奈川県バスケットボール連盟が発足し、横浜YMCAの体育主事である廣田は理事となるなど、横浜YMCAのメンバーは神奈川県におけるバスケットボールの組織化の中心にいた。

（2）バレーボール[60]
　1924年（大正13）10月19日に東京府立第一高女コートにおいて行われた第一回明治神宮体育大会関東バレーボール予選会にて、横浜YMCA

チームは東京コメット（東京高等師範学校出身の体育教師チーム）に敗れはしたが2位となり、関東代表となった。その後、横浜YMCAではバレーボールの普及のため、第1回バレーボール部内大会が1925年（大正14）2月9日、12日、14日に、11チームが参加して開催された。この大会において、「ダブルフォアメンバレーボール」（「二人制」「四人制バレーボール」）が初めて試みられた。

「ダブルフォアメンバレーボール」とは、横浜YMCAの体育主事である廣田兼敏が考案した一種のレクリエーションゲームであった。関東大震災後の横浜YMCA体育部内において急造の4人チームが26組組織され、部内大会が開催されたのが始まりであった。このゲームは各方面に非常な人気であり、藤沢の小学校教員チームや横須賀海浜団チーム、関東学院、横浜商工、第一高女、女子師範チームなど県下の実業団や学校内にチームが組織され、神奈川県下の大会も開催されるようになった。このゲームは、バレーボールを普及させるためにYMCAが独自に考案した種目として注目に値する。

　ダブルフォアメンバレーボールのコートは長さ40尺、幅20尺で、ネットの高さ6尺6寸と小さなものでよく、競技者も2人もしくは4人と、人数も少なくて済んだ。そのため、会社内では親睦ゲームとして多数のチームが組織された。また、このゲームは一人あたりの運動量もあり、全員が平均して面白く参加できること、さらに1回サーブ制やローテーションサーブなどにより無駄な時間が省けてゲームがスムーズに運行されるなどの理由から、人気を博していた。1924年（大正13）には「バレーボールダブルフォアメンゲーム規定」が作成され、ルールが統一された。ルールは全部で12条から構成されていた。

「第一条　コートの広さについて、
　第二条　ネットの高さ等について、
　第三条　ボールについて、
　第四条　チームの人数やキャプテンについて、
　第五条　レフリーや審判役員の役割について、

第六条　競技用語について、
　　　第七条　ゲームの進行について、
　　　第八条　得点の入り方やサイドアウトについて、
　　　第九条　1ゲームの点数などについて、
　　　第十条　競技中の除名行為について、
　　　第十一条　ゲーム開始の決まりについて、
　　　第十二条　役員の最終決定について。」[61]

　1926年（大正15）3月3日から13日にかけて、前年に引き続き「ダブルフォアメンバレーボール大会」が開催された。この年の6月12日には藤沢小学校職員チームが招待され、横浜YMCAの青年組やビジネスメンクラスとの練習試合が行われた。12月6日から8日までの3日間、横浜YMCA体育部主催により「二人制・四人制バレーボール大会」が横浜YMCA屋内スポーツ施設において開催され、16チーム45名が参加した。
　関東大震災（1923年）後より横浜YMCA内で開始された四人制バレーボールは、1931年（昭和6）2月28日と3月1日の両日、横浜YMCA屋内スポーツ施設において「全神奈川四人制バレーボール大会」として開催された。この大会には21チーム、延べ230名が参加した。さらに、1932年（昭和7）2月27日と28日に行われた第2回全神奈川四人制バレーボール大会には、男子15チームと女子9チームが参加した。
　1932年（昭和7）4月には神奈川県バレーボール協会が設立され、12団体が加盟した。横浜YMCAの体育主事である廣田は、この協会でも理事として就任した。このように、横浜YMCAは横浜の各地区と学校におけるバレーボールの普及に大きな役割を果たした。

（3）バドミントン[62]
　バドミントンは1933年（昭和8）9月末に屋内スポーツ施設利用時間割の中に組み込まれ、クラスの活動として毎日昼間（12時～14時）と毎週月曜日と木曜日の夜（17時～18時半）に行われた。しかし、次年度9月の時間割には記載されておらず、一度中断したものと思われる。再び行わ

れたのは、1936年（昭和11）7月からベルリンオリンピック並びに欧州各国の体育を視察するため渡欧した廣田が、翌1937年（昭和12）6月に帰朝してからであった。1938年（昭和13）2月18日と19日には、26名の参加者により第1回YMCA内バドミントン大会が開催された。その後、横浜YMCAはナルトスポーツ（バドミントン業者）や古川電線、コロンビアとの親睦試合（1939年）等を重ねるなど活動を続けた。1940年（昭和15）5月22日には、横浜YMCAにおいて神奈川県バドミントン協会が設立された。この時、廣田兼敏は理事に選ばれた。そして、同年6月17日と20日及び22、24、27日に渡って、神奈川県バドミントン協会主催による第一回神奈川県バドミントンリーグ戦（4チーム参加）が横浜YMCA屋内スポーツ施設において開催された。これが、我国最初のバドミントン公式リーグ戦であった。この大会において横浜YMCAチームはみごと優勝し、その後は大阪や神戸のYMCAと対戦し、さらに1940年（昭和15）11月には神奈川県単複選手権大会に出場して優勝した。1941年（昭和16）になると、第2回神奈川県バドミントンリーグ戦は、戦争の影響によって紅白試合の形をとらざるを得なくなった。

第4項　神戸YMCA

（1）バスケットボール[63]

1）大正期におけるバスケットボール大会

　1915年（大正4）6月26日、神戸YMCAは京都YMCAとバスケットボール、バレーボール、インドアベースボールの試合を行った。また、6月26日には、京都YMCAと試合を行い、勝利した。さらに、11月19日には、米艦サラトガ号乗員とバスケットボールの試合を行い、1勝1敗であった。

　神戸YMCAは1920年（大正9）3月にサウスダコク号乗組員を会館に迎えてバスケットボールの試合を行い、4月18日には大阪YMCAとバスケットボールの練習試合を行うために大阪に向かった。また、4月には近畿バスケットボール競技会が大阪中之島運動場で開催された。神戸YMCAからはA組とB組の2チームが出場し、A組は京都YMCAに勝利し、B組は大阪白チームに敗戦した。

1922年（大正11）7月、神戸YMCAは関西バスケットボール大会に第1と第2のチームを送った。また、9月には大阪YMCAと、10月には立教大学と、11月には京都YMCAと、12月には再び大阪YMCAとバスケットボールの試合を行い、また東京YMCAともバスケットボールの試合を行った。

　1923年（大正12）においてもバスケットボールの試合は続いた。1月には朝鮮バスケットボール代表チームが来神し、「屋内スポーツ施設」にて大阪YMCAチーム、神戸日本人チーム、神戸外国人チームと対戦した。2月には京阪神青年会が主催し、大阪時事新聞社の後援のもとに「屋内スポーツ施設」において第6回極東選手権競技大会関西予選大会が行われ、大阪YMCAが選手権を得た。4月には、極東選手権競技大会女子バレーボール関西選手権大会が「屋内スポーツ施設」で行われ、6チームが出場した。9月には、大阪青年会とバスケットボール及びバレーボールの定期試合を行った。さらに、10月には立教大学とバスケットボールの試合を行った。11月には、京都YMCAとバスケットボールの試合を行った。12月には、再び大阪YMCAとバスケットボール試合を行った。さらに、東京YMCAともバスケットボール試合を行った。

　1923年（大正12）10月、京阪神青年会主催の関西バスケットボールトーナメントが京都岡崎公園において行われた。

　1924年（大正13）4月、関西バスケットボール連盟が主催する大会の神戸予選が行われた。5月には東京商大バスケットボール部の関西遠征軍を、7月には東京青年会夜学校バスケットボール部の関西遠征軍を、8月には横浜青年会バスケットボール部の関西遠征軍を迎えた。9月には、大阪YMCAバスケットボール部を迎えた。

　表24は神戸YMCAが関わった大正期における主なバスケットボール大会をまとめたものである。

表24　大正期におけるバスケットボール大会（神戸YMCA関連）

開催日時	大会名
1915年（大正4）	対京都YMCA 対米艦サラトガ号乗組員

1920年（大正9）	対サウスダコタ号乗組員 大阪YMCA 近畿バスケットボール競技会
1922年（大正11）	関西バスケットボール大会 対大阪YMCA 対立教大学 対京都YMCA 対大阪YMCA
1923年（大正12）	対朝鮮バスケットボール試合 第6回極東選手権競技大会関西予選大会 対大阪YMCA（定期試合） 関西バスケットボールトーナメント 対立教大学 対京都YMCA 対大阪YMCA
1924年（大正13）	関西バスケットボール連盟大会神戸予選 対東京商大バスケットボール部 対東京YMCA夜学校バスケットボール部 対横浜YMCAバスケットボール部 対大阪YMCA

2）昭和期（戦前）におけるバスケットボール大会

　表25は神戸YMCAが関わった昭和期における主なバスケットボール大会をまとめたものである。

　1927年（昭和2）4月22日より行われていた神戸バスケットボールリーグ戦（関西学院チーム、AAA、甲南高校、高商が参加）は、5月12日に関西学院チームの優勝で終わりを告げた。5月に第1回全関西バスケットボール選手権大会（大阪YMCA主催）が行われ、神戸よりYチーム、Vチーム、関西学院チーム、商業高校が参加した。YMCAチームは1回戦に大商チームに敗れ、商業学校も1回戦で敗退した。

　1929年（昭和4）神戸YMCA主催の県下中等学校第1回バスケットボールリーグ戦が、参加校8校によって行われた。

　1930年（昭和5）3月28日、神戸YMCAバスケットボール部のVチー

表25 昭和期（戦前）におけるバスケットボール大会（神戸YMCA関連）

開催日時	大会名
1927年（昭和2）	神戸バスケットボールリーグ戦 第1回全関西バスケットボール選手権大会
1929年（昭和4）	県下中等学校第1回バスケットボールリーグ戦
1930年（昭和5）	上海遠征 YMCAバスケットボールリーグ戦 第3回兵庫県下男子中等学校バスケットボール選手権大会 神戸市バスケットボールリーグ戦
1931年（昭和6）	対中華両江女子体育学校、第1神戸高女 関西学生バスケットボール選手権大会
1933年（昭和8）	対プレジデントタフト号乗組員 対プレジデントクーパー号 神戸女子校リーグ戦 会員リーグ戦 西日本中等学校バスケットボール選手権大会 対プレジデントフーバー号乗組員 関西学生バスケットボール連盟リーグ戦 バスケットボール全日本選手権大会兵庫予選
1934年（昭和9）	神戸シティーリーグ戦 近畿6府県女子中等学校バスケットボール大会 県下男子中等学校バスケットボール大会 対伊軍クワルト号乗組員 対プレジデントウィルソン号乗組員 関西高校リーグ戦 神戸高松定期戦 第3回西日本ジュニアバスケットボール大会 兵庫県バスケットボール選手権大会 みなと祭体育会バスケットボール大会
1935年（昭和10）	第1回西日本女子ジュニア大会 県下男子中等学校バスケットボール大会1.2年 神戸YMCAバスケットボールシティーリーグ戦 女子リーグ戦 YMCA会員バスケットボールリーグ戦

1936年（昭和11）	会員バスケットボールリーグ戦 男子中等学校バスケットボール練習リーグ戦 第7回兵庫県男子中学校バスケットボール大会 第1回新学期招待バスケットボールトーナメント
1937年（昭和12）	第9回県下バスケットボール大会

ムが、上海遠征に出発した。4月5日、興湖北省代表バスケットボール隊比賓と対戦し、91対46で勝利したとの報告が電報によってもたらされた。帰国後、5月20日より6月24日までYMCAバスケットボールリーグ戦が行われた。参加チームはAリーグ（Vチーム、大丸チーム、同文チーム、KCチーム）とBリーグ（Yチーム、第三神港チーム、兼松チーム、KEYチーム）に分かれ、試合を行った。試合の結果、AリーグはVチームが、BリーグはYチームがそれぞれ優勝した。9月、体育部所属のバスケットボールチームには、Y、中華V、中華友誼、KEY、神商クラブ、株式会社兼松、株式会社神戸大丸の各チームがあった。また、学校チームとして青年会商業学校、同文学校、第三神港商業学校、青年会外国語学校のチームが、女子チームとして女子青年会、山手高女、同文学校女子、イングリッシュクラブのチームがあった。9月24日、神戸YMCA主催で丸善運道具店後援の第3回兵庫県下男子中等学校バスケットボール選手権大会が開催された。参加校は神戸二中、第三神港商業学校、神戸一中、灘中学、同文学校、県立商業学校、甲南尋常科、明石中学、御影師範学校、青年会商業学校、神戸三中、尼崎中学であり、同文学校が優勝した。また、11月23日から12月10日まで、神戸市バスケットボールリーグ戦が開催された。参加はYMCA、神戸大丸、KRAC（A）、中華V、兼松商店、甲南高校、中華CY、神南倶楽部、関西学院、KRAC、PTK、商業大学、県立高商、第二中学、第三神港の15チームであった（詳細は不明である）。

　1931年（昭和6）5月12日、来日中の中華兩江女子体育学校バスケットボールチームは、県立第1神戸高女チームと試合を行った。16 - 15にて神高女が勝利した。また、5月23日と24日、関西学生バスケットボール選手権大会が参加校17で開催され、京都帝大が優勝した。聖トーマス大学は来朝以来東京と京都そして大阪で試合を行い、全勝のまま来神し、6

月5日に甲南高校クラブチームと、6日には在神中華Vチームと対戦した。両日とも聖トーマス大学軍の勝利に終わった。

　1933年（昭和8）になると、他団体との対戦やリーグ戦も増えていった。3月18日と4月6日には、来日したプレジデントタフト号乗組員のバスケットボール団は、神高商OBと神戸一中OBのチームと対戦し、いずれもタフトチームの勝利となった。5月9日には、ダラ汽船プレジデントクーパー号がK.C.S.Cと歓迎ゲームを行った。5月11日には、朝鮮延禧専門が関西学院大と歓迎試合を行った。5月15日から28日、神戸女子校リーグ戦が開催された。参加校は県一女、山手女、親和女、成徳女であり、県一女が全勝優勝した。また、5月19日から20日には、米国布哇大学遠征軍を迎えて、神戸高商（72－44で神戸高商の負け）と関西学大（53－52で関西学大の負け）が対戦した。さらに、5月27日と28日には、第8回早大関学定期戦が行われた。5月31日には、関西遠征中の慶大チームを迎えて、歓迎試合が行われた。5月10日より、会員リーグ戦が4チーム（大丸チーム、三越チーム、K.C.S.C（縣商）、KEY（寄宿舎））で開始された。10月7と8日には、バスケットボール協会京阪神三支部主催の「西日本中等学校バスケットボール選手権大会」が参加14校で開催され、神戸三中が優勝した。10月24日、ダラーライン「プレジデント・フーバー」号乗組員チームを迎えて、寄宿舎組が対戦した。11月中の毎週土曜日と日曜日には、関西学生バスケットボール連盟リーグ戦が行われた。また、12月2日と3日には、バスケットボール全日本選手権大会の男子と女子の兵庫予選が行われた。

　1934年（昭和9）1月には神戸シティーリーグ戦が開催され、4月11日、12日、14日には伊軍艦クワルト号乗組員歓迎バスケットボール試合が行われた。5月22日には、プレジデントウイルソン号乗組員歓迎バスケットボール試合が開催された。ここで、昭和9年に行われた他の主なバスケットボール試合としては、県下男子中等学校バスケットボール大会（4月）、関西高校リーグ戦（6月）、神戸高松両高定期戦（7月）、兵庫県バスケットボール選手権大会（9月）、県下男子中等学校バスケットボール大会（10月）、みなと祭体育会バスケットボール大会（11月）、近畿六府県女子

中等学校バスケットボール大会（11月）、第3回西日本ジュニアバスケットボール大会（11月）が挙げられる。

　1935年（昭和10）1月27日〜2月15日、神戸YMCAバスケットボールシティーリーグ戦が行われた。また、県下男子中等学校1年と2年の大会（1月）、女子リーグ戦（2月）、第1回西日本女子ジュニア大会（2月）があった。3月23日〜31日には、YMCA会員バスケットボールリーグ戦が行われた。

　1936年（昭和11）1月18日、19日にバスケットボール協会主催で第6回西日本男子中等学校ジュニアバスケットボール選手権大会が開催された。参加チームは16で、神戸二中が優勝した。1月26日バスケットボール協会主催で第2回西日本女子中等学校ジュニアバスケットボール大会が開催された。参加チームは8チーム、兵庫県一女が優勝した。2月17日から24日にかけて兵庫県体育協会主催で兵庫県実業団体バスケットボール大会が14チームが参加して開催された。3月23日から一週間、会員バスケットボールリーグ戦（大丸神戸店、CA、龍神ク、川崎本社、川西製ク、KCSG等）が実施された。4月4日から6日まで、男子中等学校バスケットボール練習リーグ戦がYMCA屋内スポーツ施設において、神一中、灘中、第一神港、県一商の4チームが参加して行われ、第一神港が優勝した。4月19日より21日まで、第7回兵庫県男子中学校バスケットボール大会が17校の参加によって開催され、神二中が優勝した。4月22日から24日まで、神戸YMCA主催の第1回新学期招待バスケットボールトーナメントが、二中、灘中、瀧中、県商、第一神港、報徳、同文の7校が参加して、行われた。10月、東京百貨店バスケットボールリーグ戦第1位となった東京三越バスケットボール軍が来神し、神戸大丸軍と対戦した。48－20と46－24で、東京三越軍の勝利となる。

　1937年（昭和12）4月18日と19日、YMCA体育館において兵庫県体育協会主催の第9回県下バスケットボール大会の優勝戦が行われ、二中が優勝した。

　このように、大正期において神戸YMCAのバスケットボールの試合は、京都YMCAや大阪YMCAとの試合が多く見られたが、昭和に入り中等学

校の大会、さらには女子学校の大会が開かれるようになった。神戸YMCAは、これらの大会を主催もしくは会場として「屋内スポーツ施設」を提供するなど、神戸（兵庫県）におけるバスケットボールの普及に貢献していた。

(2) バレーボール[64]

バレーボールに関する記録はバスケットボールに比べ極端に少なく、『神戸青年』においてもほとんど活動の実態が記録されていない。

1915年（大正4）12月26日、神戸YMCAは大阪体育奨励会中之島運動会場式に招待され、バレーボールの試合をおこなった（21対3で大勝、相手不明）。また、12月26日、大阪体育奨励会のバレーボール試合が大阪中之島運動場において行われ、神戸YMCAは21対3で勝利した。

1916年（大正5）4月29日、大阪中之島運動場において大阪市体育奨励会主催の春季大運動会に出場し、大阪YMCAと対戦し敗れた。また、大阪有志とのバレーボールの試合には勝利した。4月29日、大阪中之島運動場において大阪市体育奨励会の春季大運動会が開催され、大阪青年会並びに大阪有志のメンバーとバレーボールの試合を行った。神戸チームは大阪青年会には敗れるが、大阪有志チームには大勝した。5月20日と21日に豊中で行われたバレーボールの試合では優勝した。

1919年（大正8）11月、大阪中之島運動場において近畿バレーボール大会が開催され、神戸YMCAは2位になった。その後、1930年（昭和5）12月には、バレーボールの理解と体験を社会人の間に拡大させるために、会員OBがK.V.C（関西バレーボールクラブ）をつくり、毎週火曜日の午後6時から7時半まで活動した。

バレーボールは、これ移降、『神戸青年』にも殆ど記事を載せなくなった。

(3) 卓球[65]

1914年（大正3）、それまでロビーにおいて練習が行われていた卓球（ピンポン）は、地下室の部屋で活動を続けた。これにより、ロビーは静かに

友と語り合い、独り読書をするに適した場所となった。1916年（大正5）10月14日には、会員親睦ピンポン大会開催が開催され、1位岩田、2位葉山であった。1917年（大正6）8月25日午後7時半より、神戸YMCA主催の市内実業団ピンポン大会が大講堂で開催された。この時の出場選手は50人であり、ダブルスの優勝は広瀬（佐藤商店）と松原（西部管理局）であった。1918年（大正7）6月1日には、会員及び夜学生昼間商業生の親睦を兼ねたピンポン大会が開催された。参加者は30余名であり、優勝は真鍋（会員）、2位は田附（夜学生）であった。

1920年（大正9）7月1日から6日、本会館移転記念として社交部主催のもとに市内ピンポンチーム試合が、26チーム（米国貿易、農工銀行、住友銀行、増田製粉、ダンロップ、帝国海上、菅原商店、青年会、信久組、西管クラブ、三菱クラブなど）の200余名が参加して開催された。1位は信久組、2位は西管クラブであった。

1923年（大正12）7月5日から7日まで、大講堂で神戸YMCA主催の卓球個人競技会が開催された。出場選手は128名で、優勝は神崎（オリエント）、2位樫本（オリエント）であった。

1925年（大正14）7月26日、大講堂で23名の選手によって卓球模範競技大会が開催された。この大会は卓球界のさらなる発展を期して、卓球界の粋を集めて、卓球の奥義を一般の人に見せて卓球運動の価値と面白味を味わってもらうことを第1の目的として、開催された。

1929年（昭和4）2月17日、大日本YMCA卓球連盟主催の第1回全国YMCA卓球選手権大会が京都YMCAにて開催され、神戸YMCAの森本辰治選手が優勝した。大会終了後、京都YMCAの希望により対抗試合が開催され、5対1で神戸YMCAが勝利を収めた。

1936年（昭和11）10月25日、本会館で体育会主催の女子卓球競技が行われた。70名が参加し、石井（神戸女商）が優勝した。男子は11月1日、100名以上の参加者で行われ、山田（高清倶楽部）が優勝した。11月15日には、大阪YMCAで第3回京阪神YMCA対抗卓球リーグ戦が行われ（第1回　1934年5月20日、京都YMCAにて神戸YMCA優勝、第2回　1935年京都YMCA優勝）、大阪YMCAが優勝した。続いて、1937年（昭和12）6月

13日、第4回京阪神YMCA対抗卓球リーグ戦が京都YMCAにて行われた（詳細不明）。

　1936年（昭和11）には、第1回会員オープン卓球大会が22名によって行われた（詳細不明）。また、1936年には、神戸港の祭卓球大会が265名の参加の下に神戸YMCAで行われたり、神戸YMCAが神戸県卓球大会女子部の大会（参加者95名）の後援などもした。

（4）器械運動[66]

　1936年（昭和11）、新設事業として兵庫県男子中等学校器械体操選手権大会が、神戸YMCAにおいて9チームの参加によって行われた（詳細不明）。

（5）相撲[67]

　1914年（大正3）10月25日、神戸又新日報社主催の学生相撲大会に神戸YMCA外国語学校及び予備学校から6名の会員学生が参加したが、2回戦で敗退した。その後、1915年（大正4）講堂下の地下室に土俵を設け、6月に相撲大会が行われた。

　1916年（大正5）5月14日、須磨において開催された神戸又新日報社主催の学生相撲大会に、神戸YMCAは選手8名を送った。1917年（大正6）4月、神戸又新日報社主催の相撲大会に10名の選手を出場させ、7月には神戸YMCA角力部主催で開催した相撲大会に各団体の選手を招待した（詳細不明）。しかし、1918年（大正7）6月に角力部として神戸又新日報社主催の学生角力大会に出場した後、神戸YMCAは地下室改築のため土俵を取り壊し、相撲部の活動は自然休止の状態となった。

（6）その他[68]

　1915年（大正4）11月28日、柔道部は撃剣部と共に市内各学校、役所、諸会社より選手を招待し、36回もの試合（大会）を行った。1916年（大正5）3月18日には柔道剣道の紅白試合が開催され、3月22日には柔道の進級試合が実施された。このような武術大会は、毎年1回市内各学校、警

察、役所の選手を招待して催された。

1923年（大正12）5月上旬より6月上旬にかけて、ブラッドレー指導の下に体育部は春期トーナメント大会を行った。これはチームゲームのインドアベースボール、バスケットボール、バレーボール、ハンドボールの4種目と、個人競技の9種目（鉄弾、幅跳び、フェンスボルト（平行棒）、高跳び、ポテトレース（160ヤード）、ポテトレース（60ヤード）、網上り、チンニング（水平棒）、プッシュアップ（平行棒））において競技を行い、得点を競うものであった。

1937年（昭和12）10月20日には第1回会員オープンバドミントン大会が開催され、第2回バドミントン競技会が12月7日に神戸YMCAで行われた。

第5項　京都YMCA

（1）バスケットボール[69]

1913年（大正2）、第1回東洋オリンピック大会がフィリピン体育協会の提唱により、マニラで開催された。続いて、第2回大会が1915年（大正4）に上海において行われた。1917年（大正6）の第3回大会は、マニラYMCAに赴任していたE・S・ブラウン（Elwood S. Brown）が東京YMCAのブラウンと協力して大日本体育協会会長の嘉納治五郎を説得し、極東選手権競技大会として東京で開催された。この時、バスケットボール日本代表チームを出場させるにあたり、1917年（大正6）3月14日に京都YMCAと神戸YMCAの間で代表決定戦が行われた。この当時、チームを編成できるのはYMCAくらいしかなく、試合の結果、京都YMCAが54対14で勝ち、佐藤金一、石田孝清、梶谷久、加藤誠一ら8名が代表となった。

第3回極東選手権競技大会は、1917年（大正6）5月8日から12日まで東京の芝浦で行われた。京都YMCAのバスケットボールチームはフィリピンに17対38で敗退し、中国に16対35で敗戦した。その後、第4回大会（1919年　大正8）には大日本体育協会が極東体育協会から脱退したため日本は不参加だったが、第5回大会（1921年）から再び参加した。日本

のバスケットボール代表チームは東京YMCAを主体とするチームであったが、再びフィリピンと中国に負けた。第6回大阪大会（1923年　大正12）と第7回マニラ大会（1925年　大正14）とも東京YMCAから代表選手をだしたが、ここでも中国とフィリピンに敗退した。この極東選手権競技大会は国際情勢の悪化により、第10回マニラ大会（1934年）で終了した。

京都YMCAは1920年（大正9）に東京YMCA、横浜YMCA、大阪YMCA、神戸YMCAのチームを招待して、6度のバスケットボール競技大会を開催した。また、9月に合衆国ダコダ号水兵とのバスケットボール試合が京都YMCAを会場に行われた。その他、京都YMCAチームは5月に開かれた近畿大会（大阪の中之島運動場にて）や10月に開かれた京阪神バスケットボール大会などに出場した。

京都YMCAバスケットボールチームは対外試合にもたびたび出場し、例えば府下明治神宮体育大会予選（1925年、大正14年10月）では京都府師範に惜敗したが、鐘紡戦には46対15で大勝した。12月の京都バスケットボールリーグ戦では決勝戦で京都師範に26対10で勝ち、リーグ戦全勝で京都バスケットボール界の覇権を握った。また、1926年（大正15）年4月には日本バスケットボール選手権大会に出場したが、早稲田大学と対戦し、24対36のスコアで惜敗した。しかし、京都YMCAチームは6月4日から13日にかけて行われた春季リーグ戦で同志社や第三高等学校そして京都帝国大学などの強豪を破って優勝した。

このように、京都YMCAのバスケットボールチームの活躍は著しいものがあったが、競技の面ばかりでなく、地道な普及・指導にも熱心であった。1925年（大正14）5月18日には京都YMCA会館で京都バスケットボール連盟が発足し、京都YMCA以外に同志社大学、京都師範、桃山中学、旭クラブなどのチームが加盟した。京都YMCAは連盟の組織化とその発展に貢献した。

（2）野球[70]

野球の分野、特に社会人野球においても、京都YMCAの先駆的役割を見落とすことはできない。

第1回都下実業団野球大会（京津大会）は、1916年（大正5）8月6日に京都YMCAの主催によって、第三高等学校グラウンドで開催された。この大会は大阪朝日新聞京都支局が後援した。参加チームは11チームで、市事業部、電燈会社、大沢商会、大丸商店、高島屋商店、呉服倶楽部、府立図書館、七条駅KS倶楽部、京都YMCA有志らが、日頃の技を競った。この大会は浜岡商業会議所会頭の始球式で開始され、3日間の熱戦の末、大沢商会チームが10対6のスコアで呉服倶楽部を破って優勝し、主催者であるYMCA運動部長中村栄助から優勝旗を授与された。当時の選手達は一様にユニフォームを着用していたが、試合中にスパイクを白靴に、中には紺足袋にはきかえる者もいた。実業団野球大会の意義と、主催した京都YMCAの功績について、朝日新聞は次のように述べている。

　　「実業団野球熱の勃興を看取した三条青年会館が主催者となってこの大会を開いたのは頗る機宜に適した遣口で、この趣勢で押行けば軈ては関西野球界の覇を称ふる京都の中等学校其他と相提携して大阪実業団と立派に対抗する事が出来るだろう」[71]。

　1917年（大正6）8月3～5日に開催された第2回大会（京都YMCA主催、大阪朝日新聞京都支局後援）には16チームが参加し、その規模は全国一であった。YMCAチームは京都駅と京都大学事務室および藤井商店を破り、優勝戦に進出したが、京都市事業部に12対2の大差で破れ、優勝を逃した。1918年（大正7）8月2日から5日に第三高等学校校庭で開催された第3回大会では、参加チームは21になり、藤井商店が京都市事業部に勝って全国大会に進出した。1919年（大正8）7月17日から21日、第4回実業団野球大会（岡崎グラウンド）が12チームによって行われた。決勝は市役所対京都駅チームとなり、市役所チームが勝利した。
　野球は先に紹介した都下実業団野球大会のほか、全国中等学校野球大会[72]が刺激となって京都YMCAでも活発になり、1925年（大正14）8月20日には野球部が誕生した。そして、毎週1回以上、岡崎公園内グラウンドで練習や試合を行った。1927年（昭和2）、野球部は練習場所がないので、

毎休日ごとに場所確保に困っていた。

(3) 卓球 [73)]

　1917年（大正6）10月27日と28日に第2回京都実業団ピンポン大会（6人1チーム）が行われ、7チーム（KPクラブ、七村クラブ、LPクラブ、PPクラブ、ホワイト、YMCA、大学事務所）が参加し、KPクラブが優勝した。1918年（大正7）には、8月13日から15日まで実業団ピンポン大会が開催された。日出新聞社の後援を得て、5人組8チーム（銀行や日出新聞社社員、YMCA英語学校生徒など）が参加し、ホワイトチームが優勝した。この大会では、選手たちより出場範囲を学生階級まで広げるようにという要望があり、京都ピンポン大会として毎年2回挙行する予定が決定された。9月8日、京都YMCAのNPと京都師範ピンポン部の試合が行われ、京都師範の勝利となった。

　1919年（大正8）6月7日と8日には、実業団9チームと学生団6チームが参加した京都ピンポン大会が、京都YMCA主催によって開催された。優勝はホワイトクラブであった。これを機に、YMCAピンポン部とホワイトクラブ（卅四銀行）が発起人となり、京都ピンポン協会が設立された。

　1921年（大正10）10月16日に京都YMCAが開催した卓球大会は、京都卓球協会と協同し、大阪毎日新聞京都支局後援のもとで会館内において実施された。

　1922年（大正11）には、9月3日に京都市内商店チーム競技会、9月17日に関西大会京都個人予選大会、12月20日にYMCAチーム個人競技会が開催された（詳細不明）。第3回関西卓球選手権大会は大日本卓球協会が主催し、京都YMCAが後援して、1923年（大正12）11月18日に京都YMCA会館大講堂で開かれた。このときの出場選手は50名であり、東は名古屋、西は門司から参加した。京都YMCAの石山選手は惜しくも二位にとどまったが、上位入賞の8名は大正13年度日本争覇戦の出場権を獲得した。

　1926年（大正15）5月9日、京都YMCA卓球部は第2回全国オールドボーイズ卓球大会を開催し、山口が個人優勝を達成している。この年の卓

球部の活躍はめざましく、バスケットボール部員と同じく、市内の平安女学校で山口主将、桑原、菊地らの部員がコーチとして働いた。また、部員が他の競技会の審判を務めることも少なくなかった。組織的な貢献として、6月11日に大日本卓球協会京都支部を新たに会館内に設置することにも協力した。11月には、卓球部はバスケットボール部と共に第3回明治神宮競技会に出場し、3回戦まで勝ち進み、静岡県代表と対戦したが、3対2で敗れた。

　1928年（昭和3）には、多くの大会が開催された。まず、1月22日、第7回優勝カップ戦が50余名が参加して行われ、優勝は同志社予科の樋口氏であった。2月26日には第1回全京都オールドボイズ個人大会がYMCAホールにて行われ、3月4日には第1回昭和3年度全京都卓球個人選手権大会が100余名の参加によって開催された（優勝は鐘紡山科の山下であった）。これらを機に、4月、京都YMCA卓球クラブが設立された。京都YMCAは、6月3日には第1回京都青年団卓球個人大会を開催し（参加者70余名）、17日には第5回京都市内女子校卓球チームリーグ戦（7校出場）を開催した。この大会では、平安女子校チームが全勝で優勝した。さらに、10月17日には第8回YMCA卓球カップ戦を、11月18日には第1回京都府下新人卓球大会（数百名の参加）を行った。

　1929年（昭和4）2月17日、大日本YMCA卓球連盟主催で第1回全国YMCA卓球選手権大会が、京都YMCAにおいて開催された。この大会での入賞者は、神戸YMCAと京都YMCAのみであった。その後、卓球部は屋内スポーツ施設で活動を行った。1939年（昭和14）には学生数が増え、ピンポン室が教室となり、ボーリングアレーがピンポン室となった。

　卓球は、大正期に大日本卓球協会と京都YMCAが協力し、実業団、学生団を中心に大会を開催し、普及に貢献した。昭和に入り、個人選手権や女子校リーグなども行われ、広がりをみせた。

（4）ボーリング[74]

　1916年（大正5）5月9日、ボーリングアレー2座が竣工し、12日に開始式が行われた。そして、9月12日から14日に第1回ボーリング大会が

催され、12チームが試合を行い、スターチームが優勝した。10月26日には、ボーリング部は階級決定競技会を行った。

1917年（大正6）1月16日より18日まで、ボーリング部は3人1組のチーム対抗マッチゲームに、2人1組マッチゲーム及びキャンドルピンゲームを併せて行った。参加12チームで、スターMチームが優勝した。4月16日より1週間、第3回競技会が開催され、3種競技（キャンドルピンゲーム、ダックピン、ヘッドピン）により番付作成が行われた。11月6日から8日まで、3人組12チームによる第2回ボーリング大会が開催され、スタークラブが連続優勝した。12月6日には、第1回実業団大会が3人組対抗2回ゲームで行われ（参加チーム9）、漣倶楽部Aが優勝した。

1918年（大正7）2月18日より1週間に渡って開催された競技会では、個人競技としてダックピンゲームとキャンドルピンゲームおよびヘッドピンゲームが実施され、40名が参加した。10月8日から4日間行われた第3回ボーリング大会（3人組2回ゲーム）では、バリカントAチームがスター倶楽部を破り、優勝した。12月3日から5日間に渡って行われた2人組2回ゲーム対抗競技会には20チームが参加し、スター倶楽部が優勝した。

1924年（大正13）8月21日と22日には、ボーリングアレー第1回夏期大会が開催された。参加者は30名で、3ゲームの総点の最高得点者を一等とした。優勝者は角信一で、284点であった。この大会は、YMCAが今後ボーリングを奨励するために春、夏、秋、冬に大会を開くことになったことを受け、開催されたものであった。1925年（大正14）1月23日と24日には、23名の参加者によるボーリングアレー競技が開催された。1等は276点を獲得した富田であった。

しかし、1926年（大正15）7月には、ボーリングアレーの利用が低調となり、大会を開くかどうか協議されるほどになった。8月13日と14日には、参加者18名で大会が開かれた。その後、1927年（昭和2）には、会員募集にあたり、ボーリングアレーの利用者が少なくライバルがいなくて張り合いがないが、手軽にできる運動としてボーリングを推奨した。1939年（昭和14）には学生増加により教室が不足し、ボーリングアレーは閉鎖

されることになった。

　ボーリングについては、他に同様な施設がなく京都YMCAでのみしかできないこともあり、大きな大会を開催する程にはならなかった。

（5）柔道と剣道[75]

　1916年（大正5）10月21日、京都YMCA主催の柔道大会が、26日には剣道大会が行われた。1917年（大正6）3月20日には少年部剣道試合が行われ、5月23日には春季武道大会が開催された。その他にも、柔道や剣道の進級大会や紅白試合を行われていたが、1920年（大正9）京都YMCA日本体育部（柔道・剣道）が廃止され、京都YMCAにおける柔道と剣道の活動は見られなくなった。

まとめ

　「屋内スポーツ施設」設置に伴い、大正期より各YMCAでは様々な大会やリーグ戦が開催されていった。

　東京YMCAでは、バスケットボールの大会やリーグ戦は大正期においてブラウンたちがYMCAを中心に進め、昭和に入り次第に大学チームや中等学校、会員クラブや企業、さらには女子校の大会開催と広がりをみせるようになった。また、東京YMCAでは日本唯一の室内プールを有しており、会員のみならず企業同士の対抗戦や中等学校の大会、さらにはオリンピック選手の練習場所としても利用されていた。

　大阪YMCAでは、関西圏を中心として神戸YMCAや京都YMCAともバスケットボールの試合などで交流があった。昭和期（戦前）には学校チームの参加する大会を開催したり会場として「屋内スポーツ施設」を提供するなど関西圏のバスケットボールの普及に貢献した。

　横浜YMCAでは、県下のバスケットボール大会を開催し、審判や大会の運営にも携わった。また、県のバスケットボール連盟の発足にも貢献した。バレーボールについては、「ダブルフォアメンバレーボール」を開発し、独自の大会を開いたり、県のバレーボール教会の理事を輩出するなど県内のバレーボールの普及に大きな役割を果たした。さらに、バドミント

ンの普及にも力を入れ、リーグ戦などを開催した。

　神戸YMCAもバスケットボールは人気で、大正期にはYMCA同士の試合が多くみられたが、次第に中等学校や女子学校の大会開催も見られるようになり、広がりをみせていた。

　京都YMCAのバスケットボールは、大正期には極東選手権競技大会の日本代表チームになるなど活発に活動し、試合やリーグ戦にも多く参加していた。野球や卓球においても協会と協力し大会を開催し普及に努力した。ボーリングアレーは、大正期にでき大会等も開いていたが、昭和期にYMCA会館内の教室不足に伴い施設は取り壊され閉鎖された。

第3節　体育大会と実演会の開催

　都市YMCAは会員や会員家族同士の親睦のために、または一般の人たちへの宣伝のために、体育大会や実演会を開催した。実演会は体育実演会、競技実演会、エキジビションやデモンストレーションという名で実施された。しかしながら、京都YMCAと神戸YMCAにおける体育大会と実演会に関する資料は、残念ながら未発掘である。これに対して、横浜YMCAの活動に関する史料は比較的残されている。以下では、東京YMCAと大阪YMCAそして横浜YMCAに焦点を当てて、考察を進めることにする。

第1項　東京YMCA

　東京YMCAでは、1917年（大正6）に体育館の開館エキジビションとしてブラウンたちがタンブリングの妙技を行った記録が残っており[76]、この時期から定期的にこのような実演会が行われていたと思われる。

　1931年（昭和6）3月19日には、器械体操エキジビションが行われた。プログラムでは、準備運動の後ロングホース、フライングリング、鉄棒、マットエキササイズ、パラレルバースが実施された。これらの種目はYMCA器械運動部員だけでなく、早稲田大や慶応大など各大学器械運動部員や陸軍戸山学校そして海軍砲術学校からの出場者によって行われた。

また、1931年（昭和6）3月27日午後6時より、東京YMCAの体育部デモンストレーションが開催された。室内プールでは水泳（日米対抗）と飛込み（YMCA会員）が行われ、屋内スポーツ施設ではバスケットボール（アメリカンスクール対イーグルクラブ）、基本体操（YMCA会員）、器械運動（YMCA会員）、バレーボール（YMCA会員）が行われた。5月2日には春季体育大会が行われた。プログラムはイーグル対外人選抜軍のバスケットボール試合、器械体操、炬火体操、ピラミッドビルディング、二階堂体育専門学校の薙刀、ダンスなどであった。1931年（昭和6）12月19日には、クリスマス体育大会がプールと屋内スポーツ施設において行われた。青年部対少年部の水泳リレーでは、青年部は平泳ぎ、少年部は自由形で行った。また、炬火体操がプールで行われた。屋内スポーツ施設ではイーグル対アメリカンスクールのバスケットボールゲーム、少年部のマットワーク、青年部の器械運動、デンマーク体操などが行われた。このデモンストレーションには500名もの観客が集まった。[77]

1932年（昭和7）11月23日、東京YMCAは少年部主催の第1回体育大会を開催した。これは少年部会員だけで体育のデモンストレーションを行うという企画で開かれ、バスケットボール戦、デンマーク体操、ゲーム、器械運動、マットワーク、ラグビー、ピラミッド、水泳によってプログラムが作成されていた。観覧席は出場会員の父兄姉妹で賑わった。

1934年（昭和9）4月13日と14日には、新人会員募集運動を援用するための春季体育大会で水泳と器械体操のデモンストレーションが行われた。6月16日には、総合体操大会が開催され、日本女子体専、四谷婦人会、自由学園、成城学園等が出演し、400名の観客が集まった。年末の12月8日には、クリスマスダイビング大会が行われ、立前棒飛（伸び切り型）、走り前棒飛（伸び切り型）、走り前飛（伸び切り型）、走り前飛（蠍型）、後棒飛び（伸び切り型）、後飛（伸び切り型）、走前棒飛半回捻り（伸び切り型）が行われた。12月18日には自由泳ぎ、ダイビング、平泳ぎ、背永、リレー、余興などが行われた。12月14日にはクリスマス体育大会が行われた。音楽の演奏に続いて、総主事である村尾昇一と山本忠興（工学博士）による挨拶がなされた。この後、バスケットボール試合（アメリカンスクー

ル対イーグルクラブ)、基本体操、器械体操紅白試合、少年部運動クラス、器械体操、模範徒手教示、縄跳び、女子基本体操(自由学院生徒)が実施された。

　1935年(昭和10)3月23日、会員中デパートの団体会員として唯一の三越が体育デモンストレーションを行った。東京YMCAの会員で三越デパートの団体会員たちが、会館の上ではバスケットボールゲームを、下では水泳大会を行った。1935年(昭和10)5月22日、東京YMCAに新しく会員として入会してきた者を歓迎するデモンストレーションが実施され、約500名の来館者を得た。内容はバスケットボール試合(府立一商対府立実工)とレスリング、縄跳び、徒手体操、器械運動などであった。

　1936年(昭和11)12月の体育大会はフェンシング、ボクシング、重量挙げ、マットワーク、少年部ゲーム、縄跳び、ミハルス体操、バスケットボール、器械体操などでプログラムが構成されていた。1937年(昭和12)5月に行われた「春の体育大会」はバスケットボールの都下中等学校決勝戦、バレーボール、少年部ゲーム、ホテル学校生徒による基本体操、マットワーク、新興スポーツ(重量あげ、ボクシング、ナワトビ、器械体操、水泳、ダイビング等)によってプログラムが構成された。12月11日に行われた「冬の体育大会」は午後6時より始まり、8時半まで行われた。プログラムはバレーボール試合(6人制)、バスケットボール試合(外来軍団対YMCA軍)、挨拶(村尾昇一総主事)、基本体操、フェンシング、重量挙げ、拳闘、バドミントン、諸ゲーム、マット運動、器械体操(高等種目)であった。

第2項　大阪YMCA

　大阪YMCAは、1926年(大正15)11月20日と21日に「屋内スポーツ施設」において、第1回体育実演会を行った。これは「屋内スポーツ施設」開館1周年を記念して催され、2日間で約千人もの観衆が集まった。内容は、ライアン夫人のピアノ伴奏に合わせて行う亜鈴体操や棒体操、ピラミッド作りや平行棒、象飛び、リレーレースなどであった。特に、平行棒は竹内、ライアン、松葉、石渡、岸、中井、羽室の指導者によって実演

された。また、バスケットボールのGB対大商クラブ、OBクラブ対RDクラブの実演があり、最後に剣道・柔道があって会を閉じた。

　1930年（昭和5）10月24日、大阪YMCAは日本におけるYMCA創立50周年を記念して、体育実演会（ジムナスチック、エキビジション）を開催した。少年部の行進と体操に続いて、八幡、別所、中井、石渡等によって鉄棒、平行棒、跳環、部員のピラミッドビルディングが披露された。その後、ボクシングの模範試合と剣道試合が数試合行われ、次に柔道の型が村田師範ら数人によって披露された。最後に、バスケットボールの試合が豊中中学と高津中学の間で行われた（53－40で豊中中学の勝利）。

　1931年（昭和6）6月6日、東京YMCAの器械部及びイーグルバスケットボールクラブ員23名が、大阪YMCAにおいて体育実演会とバスケットボール試合を行った。この実演会は、南区内の13の学校の代表教師が参観した。プログラムでは、まず、イーグル倶楽部対大阪商大チーム（36－30で商大勝利）、GB対イーグル（43－42でGBの勝利）のバスケットボール試合が行われた。次いで、東京YMCA器械クラブ員によるクラス体操（メーズラン、バックとサイドホース、スプリングボードとマット）、体育遊戯、デンマーク基本体操、器械運動（鉄棒、サイドホース、平行棒、フライングリング）、ピラミッド（五六種）、タンブリング及び象飛び、炬火体操（トーチ、スイング）が行われた。関西ではこのような実演会を行うことは珍しく、特にデンマーク基本体操は珍しかった。

第3項　横浜YMCA

　横浜YMCAでの体育部主催の体育実演会は、「屋内スポーツ施設」を会場として1921年度（大正10）から始まった。この年には4回の「体育実演会」が行われた。そのうち、10月15日に開催された「体育実演会」は、YMCAの創始者であるジョージ・ウイリアム誕生100年を記念する事業として行われた。同時に、この実演会はYMCAの宣伝及会員募集を企図して、会員及び市民（大衆）の参観を促した。

　また、1922年（大正11）5月13日に行われた体育部主催の「体育実演会」（「春季大実演会」）は、見学のために欧米に出かけていた高島主事の帰

資料1　春季大演芸会プログラム　1922年[78]

> 春季大実演会　1922年（大正11）5月13日
> 　横浜YMCA体育場　　午後7時〜
> 1. メーズラン、各種運動
> 2. 棒体操
> 3. 吊環
> 4. 蛇這競走
> 5. カマリンスカイヤダンス
> 6. 馬跳
> 7. 六種競技全優勝者メタル授与式
> 　ライアン先生メタル贈呈式
> 　高島主事欧米体育談
> 8. 遊戯、危険な隣
> 9. 転跳運動
> 10. 平行棒
> 11. 滑稽、豆自動車及ボート競走
> 12. 鉄棒
> 13. 炬火体操

国報告（欧米体育談）、横浜YMCAの体育指導にあたっていたライアン牧師への謝恩、「六種競技」、優勝者へのメダル授与式を含む大実演会となった。この内、「六種競技」は北米青年会同盟が体育の世界統一を図ることを目的とし、全米のYMCAで毎年成人に実施していた競技であり、日本では東京と横浜のYMCAのみが実施していた。この実演会に来場した観衆は会館内外を含め300名以上となった。この実演会（資料1）で使用した吊環や平行棒そして鉄棒といった器具は、当時では他でほとんど見ることの出来ない新しい器具であり、これらの器具を用いた体操は多くの人を魅了した。

　その後、1923年（大正12）9月に起こった関東大震災によって、会館内部は多くを焼失し、「体育事業」は一時期停滞した。

　震災復興期における「体育実演会」のプログラムの特徴は、震災によって損傷した体育場設備が復旧する中で、これまでの吊環や平行棒といった器械体操種目に代わり、ダンベル廻しリレーやバスケットボールそしてバ

資料2　体育実演会プログラム　1924年[79]

```
第6回体育実演会　1924年（大正13）10月25日
　　　横浜YMCA体育場　午後6時半～
　Speech（挨拶）　　　　　　　　　　　村上総主事
　Piano Solo（奏楽）　　　　　　　　　笹倉康枝
　Maze Run and Mat Work　　　　　　　 部員
　　（メーズランとマットウォーク）
　Wands Drill（ワンズ　ドリル）　　　　部員
　Games（ゲーム）　　　　　　　　　　 部員
　　a Rolling Dumb-bell（ダンベル廻し）
　　b Reley Race（リレーレース）
　Special Mat Work Tumbling　　　　　　部員
　　（スペシャル　マット　ウォーク）
　Basket Ball（バスケットボール）　　　関東学院 A 対 B
　　　　　　　　　休憩
　Volley Ball（バレーボール）　　　　　YM 第1選手　赤対白
　Dumb-bell Drill（ダンベルドリル）　　 部員
　Pyramid Building（ピラミッド）　　　 部員
　Moon Night Dance（体育ダンス）　　　部員
　Basket Ball（バスケットボール）　　　YM 第1選手
　Touch Swinging（トーチスインギング）部員
　　　　　　　　　終り
```

レーボールといったボールゲームが加わっていることである。1924年（大正13）10月25日午後6時半より行われた第6回体育実演会（資料2）は、横浜YMCA体育場において400名もの観衆を集めて行われた。この時の「体育実演会」では、ボールゲームや器械体操など多彩な種目がプログラムに取り入れられた。

　また、各学校や団体チームの希望により、YMCA体育部内のチームが主としてバスケットボールやバレーボールの試合を行った。このような親しいチームを招待しての対戦は「競技（ゲーム）実演会」と呼ばれ、「体育実演会」とは別に観覧者を招いて行われた（関東大震災前後の資料が焼失しており、競技実演会の開始がいつなのかは確認できないが、第4回競技実演会が1924年5月に行われており、第1回開催は1922年前後だと思われる）。

資料3　体育実演会プログラム　1925年[80]

体育実演会プログラム 1925年（大正14）5月25日
横浜YMCA会館体育場　（午後6時半～）
　司会者………………内海主事
　Speech………………村上穂主事
　Piano Solo……………笹倉康枚嬢
1　Maze Run and Class apparatus Work （メーズランと初歩機械運動）
　　Mat Work………少年部
　　Side Horse………青年組
　　Paralell Bar………青年組
2　Wand Drill （ワンズ　ドリル） ………少年部
3　Side Horse （サイドホース） ………青年組
4　Spanish Oxen Dance （体育ダンス） ………有志
5　Mat Work and Tumbling （マットウオークとタンブリング）…青年組
6　Basket Ball （バスケットボール） ……YM第一選手対ジャコバン
　　　　　　　　　　　－休憩－
7　Volley Ball （ヴォレーボール） ………ビジネスメンクラス
8　Flying Ring （フライングリング） ………青年組
9　Dumbbell Drill （ダンベル　ドリル） ………英語学校
10　Games　a‐Kangaroo Relay　Race　部員一同
　　ゲーム　b‐Y.M.C.A.Relay Race　　部員一同
11　Irish Lilt Dance （体育ダンス） ………青年組
12　Pyramid Building （ピラミッド） ………部員一同
13　Paralell Bar （パラレルバー） ………青年組
14　Elephant Vanlting （像跳ビ） ………青年組
15　Totch Swinging （トーチスインギング） ………青年組
　　　　　　　　　　　－終り－

　1925年（大正14）に行われた「体育実演会」と「競技（ゲーム）実演会」を比較してみると、「体育実演会」（資料3）はピアノ伴奏での器械運動、リレー、ダンス、組体操、バスケットボール等を行っている。これは、体育部で実施されている全ての運動種目を組み込んで、YMCA会員によって実施されたものであった。しかし、震災のため吊り輪や鉄棒は焼失したままであり、大規模な器械運動は実施できなかった。
　他方、「競技（ゲーム）実演会」では、村上総主事のスピーチの後、

YMCAの部員のみならず関東学院や英語学校のスタッフが参加したバスケットボールの試合が5試合、バレーボールが1試合実施された。このように、「競技（ゲーム）実演会」は体育実演会とは実演種目を異にし、ボールルームだけで構成されていた（資料4）。

これら体育実演会とゲーム実演会のプログラム兼招待状は会員並びに会員家族、さらに学校や団体に発送されており、観覧者の中にこれら関係者も多くいたと考えられる。

資料4　競技（ゲーム）実演会プログラム　1925年[81]

```
競技（ゲーム）実演会　1925年（大正14）6月5日
 横浜YMCA体育場　午後7時～
 Speech　　　村上総主事
 1.Basket Ball　スワロ対関東学院
 2.Basket Ball　英語学校対スタッフ
 3.Basket Ball　T.B対ジャコバン
               休憩
 4.Volley Ball　本年度関東選手権獲得チーム紅白試合
 5.Basket Ball　オリヲン対ジャコバン
 6.Basket Ball　第1選手対オールミックス
               終り
```

横浜YMCAの体育場は1926年（大正15）6月から会館の増改築のために閉鎖されたが、1927年（昭和2）5月には約300人の観覧席を備えた「屋内スポーツ施設」が完成した。その後、1928年（昭和3）より「体育実演会」が再開され、毎年1回主として春に開催されるようになった。また、競技（ゲーム）実演会は基本的には毎年春と秋に企画され、実施された。

1928年（昭和3年）11月28日に実施された「競技実演会」（資料5）のプログラムには、バスケットボールやバレーボールなどのボールゲームのほか、遊戯として各種リレーレースや障害物競技、さらには器械運動部員による横木馬や平行棒などの運動が組み入れられた。

1929年（昭和4）から1931年（昭和6）まで開催された「競技（ゲーム）実演会」では、館外チームを含めたバレーボールやバスケットボールの試合がプログラムの中心を占めるようになる。また、1931年（昭和6）4月

資料5　競技実演会プログラム　1927年[82]

> 競技実演会プログラム 1928年（昭和3）11月28日
> 　　横浜YMCA体育場　（午後6時半〜）
> 1. 挨拶……水崎基一
> 2. バスケットボール1……少年部（赤組対白組）
> 3. 横木馬……器械運動部員
> 4. バレーボール……ビジネスメンクラス対関東学院チーム
> 5. 遊戯……少年部員及器械運動部員
>   a. 危険なお隣
>   b. Y.M.C.A. リレーレース
>   c. 室内障害物競走
> 6. 平行棒……器械運動部員
> 7. バスケットボール……黒船クラブ（関西遠征軍対留守軍）
> 　　　　　　　　　　－終わり－

25日開催の「競技（ゲーム）実演会」には、初めて女子のバスケットボールチームやバレーボールチーム（県立女子師範や第4回明治神宮大会バレーボール優勝チームである竹早チーム）が参加し、観覧者は500名であった。この時期の「実演会」は、体育部による事業の中で一番大きな仕事であり、観覧者も軒並み450〜500名を数え、盛況であった。

しかし、1932年（昭和7）11月19日に開催された秋の競技（ゲーム）実演会では、再び器械運動部員が跳び箱などの種目を余興として実施している。その後、1933年（昭和8）11月18日開催の競技（ゲーム）実演会にお

資料6　競技（ゲーム）実演会プログラム　1933年[83]

> 競技実演会　1933年（昭和8）11月18日
> 　　横浜YMCA体育場　午後5時半開館
> 1. 挨拶　　柴田伊之助
> 2. 排球　（英和女学校対YM婦人クラブ）
> 3. 籠球　（YC & AC 対 YM 婦人クラブ）
> 4. 器械運動　（YM器械運動部有志）
> 5. 排球　（横浜工高対 YM 排球クラブ）
> 6. 籠球　（横浜専門対 YM 黒船クラブ

いても、バスケットボールとバレーボールの試合途中に器械運動が行われており、以前のような種目の明確な区分はなくなっている。

1930年（昭和5）以降、「体育実演会」は「体育実演会」や「体育大会」あるいは「室内体育大会」という名称の下に行われた。「実演会」でも形を変え、「試合の夕」でも良いと述べられている[84]ことから、名称自体にあまりこだわらなくなったと思われる。1930年（昭和5）5月10日に開催された「体育大会」では、体育部顧問である平沼亮三が、挨拶の中で「現代のスポーツは学生のスポーツの観あり、須くビジネスメンスのスポーツたらしめよ」[85]と絶叫し、社会人のスポーツ活動を応援した。この時の観衆は500〜600名であり、大盛況であった。また、1934（昭和9）5月19日開催の「室内体育大会」は、横浜YMCA創立満50周年記念祝賀を兼ねて行われ、器械運動とボールゲームを合わせた大会となった。さらに、1938年（昭和13）5月14日に実施された「室内体育大会」では、器械体操に加えバドミントンやフェンシングそしてデンマーク基本体操が組み入れられ、新しい種目の紹介が行われた。来観者は400名に及んだ。その後、1941年（昭和16）5月24日に開催された「室内体育厚生の夕」（資料7）

資料7 「室内厚生体育の夕」プログラム 1941年[86]

```
室内体育厚生の夕　1941年（昭和16）5月24日
横浜YMCA体育場　午後6時半〜
1. ピアノ（ショパン作品10.12番）　近藤蔦子
2. 斉唱（大日本の歌）　　　　　　会衆全員
3. 挨拶（YMCA体育部顧問）　　白山源三郎
4. 籠球（女子）　白菊クラブ対女子商業クラブ
5. バドミントン（ダブルス）
6. 剣道　　　　剣道組有志
7. デンマーク式基本体操　　体操クラス有志
8. レスリング（早稲田大レスリング部選手模範試合）
9. 四人制排球　　体育部委員対婦人クラブ
10. フェンシング（練習と正規試合）　　YMCA
11. 籠球（男子）　横浜高商チーム対黒船クラブ
　　　　　　　　　　　終り
```

では、「大日本の歌」の斉唱の後、バスケットボール（女子）、バドミントン、剣道、デンマーク式基本体操、レスリング、四人制バレーボール、フェンシング、バスケットボール（男子）といった多彩な種目が実演された。

　これら「実演会」のために、横浜YMCA体育部は招待券を会員やその家族あるいは彼らが所属する団体・学校に事前に配布した。参加者は会員やその家族をはじめ、各学校の体育教師あるいは学生達が多く、前もって団体で申し込むなどして招待券も品切れになるほどであった。[87]

　横浜YMCAがこの時期に行っていたバスケットボールやバレーボールの「講習会」の参加者の中には招待券を送ったと思われる学校の教員が多くいたこと、この講習を受けた教員や学生達を含んだ多くのチームが神奈川県下のバスケットボール大会やバレーボール大会等に参加していることからすると、「実演会」はバスケットボールやバレーボールなどの新しい種目に出会う「場」として重要な役割を担っていたと思われる。

まとめ
「体育大会」や「実演会」は、その名称については「競技実演会」や「エキジビション」など様々に使われたが、内容的にはボールゲームや器械体操などを混ぜ合わせたプログラムによって来館者を多く呼び寄せていた。この「実演会」はYMCAの宣伝ならびに新しい種目の紹介や会員募集あるいは会員家族との親睦の目的をもって行われたが、学校関係者や企業そして学生たちも観覧に招待され、バスケットボールやバレーボールなども含め、様々な種目に出会う場としての役割を担っていた。

おわりに

　新しく「屋内スポーツ施設」が設置されると、ここを中心に「体育事業」が展開されるようになった。各YMCAは、施設利用のために「利用時間割」を作成し、会員同士でつくったクラブやクラスによる活動を行った。ビジネスメンのためのクラスは、仕事のある者のために、仕事帰りに立ち

寄って運動に親しんでもらうために開設されたものであった。また、女性のためのクラスやクラブ、夜学校や英語学校の生徒や大学生でつくるクラブや企業クラブも次々につくられた。東京YMCAの室内プールは、オリンピック選手の練習の場としても利用された。さらに、利用するクラブの増加とともにレスリングやフェンシング、バドミントン、デンマーク体操など新種目のクラスが開設されていった。京都YMCAではボーリングアレーが設置され、当時としては非常に珍しく多くの人に利用された。

　バスケットボールの大会やリーグ戦は大正期においてブラウンたちがYMCAを中心に進め、昭和に入り次第に大学チームや中等学校、会員クラブや企業、さらには女子校の大会開催と広がりをみせるようになった。

　一方、東京YMCAや大阪YMCAそして横浜YMCAは、会員やその家族あるいは彼らが所属する団体・学校の関係者を対象に「実演会」を開催した。この「実演会」はYMCAの宣伝及び会員募集をも意味しており、バスケットボールやバレーボールなどの試合や器械体操あるいは新種目の紹介などを行い、一般市民にも参観を促した。

注
1）京都YMCAを除く東京、大阪、横浜、神戸YMCAについては、第2期の会館建設により体育関連の設備が飛躍的に充実し、活動が活発になっていった様子を明らかにする。一方、京都YMCAは他の4YMCAとは異なり、大きな「スポーツ施設」の建設や改築はなされなかった。また、ブラウンが比較的頻繁に指導に当たったため、大正の後半にはすでにさまざまな活動やクラブが展開されていた。したがって、京都YMCAのみ第2期の会館建設を節目とするのではなく、グラフトンが主事として着任した時を節目として、京都YMCAの体育事業をみていく。
2）東京YMCAにおける活動実態については以下の史料を参考とした。
　　東京基督教青年会、東京青年
　　　　1927、7月号、p.3。
　　　　1928、1月号、p.4、2月号、p.2、3月号、p.2。
　　　　昭和7年　春　東京YMCA体育クラス時間割（原文書）。
　　　　東京基督教青年会会員クラブ規定、1932（原文書）。
　　　　昭和8年度体育クラス出席者統計（原文書）。

　　　　昭和 11 年度体育クラス出席者統計（原文書）。
　　　　昭和 15 年度体育クラス出席者統計（原文書）。
3）東京基督教青年会、東京青年、1927、7 月号、p.3。
4）東京基督教青年会、東京青年、1928、1 月号、p.4、2 月号、p.2、3 月号、p.2。
5）昭和 7 年　春　東京 YMCA 体育クラス時間割（原文書）。
6）東京基督教青年会会員クラブ規定、1932（原文書）。
7）昭和 8 年度体育クラス出席者統計（原文書）。
8）昭和 11 年度体育クラス出席者統計（原文書）。
9）昭和 15 年度体育クラス出席者統計（原文書）。
10）大阪 YMCA における活動実態については以下の史料を参考とした。
　　大阪基督教青年会、大阪青年
　　　　1926、2 月号、p.8。
　　　　1927、9 月号、p.3、10 月号、p.7。
　　　　1928、2 月号、p.3、6 月号、p.7、10 月号、p.3。
　　　　1930、9 月号、p.6。
　　　　1931、4 月号、p.3。
　　　　1933、5 月号、p.5。
　　　　1934、5 月号、p.6。
11）大阪基督教青年会、大阪青年、1926、2 月号、p.8。
12）大阪基督教青年会、大阪青年、1927、2 月号、p.7。
13）大阪基督教青年会、大阪青年、1926、11 月号、p.6。
14）大阪基督教青年会、大阪青年、1927、2 月号、p.9。
15）大阪基督教青年会、大阪青年、1927、2 月号、p.9。
16）大阪基督教青年会、大阪青年、1933、5 月号、p.5。
17）大阪基督教青年会、大阪青年、1934、5 月号、p.6。
18）横浜 YMCA における活動実態については以下の史料を参考とした。
　　横浜基督教青年会、横浜青年
　　　　1924、5 月号、p.6。
　　　　1932、3 月号、p.3、9 月号、p. 不明。
　　横浜 YMCA 体育部、四人制排球を考案した趣意について、1959（原文書）。
　　廣田資料。
19）横浜基督教青年会、横浜青年、1924、5 月号、p.6。
20）横浜基督教青年会、横浜青年、1932、9 月号、p. 不明。
21）横浜基督教青年会、横浜青年、1932、3 月号、p.3。
22）横浜 YMCA 体育部、四人制排球を考案した趣意について、1959（原文書）。
23）廣田資料。

24）廣田資料。
25）神戸YMCAにおける活動実態については以下の史料を参考とした。
    神戸基督教青年会、神戸青年
        1922、4月号、p.1。
        1928、1月号、p.11。
        1929、4月号、p.4、p.10、7月号、p.6。
        1930、2月号、p.5、p.10、12月号、p.10。
        1936、6月号、p.14。
        1937、5月号、p.15。
    神戸基督教青年会、大正十年度事業報告、1922（原文書）。
    神戸基督教青年会、大正十一年度事業報告、1923（原文書）。
    神戸基督教青年会、大正十三年度事業報告、1925（原文書）。
    神戸基督教青年会、昭和十年度事業報告、1936（原文書）。
26）神戸基督教青年会、神戸青年、1922、4月号、p.1。
27）神戸基督教青年会、神戸青年、1928、1月号、p.11。
28）神戸基督教青年会、神戸青年、1929、4月号、p.10。
29）神戸基督教青年会、神戸青年、1930、2月号、p.10。
30）京都YMCAにおける活動実態については以下の史料を参考とした。
    京都基督教青年会、京都青年
        1916、1月号、p.5。
        1917、1月号、p.4、p.8、6月号、pp.2-3、11月号、p.10。
        1918、2月号、p.5、4月号、p.2、5月号、p.7、9月号、pp.2-3。
        1920、3月号、p.7。
        1922、1月号、pp.3-4、4月号、p.2。
        1923、5月号、p.4。
        1924、5月号、p.5。
        1925、9月号、p.7、10月号 p.4。
        1926、3月号、p.4、6月号、p.5。
        1927、11月号、p.5。
        1928、12月号、p.5、p.9。
        1939、2月号、p.2、5月号、p.4。
    常務理事会記録（10月）、1921（原文書）。
    京都基督教青年会、大正八年度事業報告、1920（原文書）。
    京都基督教青年会、大正九年度事業報告、1921（原文書）。
    京都基督教青年会、大正十二年度事業報告、1923（原文書）。
    京都基督教青年会、昭和九年度事業報告、1935（原文書）。

大正五年度年中行事摘要、1916（原文書）。
31）京都基督教青年会、京都青年、1918、9月号、pp.2-3。
32）京都基督教青年会、京都青年、1917、1月号、p.不明。
　　大正5年度年中行事摘要より。ボーリングアレーの設備は2レーン置かれ、1930年（昭和5）当時の日本では京都の他に東京YMCAと大連YMCAに設備されていた（大連YMCAでボーリングが開始されたのはさらに古く、明治44年5月3日であった）。
33）京都基督教青年会、京都青年、1917、6月号、pp.2-3。
34）京都基督教青年会、京都青年、1917、11月号、p.10。
35）京都基督教青年会、京都青年、1918、4月号、p.2。
36）京都基督教青年会、京都青年、1918、5月号、p.7。
37）常務理事会記録（10月）、1921（原文書）。
38）京都基督教青年会、京都青年、1922、1月号、p.3。
39）京都基督教青年会、京都青年、1922、1月号、pp.3-4。
40）京都基督教青年会、京都青年、1923、5月号、p.4。
41）京都基督教青年会、京都青年、1926、6月号、p.5。
42）京都基督教青年会、京都青年、1916、1月号、p.5。
43）京都基督教青年会、京都青年、1927、11月号、p.5。
44）東京YMCAにおけるバスケットボールの競技大会に関しては以下の史料を参考とした。
　　東京基督教青年会、東京青年
　　　　1923、1月号、pp.3-5。
　　　　1925、2月号、p.5、11月号、p.5。
　　　　1928、1月号、p.7。
　　　　1930、3月号、p.不明。
　　　　1932、2月号 p.22、11月号、p.27。
　　　　1933、7月号、p.24。
　　　　1934、5月号、p.27。
　　　　1936、6月号、p.44、8月号、p36、10月号、p.41。
　　　　1937、7月号、pp.48-49。
　　東京基督教青年会、昭和七年バスケットボール試合統計、1933（原文書）。
　　東京基督教青年会、昭和八年度体育事業、1934（原文書）。
　　東京基督教青年会、昭和十年体育事業報告、1936（原文書）。
　　東京基督教青年会、昭和十一年体育事業報告、1937（原文書）。
45）東京YMCAにおけるバレーボールの競技大会に関しては以下の史料を参考とした。

東京基督教青年会、東京青年
　　　　1925、7月号、p.4、11月号、p.4。
　　　　1928、2月号、p.2。
　　　　1938、7月号、p.21。
　　東京基督教青年会、昭和八年度体育事業、1934（原文書）。
　　東京基督教青年会、昭和十一年体育事業報告、1937（原文書）。
46）東京YMCAにおける水泳の競技大会に関しては以下の史料を参考とした。
　　東京基督教青年会、東京青年
　　　　1923、1月号、p.6。
　　　　1924、11月号、p.7。
　　　　1928、3月号、p.6。
　　　　1929、3月号、p.2。
　　　　1931、5月号、p.17。
　　　　1932、3月号、pp.20-21。
　　　　1934、10月号、p.5。
　　　　1937、6月号、p.44。
　　　　1938、6月号、pp.23-25。
　　東京基督教青年会、昭和七年度体育デモンストレーション・エキシビション統計、1933（原文書）。
　　東京基督教青年会、昭和九年体育事業報告、1935（原文書）。
　　東京基督教青年会、昭和十年体育事業報告、1936（原文書）。
　　東京基督教青年会、昭和十一年体育事業報告、1937（原文書）。
47）東京YMCAにおける器械運動の競技大会に関しては以下の史料を参考とした。
　　東京基督教青年会、東京青年
　　　　1934、9月号、p.25、10月号、p.24。
　　　　1935、6月号、p.31、9月号、p.37、12月号、p.31。
　　　　1936、12月号、p.41。
48）東京YMCAにおけるハンドボールの競技大会に関しては以下の史料を参考とした。
　　東京基督教青年会、東京青年
　　　　1928、1月号、p.6。
　　　　1933、7月号、p.24。
49）東京基督教青年会、東京青年、1933、7月号、p.24。
50）東京YMCAにおける「背嚢行進競技」の競技大会に関しては以下の史料を参考とした。

東京基督教青年会、東京青年
　　　　　1934、5月号、p.4。
　　　　　1935、6月号、p.32。
　　　　　1936、6月号、p.45。
　　　　　1937、6月号、pp.42-43、12月号、pp.51-52。
　　　　　1938、6月号、pp.27-29。
51）震災前のウォーキングレースの詳細は不明。
52）東京基督教青年会、東京青年、1934、5月号、p.27。
53）東京YMCAにおけるその他の競技大会に関しては以下の史料を参考とした。
　　　東京基督教青年会、東京青年
　　　　　1938、7月号、p.20、10月号、p.28、12月号、p.26。
54）大阪YMCAにおけるバスケットボール及びバレーボールの競技大会に関しては以下の史料を参考とした。
　　　大阪基督教青年会、大阪青年
　　　　　1919、5月号、p.4、6月号、p.6。
　　　　　1920、4月号、p.5、5月号、p.6、6月号、p.6、11月号、p.6。
　　　　　1921、3月号、p.6、5月号、p.7、6月号、p.7、11月号、p.7、12月号、p.8。
　　　　　1922、6月号p.11、7月号、p.7、9月号p.9、10月号、p.7、11月号、p.8-9。
　　　　　1923、1月号、p.6、3月号、p.6、5月号、p.5、p.7、7月号、p.7、10月号、p.7、12月号、p.7。
　　　　　1925、4月号、p.9。
　　　　　1926、7月号、p.5、11月号、p.6、12月号、p.5。
　　　　　1927、1月号、p.5、2月号、p.8、6月号、p.5、9月号、p.3、12月号p.6。
　　　　　1928、2月号、p.3、4月号、p.8、6月号、p.7、11月号、p.7。
　　　　　1930、1月号、p.6、2月号、p.6、3月号、p.7、6月号、p.2、7月号、p.4。
　　　　　1931、1月号、p.5、3月号、p.3、4月号、p.3、6月号、p.2、12月号、p.3。
　　　　　1932、3月号、p.3、6月号、p.2。
　　　　　1933、2月号、p.5、6月号、pp.4-5。
　　　　　1934、3月号、p.6、5月号、p.8、6月号、pp.4-5、7月号、p.4、10月号、p.10。
55）大阪基督教青年会、大阪青年、1928、6月号、p.7。
56）大阪YMCAにおける卓球の競技大会に関しては以下の史料を参考とした。
　　　大阪基督教青年会、大阪青年

　　　　1916、7月号、p.8。
　　　　1922、3月号、p.7。
　　　　1933、3月号、p.5、5月号、p.2、7月号、p.2、10月号、p.4。
　　　　1934、3月号、p.7、4月号、p.2、6月号、p.2、7月号、p.4。
57）大阪YMCAにおける柔道・剣道の競技大会に関しては以下の史料を参考とした。
　　　大阪基督教青年会、大阪青年
　　　　1916、11月号、p.9、12月号、p.9。
　　　　1917、12月号、p.9。
　　　　1918、2月号、p.7。
　　　　1927、1月号、p.5。
58）大阪YMCAにおける拳闘の競技大会に関しては、大阪基督教青年会、大阪青年、1928、6月号、p.7を参考とした。
59）横浜YMCAにおけるバスケットボールの競技大会に関しては以下の史料を参考とした。
　　　横浜基督教青年会、横浜青年
　　　　1925、12月号、p.3。
　　　　1926、4月号、p.3、6月号、p.3。
　　　廣田資料。
　　　横浜基督教青年会体育部、シニアバスケットボール大会の趣意について（原文書）。
60）横浜YMCAにおけるバレーボールの競技大会に関しては以下の史料を参考とした。
　　　横浜基督教青年会、横浜青年
　　　　1926、6月号、p.3。
　　　　1927、1月号、p.3。
　　　　1932、4月号、p.3。
　　　横浜基督教青年会体育部、四人制排球を考案した趣意について、1959（原文書）。
61）横浜基督教青年会体育部、バレーボールダブルフォアメンゲーム規定、1924（原文書）。
62）横浜YMCAにおけるバドミントンの競技大会に関しては廣田資料を参考とした。
63）神戸YMCAにおけるバスケットボールの競技大会に関しては以下の史料を参考とした。
　　　神戸基督教青年会、神戸青年

　　　　　1927、6月号、p.11。
　　　　　1929、2月号、p.4。
　　　　　1930、2月号、p.5、7月号、p.3、9月号、p.8、10月号、p.6、12月号
　　　　　p.10。
　　　　　1931、7月号、p.6。
　　　　　1933、5月号、p.7、7月号、p.7、12月号、p.9。
　　　　　1935、6月号、p.4。
　　　　　1936、3月号、p.16、6月号、p.14、10月号 p.7。
　　　　　1937、4月号 p.10。
　　　神戸基督教青年会、大正四年度事業報告、1916（原文書）。
　　　神戸基督教青年会、大正十年度事業報告、1921（原文書）。
　　　神戸基督教青年会、大正十一年度事業報告、1923（原文書）。
　　　神戸基督教青年会、大正十二年度事業報告、1924（原文書）。
　　　神戸基督教青年会、大正十三年度事業報告、1925（原文書）。
64）神戸 YMCA におけるバレーボールの競技大会に関しては以下の史料を参考
　　とした。
　　　神戸基督教青年会、神戸青年
　　　　　1916、5月号、p.7、7月号、p.6。
　　　　　1930、12月号、p.10。
　　　神戸基督教青年会、大正四年度事業報告、1916（原文書）。
　　　神戸基督教青年会、大正八年度事業報告、1920（原文書）。
65）神戸 YMCA における卓球の競技大会に関しては以下の史料を参考とした。
　　　神戸基督教青年会、神戸青年
　　　　　1914、10月号、p.10。
　　　　　1917、9月号、p.5。
　　　　　1918、6月号、p.9。
　　　　　1920、7月号、p.6。
　　　　　1923、7月号、p.44。
　　　　　1925、7月号、p.5。
　　　　　1929、3月号、p.7。
　　　　　1936、12月号、p.12。
　　　　　1937、4月号、pp.21-22、5月号、p.13。
　　　神戸基督教青年会、大正三年度事業報告、1915（原文書）。
66）神戸 YMCA における器械運動の競技大会に関しては神戸基督教青年会、神
　　戸青年、1937、4月号、p.21 の史料を参考とした。
67）神戸 YMCA における相撲の競技大会に関しては以下の史料を参考とした。

神戸基督教青年会、神戸青年、1916、5月号、p.7。
　　　神戸基督教青年会、大正三年度事業報告、1915（原文書）。
　　　神戸基督教青年会、大正六年度事業報告、1918（原文書）。
　　　神戸基督教青年会、大正七年度事業報告、1919（原文書）。
68）神戸YMCAにおけるその他の競技大会に関しては以下の史料を参考とした。
　　　神戸基督教青年会、神戸青年
　　　　　1916、4月号、p.5。
　　　　　1923、7月号、p.41。
　　　　　1937、11月号、p.13。
　　　神戸基督教青年会、大正四年度事業報告、1916（原文書）。
69）京都YMCAにおけるバスケットボールの競技大会に関しては以下の史料を参考とした。
　　　京都基督教青年会、京都青年
　　　　　1925、11月号、p.5。
　　　　　1926、1月号、p.8、4月号、p.4、7月号、p.4。
　　　京都基督教青年会、大正九年度事業報告、1921（原文書）。
70）京都YMCAにおける野球の競技大会に関しては以下の史料を参考とした。
　　　京都基督教青年会、京都青年
　　　　　1917、1月号、p.4、9月号、p.3。
　　　　　1918、9月号、p.2。
　　　　　1919、7月号、p.5。
　　　　　1925、9月号、p.7。
　　　　　1927、12月号、p.5。
71）野村武夫、京都YMCA七十年史、京都基督教青年会、1975、p.110。
72）実業団の野球大会が開催された前年の1915年（大正4）には、全国中等学校野球選手権大会が始まっている。この中等学校野球大会も朝日新聞が推進した。第1回京津大会が第三高等学校のグラウンドで開催され、京都二中は京津大会で優勝、全国大会でも優勝している。
73）京都YMCAにおける卓球の競技大会に関しては以下の史料を参考とした。
　　　京都基督教青年会、京都青年
　　　　　1917、11月号、p.5。
　　　　　1918、9月号、p.4。
　　　　　1919、6月号、p.6。
　　　　　1922、9月号、p.2。
　　　　　1923、4月号、p.6、11月号、p.5。
　　　　　1926、7月号、p.4、12月号、p.4。

　　　　1928、4月号、p.7、8月号、p.5、10月号、p.7、12月号、p.10。
　　　　1939、5月号、p.4。
　　　京都基督教青年会、昭和四年一月－十二月事業報告、1930（原文書）。
74）京都YMCAにおけるボーリングの競技大会に関しては以下の史料を参考とした。
　　　京都基督教青年会、京都青年
　　　　1916、1月号、p.4。
　　　　1917、4月号、p.5、12月号、p.6。
　　　　1918、1月号、p.3、2月号、p.5、10月号、p.4、12月号、p.2。
　　　　1924、9月号、p.6。
　　　　1925、2月号、p.7。
　　　　1926、8月号、p.4。
　　　　1927、12月号、p.5。
　　　　1939、5月号、p.4。
75）京都YMCAにおける柔道と剣道の競技大会に関しては以下の史料を参考とした。
　　　京都基督教青年会、京都青年
　　　　1916、1月号、p.5。
　　　　1917、4月号、p.5、5月号、p.2。
　　　京都基督教青年会、大正九年度事業報告、1921（原文書）。
76）東京基督教青年会、別冊東京青年、1984、5月号、p.47。
77）東京基督教青年会、昭和六年度体育デモンストレーション・エキジビション統計、1932（原文書）。
78）横浜基督教青年会、横浜青年、1922、5月号、p.3。
79）横浜基督教青年会、第6回体育実演会プログラム、1924（原文書）。
80）横浜基督教青年会、横浜青年、1925、5月号、p.4。
81）横浜基督教青年会、大正十四年度競技（ゲーム）実演会プログラム、1925（原文書）。
82）横浜基督教青年会、昭和三年競技実演会プログラム、1928（原文書）。
83）横浜基督教青年会、横浜青年、1933、11月号、p.不明。
84）横浜基督教青年会、昭和十一年度横浜YMCA事業報告書、1937（原文書）。
85）横浜基督教青年会、横浜青年、1930、5月号、p.不明。
86）横浜基督教青年会、「室内体育厚生の夕」プログラム、1941（原文書）。
87）廣田資料。

終　章

第 1 節　本研究のまとめ

　本研究は、明治期から昭和期（戦前）において日本の YMCA が行った「体育事業」に焦点を当て、以下のような課題を設定し、日本の近代スポーツの普及と展開において YMCA が果たした役割について考察した。

（1）ロンドンと北米における YMCA の設立状況と、北米において体育重視の方針が打ち出された経緯を明らかにする。

（2）日本における YMCA（東京、大阪、横浜、神戸、京都）の設立経緯について概観する。

（3）日本の YMCA が初代の会館を建設し、法人化した経緯、さらに「体育事業」を活動の重点とした経緯について概観する。

（4）日本の YMCA が行った初期（大正期）の「体育事業」（屋内スポーツ施設の設置、体育指導者の育成）について明らかにする。

（5）昭和期を中心とする「体育事業」を、時間割を利用した計画的な体育活動、新興スポーツの紹介、多様なクラス・クラブの出現、大会や競技会の開催・出場、実演会の開催状況から明らかにする。

　以上の課題を明らかにすることによって、YMCA が行った「体育事業」が日本の近代スポーツの普及・発展に果たした役割について考察した。

第 1 項　ロンドン・北米における YMCA の設立状況と体育重視の方針

「YMCA」（Young Men's Christian Association）は、1844 年 6 月 6 日にロンドンにおいて設立された。設立したのはウィリアムス（George Williams）を中心とする 12 人の勤労青年で、多くの堕落した生活をしていた同僚をみ

て、悔い改めさせ、キリスト教によって正しく生きるよう導こうとした。

　ロンドン YMCA の初期の活動は会員のための祈祷会や、未信者及び青年キリスト者のための聖書研究、商店内の宗教的事業及び集会、さらには個人会見や冊子及び印刷物の配布などであった。これらの活動はアメリカ大陸にも影響を与え、サリバン（Thomas V. Sullivan）たちによって 1851 年 12 月 15 日にボストンにおいて YMCA が設立された。ボストン YMCA の主な活動は、一般公衆のための福音伝道集会や祈祷会（青年会の霊的事業の最初のもの）、聖書研究会などであった。これらの活動は教会と全く関係のない青年や、教会が導くことのできない青年をも招くという目的をもっていた。このため、ボストン YMCA の会員は 1854 年には 25,000 人にまで増えた。このような活動は他の地域における YMCA の設立にも影響を与え、1852 年から 1854 年まで北米の 22 の都市に YMCA が設立された。1854 年の北米 YMCA の総会では、青年のための読書室、図書館、祈祷会、聖書研究、講演、文芸会などの活動をなすことが決議された。そして、日曜学校、伝道事業、小冊子配布、一般伝道、テントその他の野外集会、地方伝道、慈善事業等の事業が提案された。やがて、これらの都市における YMCA によって 1855 年に「北米 YMCA 同盟」が組織された。

　北米 YMCA の「体育事業」への関心は、1850 年代後半より見られる。1856 年、ブルックリン YMCA が青年の健康と体力を増進するために体育館の建設を決めたことが発端となり、1860 年ニューオリンズで開かれた第 7 回北米 YMCA 同盟総会において、YMCA の事業の中に体育を加えることが決議された。この当時、青年を堕落に誘い込む環境（酒、女、博打など）があり、青年たちはその虜にならざるを得ず、このような状況を打破し、青年を堕落させないようにする安全装置としての役割として、YMCA における「体育事業」が支持された。

　1865 年、ニューヨーク YMCA 会長のドッチ（William E. Dodge）は、YMCA の目的を青年の霊的、知的、社交的及び体育的な四方面の向上改善にあるとした。この提唱により、「体育事業」は YMCA の「四方面事業」（fourfold program）の一つとなった。

　これまで YMCA 事業には必ずしも会館を必要としなかったが、四方面

事業を実施するにあたって、適当な会館が必要となってきた。また、体育館運営のために、体育の指導者としてキリスト者を得る必要性がでてきた。しかし、キリスト者には体育が指導できる者がおらず、北米 YMCA 同盟は指導者養成のための学校を設立し、体育指導者を自ら養成することなった。この学校から、バスケットボールの創始者ネイスミスやバレーボールの創始者モーガンらが育った。

第2項　日本における YMCA（東京、大阪、横浜、神戸、京都）の設立経緯

　日本における最初の YMCA は、1880 年（明治 13）、教会牧師の小崎弘道、井深梶之助、植村正久、田村直臣たちによって東京の京橋区新肴町に設立された東京 YMCA であった。東京 YMCA の設立に関しては、神田乃武が 1879 年（明治 12）北米アモスト大学への留学から帰朝し、その歓迎会の席上において北米における YMCA 事業のことについて話されたことが、東京 YMCA 設立に到る一つの要因とされている。[1] 設立当初の主な活動は、宗教的演説や会員相互の修養会、伝道的集会などであったが、組織的不備と財政難のため活動は停滞していた。しかし、1889 年（明治 22）、北米 YMCA 同盟から海外派遣主事としてスウィフト（John T. Swift）が東京 YMCA に赴任し、さらに北米 YMCA 同盟より 43,000 ドルの資金援助を受けたことにより、東京 YMCA は会館建設へと向かうことになる。

　大阪 YMCA は、1882 年（明治 15）6 月 4 日、大阪市内キリスト教信徒の有志によって、沢山保羅の兼牧する天満教会仮会堂（北区樽屋町 20）において設立された。この設立は、東京に YMCA が設立されてすぐに東京 YMCA の概念が大阪に伝えられ、影響を受けた大阪専門学校医専科の生徒を中心に生まれた「浪花基督教青年会」が発端となった。大阪 YMCA は、学術演説会や宗教演説会を毎月のように開き、キリスト教を広めることに力を注いだ。

　横浜 YMCA は、1884 年（明治 17）、横浜海岸教会の青年信徒たちが東京 YMCA や大阪 YMCA の活動に影響されて設立された。活動はキリスト教伝道を第一の目的とし、そのための集会や演説会が開催され、会員獲得

を目指した英語研究会も実施された。1887年（明治20）、稲垣信牧師が第2代会長になると、活動はキリスト教伝道から廃娼運動など社会的活動へと広がっていった。YMCA の活動が活発になるにつれ、運営を円滑にするための専有の施設が必要になってきた。

　神戸YMCAは、1886年（明治19）、原田助、村上俊吉、水野功、吉川亀等を発起人として、元町通り4丁目において設立された。設立に関わった村松吉太郎は、貿易研究のために渡米し、ニューヨークの商業学校で学ぶ間に、アメリカ YMCA の最初の主事ロバート・マクバニーに接し、現地の YMCA 活動に深く心を動かされていた。また、同じく設立に関わった西川玉之助も、渡米した際に YMCA 活動に触れ、神戸にも YMCA を設立したいと考えていた。神戸 YMCA は活動の柱として聖書研究会と、具体的な青年事業としての寄宿舎を開設した。

　京都 YMCA は、1889年（明治22）、木屋町三条において創立された。しかし、キリスト教をめぐる厳しい社会情勢のため活動は衰退した。その後、1896年（明治29）12月、世界学生基督教連盟の初代総主事であるモット（Jhou R. Mott）が、世界の学生キリスト教を結合することを目的に来日した。その際、彼は京都に寄った時、京都に YMCA を作ることに十分な意味を見出した。これを受けて、1903年（明治36）1月に・フェルプス（George S. Phelps）が名誉主事として京都 YMCA に赴任し、衰退していた YMCA を再建した。

第3項　日本の YMCA 初代会館建設と法人化の経緯、並びに「体育事業」の重点化

　明治期において設立された YMCA は、当初キリスト教伝道のための講演会や聖書研究会などが主な活動であった。その後、事業を充実させていくためには、自ら自由に使える会館が必要となってきた。しかし、会館建設を北米 YMCA 同盟からの援助なしに実現することは、財政的に困難であった。また、北米 YMCA 同盟からの援助を受けるためには、社会的に認められていることが必要であり、そのために YMCA を財団法人化することになった。

スウィフトは、日本の首都東京には絶えず20,000人以上の学生や青年が地方から出入りしており、この地に青年会館を建てることは非常に役に立つと考え、北米YMCA同盟の総主事であるモースに会館建設のための経済的援助を要請した。これにより、東京YMCAは約50,000ドルの会館建設資金を得た。そして、東京YMCAは神田美土代町に500坪（一坪16.7円）の土地を買い、1893年（明治26）3月23日に会館定礎式を行った。東京YMCAは1894年（明治27）5月5日に献堂式を行い、青年会館が完成した。

　1903年（明治36）6月13日、役員だった安藤太郎、本多庸一、横井時雄、岡見清致は、内務大臣内海忠勝に対して財団法人設立認可の願いを出し、同年9月29日許可された。この財団法人認可によって、東京YMCAは法律上の存在を確立し、北米YMCA同盟の「社会的に認められた組織である」という寄附条件を満たすことができた。

　大阪YMCAの会館建設は東京よりも早かった。1884年（明治17）末頃、大阪には適当な講演会場がなく、大阪在留の米国宣教師ディフォレス（John H. DeForest、神戸女学院元院長ディフォレス博士の父）は、英国人宣教師らと相談し、大阪YMCAに英米の同志から会館建築資金を借りる意志があるなら斡旋しようという申し入れをした。この寄付金等により、1886年（明治19）4月、会館建設用地として西区土佐堀2丁目12番地の元長州萩藩の蔵屋敷跡の土地397坪9合余を購入した。そして、1886年（明治19）11月3日、大阪YMCA会館は完成した。

　財団法人として認可されたのは、1910年（明治43）12月27日であった。そして、1918年（大正7）春には、大阪YMCAは新会館新築に向けて募金運動を開始し、1924年（大正13）2月頃に当時の敷地（大阪市西区土佐堀通2丁目12番）に建築する運びとなった。

　横浜YMCAの場合、会館建設に当たっては、まず横浜YMCAが公の団体として認められ、会員以外の一般からも資金を集める必要があった。1912年（明治45）4月23日付を持って会館の建設が主務省及び県庁から許可され、これによって会館建設のための本格的な募金活動が可能となった。その結果、北米YMCA同盟による35,000ドルという財政的援助と邦

人有志からの 30,000 円余の募金をもって、会館建設用地 189 坪を横浜公園前の常盤町一丁目に購入した。こうした実績によって、1914 年（大正 3）6 月に横浜 YMCA は財団法人として認可された。そして、会館は 1916 年（大正 5）10 月に完成した。

　神戸 YMCA は、1907 年（明治 40）4 月、北米ワシントン YMCA のウッドワード（S. W. Woodward）会長とスリーマンの 2 氏が、東京 YMCA で開催された万国学生基督教青年会大会に出席するために来日した際、日本で最も青年会館建築を急務とする地に会館建築の助成をしようとの計画をもって各地を視察した。その結果、将来東洋貿易の中心となりうるであろうとの見込みから、神戸 YMCA に正式に会館建築資金の寄附を約束した。一方、1908（明治 41）年 8 月 29 日、村松吉太郎と中村平三郎を設立者として、時の文部大臣小松原栄太郎に対して財団法人設立許可願が提出された。1909（明治 42）年 1 月 11 日、財団法人神戸市基督教青年会の設立が許可された。

　京都 YMCA は会館建設のため、1903 年（明治 36）会館建築委員会を設けた。1905 年（明治 38）4 月、米国の実業家で百貨店王と呼ばれていたワナメーカー（John Wanamaker）が会館建築費として 2 万 5 千ドル（当時の邦貨で 6 万 6 千円）の寄付を申し出た。会館建築にともない土地売買、工事請負の諸契約等、法律行為が増大してきたため、1906 年（明治 39）6 月 19 日に理事会は会館建設委員長の佐伯理一郎を第 2 代（京都基督教青年会）会長に選出し、本格的に法人化をすすめることとなった。そして、1907（明治 40）年 4 月 8 日、財団法人設置許可申請を提出した。同年 9 月 16 日、内務大臣原敬の承認を得て、京都 YMCA は法的にも公にその存在を認められる組織となった。

　一方、1897 年（明治 30）に結成された日本学生基督教青年会同盟と、1901 年（明治 34）に結成された日本都市基督教青年会同盟は、1903 年（明治 36）7 月 22 日から 23 日に有馬で行われた合同総会で合体し、「日本基督教青年会同盟」が誕生した。これにより、青年会として取り組むべき活動の指針が示された。この同盟の第 4 回総会が 1912 年（明治 45）7 月に開かれ、そこで体育部指導者の養成と体育施設の増設が取り上げられ、

「体育事業」の振興が決議された。これ移降、各地で「体育事業」が盛んにおこなわれるようになった。

第4項　日本の YMCA における初期（大正期）「体育事業」

　大正期に入り、東京、大阪、横浜、神戸の各 YMCA は、屋内スポーツ施設の設置に動き出した。

　東京 YMCA では、北米 YMCA 同盟からの会館建築補助金を基に会館拡張計画が進められた。この中で、屋内スポーツ施設は講堂と兼用のものとして計画されていたが、1912 年に専用の屋内スポーツ施設として見直された。そして、1917 年（大正 6）10 月、室内プールやボーリングアレー、1 周約 60m の競歩場を持つ屋内スポーツ施設が出来上がり、これらの施設を使った事業が展開されていった。

　大阪 YMCA の場合は、1916 年（大正 5）4 月に会館のホールを仮の屋内スポーツ施設として、東西にバスケットゴールを設置し事業を行っていた。これは、時々臨時教室として使われたりしたため、専用スペースとして使用するのは難しかった。このため、中之島運動場において毎週土曜日にバスケットボールやバレーボールなどの室外運動種目を行っていた。1925 年（大正 14）に設置された屋内スポーツ施設は、東京と同様に体育専用の施設であった。

　横浜 YMCA は、1916 年（大正 5）に会館が建設された時、講堂と兼用で屋内スポーツ施設が設置された。この施設を使っての「体育事業」は、ブラウンの主導で行われ、バスケットボールやバレーボールが行われた。また、1922 年（大正 11）には、勤労者を対象とした「ビジネスメンクラス」や「ヌーンクラブ」など開設した。

　神戸 YMCA には、1913 年（大正 2）1 月に講堂と兼用の屋内スポーツ施設が設置されていた。活動当初は銃剣術の道場として使われていた。また、ブラウンが 1915 年（大正 4）に来神し、バスケットボールやバレーボールあるいは器械体操などを指導した。

　京都 YMCA 会館は 1910 年（明治 43）6 月に献堂式を済ませた。この施設には既に屋内スポーツ施設が設置されていたが、狭隘であり、卓球など

の大会は会館内の講堂を使っていた。

　他方、「体育事業」を開始するにあたり必要になってくるのが指導者であり、事業開始当初は北米 YMCA から派遣されたブラウンやライアンたちに指導を仰ぎながら、YMCA の会員たちも自ら指導にあたった。柳田亨や広田兼敏もその中の一人で、彼等は学校や企業に赴いてバスケットボールやバレーボールなどを教えた。

　新会館ができるまでは、各 YMCA に屋内スポーツ施設が設置され、指導者養成に力を入れ始めた時期であった。

第5項　昭和期（戦前）を中心とする「体育事業」の展開

　各 YMCA に屋内スポーツ施設が設置され、この施設を利用した「体育事業」が展開されるようになると、会員同士でクラブを作り、それをベースとした利用時間割を作成し、活動するようになってきた。また、東京 YMCA の「体育事業」では水泳が特徴的で、東京 YMCA の室内プールは他の YMCA にはない施設であり、その利用も活発であった。横浜 YMCA はヌーンクラブの開設や4人制バレーボールの開発をし、神戸 YMCA は相撲の土俵をつくるなど角力部を設置した。京都 YMCA の「体育事業」の特徴はボーリングアレーの設置であり、フェンシングや拳闘あるいはバドミントンといった新種目の紹介や夜学校の生徒や女性のクラブの誕生などがみられるようになってきた。

　バスケットボールや卓球などの種目が継続的に行われてくると、YMCA 内部のリーグ戦から全関西や近畿など地域を広げた各種競技会や大会が開催されるようになった。

　横浜 YMCA にみられるように、会員相互の親睦と種目や YMCA の宣ジビション」を開催し、多くの市民にこれらの種目を紹介し、宣伝した。さらに、YMCA 以外へのバスケットボールやバレーボールの普及のために、学生や生徒の指導のみならず、学校教職員や会社の社員を対象とした講習会が開催されていた。あるいは、県下バスケットボール大会やリーグ戦など各地域で競技会を開催するなど、YMCA の体育活動は地域のスポーツ活動の指導的役割を担っており、大正期から昭和期（戦前）においてこれ

ら各都市における社会体育の代表的な推進母体の一つであったといえる。

　これら都市YMCAは「定期的な体育活動」の場を確保し、そこで培った各種目の技を発揮するための「競技会」を実施した。また、YMCAは「実演会」を開くことで一般の人たちにも各種競技や器械体操などを宣伝し、さらに積極的に学校の生徒や教職員に指導することで愛好者を増やし、また指導者をも増やすことで伝等を目的として、会員たちによる体育実演会やエキジビションが「体育大会」や「競技実演会」などに名称を変えながらも定期的に開かれた。これらの実演会などでは、吊環や平行棒あるいは鉄棒など屋内スポーツ施設に設置されている体操器具を使った体操や、バスケットボールやバレーボールの実演によって、多くの来館者を呼び寄せた。

第2節　日本の近代スポーツの普及と展開に対する YMCA「体育事業」の意義

　これまで日本の主要な都市（東京、大阪、横浜、神戸、京都）でYMCAが行った具体的な「体育事業」の展開過程を明らかにしてきた。このことを基に日本における近代スポーツの普及と展開に関して、YMCAの「体育事業」が果たした役割（意義）について考察し、近代から現代にかけての社会体育の普及と発展のための方策を検討する。

（1）「屋内スポーツ施設」（プールを含む）の設置

　本書が考察の対象とした各YMCA（東京、大阪、横浜、神戸、京都）が行った「体育事業」は、各都市のYMCAに所属する会員を対象とし、会員同士でクラブをつくったり、会員を対象にクラスを開講したりした。これは、東京、大阪、横浜、神戸、京都の各YMCAが会館に附属して独自の「屋内スポーツ施設」を設置し、継続的な活動の場が確保できるようになることで実現した。そして「屋内スポーツ施設」利用のための時間割を作成することによって、利用するクラスやクラブの多くの希望にこたえながら効率的な運用を図っていった。特に、「屋内スポーツ施設」の設置は、

これまで、天候や日没などで制約を受けていた屋外スポーツ施設と違い、天候に左右されず仕事が終わった平日の夜間にもスポーツができるということであり、スポーツをすることのできる機会が大幅に拡大したことを意味していた。また、東京YMCAのプールは、日本で唯一の室内プールであったため、極東選手権競技大会の代表選手を何人も輩出し、クロールの泳法研究なども行われた。そして会員の利用以外にオリンピック代表選手の練習場所としても活用され、全国的な競技会も開催されるなど、日本水泳界にとっても重要な活動場所として存在していた。

（2）「体育事業」

1）クラス・クラブ

「屋内スポーツ施設」の設置は、各YMCAの夜学校や英語学校の生徒の利用を可能にした。また、大学生や市内中学校の生徒、女学校の生徒の利用は学校外におけるスポーツ活動の場の提供に一役かっていた。特に、横浜YMCAの婦人体育クラブが、女学校でバスケットボールやバレーボールを行っていた生徒たちによって卒業後も継続してこれらのスポーツを行いたいという願いでできたように、「屋内スポーツ施設」は、女性スポーツの環境づくりの一端を担っていた。

　さらに、YMCAの「屋内スポーツ施設」設置に伴う「体育事業」は、学生や生徒そして女性のスポーツ環境を充実させるだけでなく、勤労者にもスポーツ活動を行う環境を提供した。大正期から昭和期にかけてビジネスメンクラスやヌーンクラブが開設された。このクラスやクラブは、会社員や商店の従業員たちが昼休みや仕事帰りにYMCAに立ち寄って気分転換をし、新しい気分で運動をおこなうというものであった。また、東京YMCAでは清水会や三越そして松坂屋など、横浜YMCAでは正金倶楽部や古河電線など、神戸YMCAにおいては大丸などにみられるように、企業の社員がつくったクラブのためにスポーツをする時間と場所を保障した。勤労者を対象としたこのような事業は、社会体育方面における勤労者のスポーツ活動の可能性を示唆したものであった。

2) 新しいスポーツ種目の紹介

　バスケットボールやバレーボールは、YMCA が「体育事業」として大正期に会員たちを対象に紹介し、普及に努めた。日本バスケットボール史ならびにバレーボール史において、これら YMCA の「体育事業」は会員のみならず中等学校や大学そして企業、さらには女性への普及の観点からも重要な役割を果たしているといえる。また、昭和に入り、日本の各YMCA は、バスケットボールやバレーボール以外にも新しい種目（デンマーク体操、バドミントン、フェンシング、ハンドボール、レスリング、ボクシング、スキーなど）を、「屋内スポーツ施設」利用のクラスや講習会によって紹介し、その普及に努めた。そうした YMCA の活動は、戦前において多くのスポーツ種目の存在を一般の人たちにも知らしめ、普及させる一助となった。

3) 大会の開催と参加

　都市 YMCA はバスケットボールやバレーボールなどの大会や競技会を開催したり、大会に参加することによって、その種目の普及に貢献した。大会や競技会の開催にあたって、当初は、YMCA が常に優勝もしくは上位の成績を収め、他団体の目標として存在し、その指導的役割を担っていた。これらの大会や競技会は、次第に参加団体数を増やし、YMCA 内部の大会から市、県レベルの大会へと拡大し、さらには全国的な組織が設立されると共に全国的大会へと発展していった。

4) 実演会と講習会

　会員やその家族あるいは会員以外の人たちを対象として、バスケットボールやバレーボールの部員あるいは器械体操部員たちが、「体育実演会」や「エキジビション」を開催した。このような催しには学校の教職員たちも招待され、多くの市民とともにこれらの種目を観戦した。さらに、各都市 YMCA はバスケットボールやバレーボールの普及のために、YMCA の外へ出て、学生や生徒の指導のみならず、学校教職員や会社の社員を対象とした講習会を開催した。つまり、学校の教職員や会社を対象にしたこの

ような催し(「体育実演会」や講習会)は、学校や会社での普及を視野に入れたものであり、各YMCAにとっては、生徒たちの就学中の活動はもちろん、卒業後における継続的な活動を期待することができた。

　このように、東京、大阪、横浜、神戸、京都の各YMCAは、大正期から昭和期(戦前)において、各都市における社会体育の代表的な推進母体の一つであった。YMCAは「体育事業」として会員に「定期的な体育活動」の場を確保し、そこで培った各種目の技を披露するための「競技会」を実施した。そして、YMCAは「実演会」を開くことで、一般の人たちにも各種競技や器械体操などを見せて、競技を紹介・宣伝した。さらに、YMCAは積極的に学校の生徒や教職員に指導することで愛好者を増やし、指導者を育成することで競技人口をも増やしていった。スポーツを普及かつ発展させるために各YMCAが行ったこれらの「体育事業」の手法は、今日のスポーツの普及と発展のための方策を考える上でも様々な示唆をあたえてくれる。

第3節　今後の課題

　本研究は、大正期から昭和期(戦前)にかけて日本のYMCAが行った「体育事業」に焦点を当て、日本における近代スポーツの普及と展開においてYMCAが果たした役割の一端を解明することを目的とした。

　この課題を解明するために、日本の5つの都市のYMCAを取り上げた。今後、日本の近代スポーツの普及と展開に果たしたYMCAの役割をより包括的に解明するためには、日本各地に存在するYMCAから情報を入手し、分析する必要がある。また、日本のYMCAに関連の深い北米YMCAの影響を解明することも必要であり、このためには北米での資料収集が必要になってくるであろう。

注
1)　田村直臣、信仰五十年史、警醒社、大正13年、p.83。

史料及び参考文献

史料

・大阪基督教青年会

『大阪青年』

1916 年（大正 5）5 月号～ 12 月号。

1917 年（大正 6）1 月号～ 6 月号、10 月号、11 月号、12 月号。

1918 年（大正 7）1 月号～ 12 月号。

1919 年（大正 8）1 月号、4 月号～ 6 月号。

1920 年（大正 9）1 月号、3 月号～ 12 月号。

1921 年（大正 10）1 月号～ 12 月号。

1922 年（大正 11）1 月号～ 4 月号、6 月号、7 月号、9 月号～ 11 月号。

1923 年（大正 12）1 月号～ 7 月号、10 月号、12 月号。

1924 年（大正 13）1 月号、3 月号～ 5 月号、9 月号、11 月号。

1925 年（大正 14）1 月号～ 6 月号、8 月号～ 10 月号。

1926 年（大正 15）2 月号～ 7 月号、10 月号～ 12 月号。

1927 年（昭和 2）1 月号～ 7 月号、9 月号～ 12 月号。

1928 年（昭和 3）1 月号、3 月号～ 7 月号、9 月号～ 12 月号。

1930 年（昭和 5）1 月号～ 12 月号。

1931 年（昭和 6）1 月号～ 7 月号、10 月号～ 12 月号。

1932 年（昭和 7）1 月号～ 6 月号、9 月号、12 月号。

1933 年（昭和 8）1 月号～ 12 月号。

1934 年（昭和 9）2 月号～ 10 月号。

『大坂基督教徒青年会規約』1888 年 1 月。

・大阪朝日新聞神戸付録（大正 2 年 6 月 8 日、大正 10 年 2 月 27 日）。

・大阪毎日兵庫県付録（大正 2 年 1 月 10 日、大正 2 年 6 月 8 日、大正 10 年 2 月 27 日）。

・京都基督教青年会

『京都青年』

1917 年（大正 6）1 月号、2 月号、4 月号、5 月号、7 月号、9 月号、11 月号、12 月号。

1918 年（大正 7）1 月号〜5 月号、7 月号、9 月号〜12 月号。
1919 年（大正 8）1 月号〜7 月号、9 月号、11 月号、12 月号。
1920 年（大正 9）1 月号、4 月号〜6 月号、9 月号〜11 月号。
1921 年（大正 10）1 月号〜3 月号、7 月号、10 月号。
1922 年（大正 11）1 月号〜2 月号、4 月号、5 月号、7 月号、9 月号、11 月号。
1923 年（大正 12）1 月号〜5 月号、7 月号、11 月号。
1924 年（大正 13）4 月号〜6 月号、9 月号、11 月号、12 月号。
1925 年（大正 14）1 月号〜11 月号。
1926 年（大正 15）1 月号〜4 月号、6 月号〜8 月号、10 月号、12 月号。
1927 年（昭和 2）2 月号、3 月号、11 月号、12 月号。
1928 年（昭和 3）3 月号、4 月号、8 月号、10 月号、クリスマス号。
1938 年（昭和 13）1 月号。
1939 年（昭和 14）2 月号、4 月号、5 月号。

「事業報告」

事業報告（1920 年）、事業報告（1922 年）、事業報告（1923 年）、事業報告（1924 年）、事業報告（1925 年）、事業報告（1926 年 1 月〜12 月）、事業報告（1927 年度）、事業報告（1928 年度）、事業報告（1929 年度）、事業報告（1930 年度）、事業報告（1934 年度）、事業報告（1937 年度）、青年之光第三号（1889 年 12 月）、青年之光第四号（1890 年 1 月）、青年之光第五号（1890 年 2 月）。

・京都基督教青年会寄付行為及び特別規則（1924 年 5 月）。
・京都基督教青年会各部事業報告及計画概要（1930 年）。
・基督教新聞、1886 年（明治 19）11 月 10 日、1888 年（明治 21）10 月 3 日、1899 年（明治 22）3 月 6 日、1899 年（明治 22）3 月 17 日。
・基督教青年会創立 50 周年記念大会記録（1930 年）。
・神戸基督教青年会

『神戸青年』

1916 年（大正 5）2 月号〜10 月号。
1917 年（大正 6）9 月号、10 月号。
1918 年（大正 7）2 月号、6 月号。

1920 年（大正 9）2 月号〜7 月号、12 月号。
1922 年（大正 11）4 月号。
1923 年（大正 12）7 月号、10 月号。
1925 年（大正 14）2 月号〜7 月号。
1927 年（昭和 2）6 月号。
1928 年（昭和 3）1 月号、4 月号。
1929 年（昭和 4）1 月号〜4 月号、7 月号。
1930 年（昭和 5）2 月号、7 月号、9 月号、10 月号、12 月号。
1931 年（昭和 6）7 月号、8 月号。
1932 年（昭和 7）5 月号、7 月号。
1933 年（昭和 8）5 月号、7 月号、12 月号。
1935 年（昭和 10）6 月号、8 月号。
1936 年（昭和 11）3 月号、6 月号、7 月号、9 月号、10 月号、12 月号。
1937 年（昭和 12）1 月号〜9 月号。

「事業報告」

大正 2 年度事業及決算報告書（1913 年）、大正 4 年度報告（1915 年）、大正 6 年度事業報告（1917 年）、大正 7 年度事業報告（1918 年）、大正 8 年度事業報告（1919 年）、大正 9 年度事業報告（1920 年）、大正 10 年度事業報告（1921 年）、大正 11 年度事業報告（1922 年）、大正 12 年度事業報告（1923 年）、大正 13 年度事業報告（1924 年）、昭和 9 年度事業報告書（1934 年）。

・神戸市基督教青年会憲法（1917 年）。
・神戸又新日報、1926 年（大正元年）11 月 26 日、1927 年（大正 2）6 月 7 日、1927 年（大正 2）6 月 8 日。
・東京基督教青年会

『東京青年』

1905 年（明治 38）第壹巻第 3 号貮（表紙）。
1923 年（大正 12）1 月号。
1924 年（大正 13）9 月号、11 月号。
1925 年（大正 14）2 月号〜11 月号。
1926 年（大正 15）4 月号、5 月号、12 月号。
1927 年（昭和 2）1 月号、6 月号〜10 月号。

1928 年（昭和3）1 月号〜3 月号、7 月号、8 月号。
1929 年（昭和4）3 月号、6 月号、9 月号。
1930 年（昭和5）10 月号、12 月号。
1931 年（昭和6）2 月号〜8 月号。
1932 年（昭和7）1 月号〜3 月号、5 月号、7 月号、10 月号〜12 月号。
1933 年（昭和8）5 月号〜10 月号。
1934 年（昭和9）1 月号、3 月号〜5 月号、7 月号〜11 月号。
1935 年（昭和10）1 月号〜12 月号。
1936 年（昭和11）1 月号〜12 月号。
1937 年（昭和12）1 月号〜12 月号。
1938 年（昭和13）1 月号〜3 月号、5 月号〜12 月号。
1939 年（昭和14）2 月号。
1940 年（昭和15）2 月号、10 月号。

「事業報告」

体育部事業報告（1928 年）、昭和4年度事業報告（1929 年）、東京基督教青年会事業概要録（1932 年）、体育事業内容（1933 年）、体育事業報告（1934 年）、昭和9年3〜5月事業報告（1934 年）、体育事業報告（1935 年）、体育事業報告（1936 年）、昭和14年度東京基督教青年会事業概略（1939 年）。

東京基督教青年会寄付行為及び特別規則（1903 年）。

体育館使用者月別表（1917 年）。

体育館諸室とその利用案（1926 年）。

東京YMCA体育館設備概要（1928 年）。

体育部使用者数及びクラス表（1928 年）。

東京基督教青年会新組織案（1929 年）。

体育館使用会員各月比較表（1930 年）。

体育館室内プール衛生設備概要（1930 年）。

第3回デンマーク基本体操講習会案内（1930 年）。

体育部活動案内（1931 年）。

バスケ試合統計（1931 年）。

体育クラス出席表統計（1931 年）。

体育デモンストレーション・エキシビション統計（1931 年）。

倶楽部活動報告（1931 年）。

東京基督教青年会会員クラブ規定（1932 年）。

東京 YMCA 拡張案（1937 年）。

本館及び体育館中間空地利用案（1937 年）。

・日本基督教青年会同盟

　『開拓者』

　　　　第 1 巻第 1 号（1906 年 2 月号）、第 2 巻第 5 号（1907 年 5 月号）、第 3 巻第 5 号（1908 年 5 月号）、第 6 巻第 3 号（1911 年 3 月号）、第 6 巻第 11 号（1911 年 11 月号）、第 7 巻第 7 号（1912 年 7 月号）、第 8 巻第 12 号（1913 年 12 月号）、第 16 巻第 11 号（1921 年 11 月号）、第 17 巻第 10 号（1922 年 10 月号）、第 18 巻第 1 号（1923 年 1 月号）。

　　日本基督教青年会同盟, 三年間事業報告　自明治 42 年 8 月至 45 年 7 月, 明治 45 年 7 月。

・横浜基督教青年会

　『横浜青年』

　　　　1918 年（大正 7）4 月号、5 月号。

　　　　1919 年（大正 8）4 月号。

　　　　1920 年（大正 9）4 月号、5 月号、10 月号。

　　　　1921 年（大正 10）4 月号、6 月号、9 月号〜11 月号。

　　　　1922 年（大正 11）4 月号〜7 月号。

　　　　1923 年（大正 12）4 月号、8 月号。

　　　　1924 年（大正 13）2 月号、5 月号、6 月号、10 月号。

　　　　1925 年（大正 14）1 月号、4 月号、5 月号、9 月号、12 月号。

　　　　1926 年（大正 15）2 月号〜6 月号。

　　　　1927 年（昭和 2）2 月号〜7 月号、9 月号。

　　　　1928 年（昭和 3）1 月号。

　　　　1930 年（昭和 5）4 月号、6 月号、7 月号、10 月号。

　　　　1931 年（昭和 6）4 月号、11 月号。

　　　　1932 年（昭和 7）1 月号〜11 月号。

　　　　1933 年（昭和 8）2 月号、4 月号、5 月号、7 月号。

　　　　1934 年（昭和 9）2 月号、4 月号、9 月号、10 月号。

　　　　1935 年（昭和 10）4 月号、5 月号。

1936 年（昭和 11）8 月号。

　　　1937 年（昭和 12）6 月号。

『横浜基督教青年会会報』

　　　1904 年（明治 37）1 号。

　　　1905 年（明治 38）2 号、3 号、5 号、10 号。

　　　1906 年（明治 39）13 号、15 号。

　　　1907 年（明治 40）37 号。

　　　1908 年（明治 41）41 号、45 号。

　　　1909 年（明治 42）57 号。

　　　1910 年（明治 43）63 号、68 号。

　　　1911 年（明治 44）74 号、80 号。

　　　1912 年（明治 45・大正元年）85 号、86 号、87 号、90 号、91 号。

廣田資料。

基督教青年会一覧（1911 年）。

寄付行為並ニ会則（1921 年）9.24。

デンマーク基本体操講習会（1937 年）。

第 4 回競技実演会招待券（1924 年）。

第 5 回体育実演会招待券（1925 年）。

試合の夕　招待券（1927 年）。

競技実演会招待券（1927 年）。

体育実演会招待券（1928 年）。

競技実演会招待券（1929 年）。

横浜ＹＭＣＡ体育部事業報告（1930 年）。

競技実演会招待券（1930 年）。

横浜ＹＭＣＡ体育部事業報告（1931 年 7-12）。

室内競技実演会招待券（1931 年）。

室内ゲーム実演会招待券（1931 年）。

横浜 YMCA 事業報告（1933 年）。

体育部正規時間割（1937 年）。

体育事業報告（1940 年）。

4 人制排球を考案した趣意（1958 年 4.22）。

4 人制バレーボールを考案した趣意（1966 年）。

シニアバスケットボール大会の趣意（1966 年）。

参考文献
日本語文献
- 荒木直範、青年会体育部略史、『開拓者』、第 16 巻　第 11 号、1921、pp.22-27。
- 岩瀬康彦、日本スポーツ界の黎明期と東京 YMCA における初代体育館、YMCA 史学会紀要、1、2006、pp.51 - 56。
- 大和久泰太郎、横浜 YMCA 百年史、（財）横浜キリスト教青年会、1984。
- 神奈川県教育委員会編、神奈川県体育史、神奈川県教育委員会、1972。
- 上和田　茂、戦前の YMCA 体育館における計画概念と形態に関する史的考察　社会用体育館に関する建築計画史的研究　その 1、日本建築学会系論文報告集、第 379 号、1987、pp.63-73。
- 京都 YMCA 史編纂委員会、京都 YMCA 史、財）神戸キリスト教青年会、2005。
- 久保川守、東京 YMCA 体育事業史、草稿。
- 熊谷仁郎、東京基督教青年会五十年略史、東京基督教青年会、1931。
- 神戸キリスト教青年会、KOBE　YMCA70 年の歩み、1969。
- 神戸 YMCA100 年史編纂室、神戸と YMCA 百年、（財）神戸キリスト教青年会、1987。
- 斉藤　実、東京キリスト教青年会百年史、（財）東京キリスト教青年会、1980。
- 鈴木栄吉、基督教青年会発達史、開拓社、1921。
- 世良田　元、大阪 YMCA 史、大阪キリスト教青年会、1969。
- 滝口敏行編、大阪 YMCA100 年史、大阪キリスト教青年会、1982。
- 寺島善一、アメリカにおける Y．M．C．A．の体育事業　第 1 報―主として 1865 年～ 1900 年を中心として―、名古屋学院大学論集、Vol．7　No．1、1970。
- 寺島善一、アメリカにおける Y．M．C．A．の体育事業　第 1 報―主として 1865 年～ 1900 年を中心として―、名古屋学院大学論集、Vol．8　No．1、1971。
- 東京基督教青年会、別冊東京青年、174 号、1984。

- 東京基督教青年会、別冊東京青年、206 号、1987。
- 奈良常五郎、日本 YMCA 史、日本 YMCA 同盟、1959。
- 日本基督教青年会同盟五十年史編輯委員会、日本基督教青年会同盟成立五十周年史資料Ⅰ、Ⅱ、Ⅲ、Ⅳ．1953。
- 日本バスケットボール協会（編）、バスケットボールの歩み、(財)日本バスケットボール協会、1981。
- 日本バレーボール協会（編）、日本バレーボール協会五十年史、(財)・日本バレーボール協会、1982。
- 日本 YMCA 同盟出版部、日本の YMCA-100 年の歩み -、日本 YMCA 同盟、1980。
- 日本 YMCA 同盟編、青年と共に 50 ねん、1953。
- 日本 YMCA 同盟編、日本 YMCA 運動史、資料集第 1・2・3 集、1983。
- 日本 YMCA 同盟史料室、『開拓者』総目次 1906 - 1956、1978。
- ネイスミス，J. 著、水谷豊訳、バスケットボール　その起源と発展、YMCA 同盟、1997。
- 野村武夫、京都 YMCA 七十年史、京都キリスト教青年会、1975。
- 羽原英一、東京 YMCA フェンシングクラブ 50 年史、東京基督教青年会、1989。
- 益富政助、信仰の人　江原素六先生、江原先生記念会、1952。
- 松本汎人、『袋町「青年会館」の盛衰』－長崎 YMCA の歩み 1902 〜 1945 年－、大都印刷、1999。
- 水谷豊、バスケットボールの歴史に関する一考察Ⅶ－日本における発展の功労者 F. H. Brown 略伝－、青山学院大学一般教養部会論集 22 号、1981、pp.199 - 209。
- 水谷豊、バスケットボールの歴史に関する一考察Ⅷ－大森兵蔵略伝－、青山学院大学一般教養部会論集 23 号、1982、pp.177 - 190。
- 水谷豊、バスケットボールの歴史に関する一考察（Ⅸ）－佐藤金一略伝－、青山学院大学一般教養部会論集 24 号、1983、pp.265 - 278。
- 水谷豊、バスケットボールの歴史に関する一考察（Ⅹ）－宮田守衛略伝－、上越教育大学研究紀要、第 4 号、1985、pp.309 - 322。
- 水谷豊、バレーボールの起源に関する史的考察、上越教育大学研究紀要、第 9 巻、第 3 分冊、1990、pp.113 - 125。

- 水谷豊、バレーボール　その起源と発展、平凡社、1995。
- 桃井明男、東京 YMCA 体育館 80 年の歩み〈1917 〜 1997〉、1997。
- 安村正和、日本 YMCA 体育事業育ての親 – F. H. Brown 略伝 – 、プール学院短期大学研究紀要、26、1987、pp.65 – 86。
- 安村正和、YMCA 年表を作成して – 1942 〜 1945・体育事業関係を中心に – 、プール学院短期大学研究紀要、28・29、1989、pp.383 – 388。
- 安村正和、YMCA 体育事業年表作成に関する一考察、南京都学園研究紀要（第 7 集）、南京都学園研究センター、京都国際アジア文化研究所第 3 巻、1992、pp.18 – 29。
- 山本邦之助、禿爺百話、1951、新々堂。
- 横浜市史稿、神社・教会編、臨川書店、1986。
- 吉川たけし、75 年・東京の青年と共に – 東京 YMCA の歩み – 、東京基督教青年会、1955。

英語文献

- C. Howard Hopkins「History of the Y.M.C.A. in North America」Association Press 1951。
- Elmer L. Johnson「THE HISTORY of YMCA PHYSICAL EDUCATION」Association Press 1979。
- J.E. Hodder Williams「SIR GEORGE WILLIAMS」-Founder The Toung Men's Christian Association- Association Press　1906。
- Laurence L. Doggett「HISTORY of the YMCA」Association Press 1922。

あとがき

　本書を書くきっかけは、2006年9月に当時広島大学大学院総合科学研究科教授であった楠戸一彦先生の研究室の戸を叩いたことにあります。歴史研究にそれまでほとんど無知であった私に対し、快く指導を引き受けていただきました。その指導は、厳しくもあり、新鮮でもありました。当初、研究対象を日本の運動部やクラブの独持性を歴史的に解明しようと思っていました。手始めに種目をこれまで携わってきたバドミントンにしぼり、日本における歴史を調べていました。その中で、YMCAの「体育事業」によってバドミントンが広く普及する過程がみえてきました。このことがきっかけで、日本における大正・昭和（戦前）の日本でのYMCAの「体育事業」について調べることになりました。

　本書は、前半、各都市に存在するYMCAの年史（設立から昭和初期）を頼りにその歩みを紹介し、それを「体育事業」をキーワードに時代区分した上で、その普及・発展過程をみていくという構成をとっています。

　各都市YMCAの史料収集については、日本YMCA同盟、東京YMCA、横浜YMCA、名古屋YMCA、京都YMCA、大阪YMCA、神戸YMCAに保管されている史料を調べさせていただきました。お一人ずつお名前をだせませんが、お世話いただいた各YMCAの主事・職員の方々に御礼を申し上げます。特に、東京YMCAでは、YMCA史学会理事の齊藤　實氏にわざわざ立派な机と椅子を用意していただき、恐縮するばかりでした。感謝に堪えません。

　さて、日本のYMCA「体育事業」についての研究は、戦後YMCAのこれらの活動が、日本のスポーツ振興にどのような影響を与えたかについての検証が必要になってきます。また、アジア地域におけるYMCAの「体育事業」の普及と発展に関する史料を発掘・分析することで日本における「体育事業」の普及と発展に関する特徴と独自性が解明されます。今後の研究課題です。

なお、本書の刊行にあたり、(株)溪水社の木村逸司氏、木村斉子氏には大変お世話になりました。御礼申し上げます。
　最後に、執筆に際して最後まで支えてくれた妻に感謝します。

2015 年 7 月

服部　宏治

索引

荒木直範　31, 136
井深梶之助　35, 49, 91, 92, 95, 137, 259
ウィリアムス，G.　19, 20, 33, 203, 257
植村正久　14, 35, 37, 259
運動部　11, 86
エキジビション　4, 147, 236, 239, 246, 260, 267
江原素六　62, 84, 100, 101
大阪YMCA　3, 7, 15, 37-40, 50, 62-64, 77-81, 90, 91, 104-106, 115, 118, 120, 121, 126, 131, 133, 134, 136, 141, 142, 144, 155, 161, 185, 186, 188-190, 201-215, 219-221, 225-227, 230, 236, 238, 239, 247, 259, 261, 263
大阪基督教徒青年会規則　39
大阪青年　15, 119, 120, 213,
大村益荒　65, 81, 108
大森兵蔵　6, 76, 99, 100, 114, 131-133, 144
屋内スポーツ施設　4, 6, 8, 9, 11-13, 66, 74, 82, 99-115, 119, 121, 122, 124-127, 131, 141, 143, 144, 147, 148, 155-157, 162, 164-168, 170-173, 176, 177, 182, 183, 187-190, 187, 194, 199, 209, 210-216, 218-220, 225, 226, 235, 237-239, 243, 246, 257, 263-267
小崎弘道　14, 35, 36
開拓者　14, 46, 81, 93, 113, 122
学生YMCA　59, 87, 89, 95, 133
神田乃武　35, 259
ギューリック，L. H.　10, 32, 33
競技実演会　236, 241, 243, 244, 246, 265
京都YMCA　7, 8, 13, 15, 51-53, 71-74, 76, 85, 87, 90, 94, 111, 112, 129-131, 133, 135, 142, 144, 177-179, 181-183, 185, 186, 188, 190, 202-208, 214, 219, 220, 225, 227-233, 235, 236, 247, 260, 262-264

京都基督教青年会憲法　53
京都青年　15, 87, 178, 180, 182
極東選手権競技大会　8, 13, 104, 115, 117, 119, 130, 131, 135, 144, 163, 168, 183, 189, 194, 202, 204-206, 220, 221, 229, 230, 236, 266
基督教新聞　3, 14, 36
基督教青年会　3, 20, 21, 26-28, 82
神戸YMCA　7, 8, 15, 46, 47, 49, 50, 66, 67, 82, 84, 90, 94, 102, 110, 111, 125, 130, 131, 133, 134, 143, 144, 148, 155, 172, 174-177, 182, 188, 202-206, 219-230, 233, 235, 236, 260, 262, 263, 266
神戸市基督教青年会憲法　47, 68,
神戸青年　15, 226
国際YMCAトレーニングスクール　6, 9, 10, 12, 32, 110, 121, 126, 135, 136, 155, 159, 172
斎藤惣一　117，135
佐藤金一　6, 130, 133, 135, 229
実演会　13, 14, 147, 236, 239, 240, 244-247, 257, 265, 267, 268
室内プール　12, 115-118, 131, 144, 195-197, 199, 235, 237, 247, 263, 264, 266
四方面的人格　4
スウィフト，J. T.　38, 60, 61, 88-90, 259, 261
スプリングフィールド　9, 10, 12, 25, 32, 110, 121, 126, 131, 133, 135, 136, 159, 172
第4回日本YMCA同盟総会　8, 10, 11, 88, 95, 96, 99, 101, 104, 132, 133
体育活動　5, 9, 10, 12, 29, 31, 40, 46, 76, 108, 120, 125, 150, 161, 164, 166, 168, 171, 172, 183, 257, 264, 268
体育事業　3-16, 19, 29, 30, 32, 33, 55, 59, 66, 76, 81, 86-88, 92, 95, 96, 99, 101,

索　引　*281*

102, 106, 109, 113, 114, 117, 118, 121, 122, 124, 126, 127, 129-134, 136, 144, 147, 148, 150, 155, 159-163, 167, 168, 176, 181, 186, 187, 240, 246, 257, 258, 260, 262-268
体育実演会　4, 162, 236, 238-245, 265, 267, 268
体育指導者　8, 9, 11, 12, 31, 94, 96, 100, 131, 136-138, 141, 142, 148, 257, 259
体育指導者講習会　136-138
体育大会　154, 213, 236-238, 244-246, 265
体育部　11, 12, 15, 48, 49, 80, 82, 84, 94, 99, 104, 106-116, 119-130, 135, 136, 138-141, 147, 148, 150, 152, 155, 158-160, 164, 166, 169, 170, 172, 176, 177, 186, 190, 196, 202-214, 217, 218, 223, 229, 237, 239, 241, 242, 244-246
竹内伝一　121, 131, 136, 142, 144, 155
田村直臣　35, 37, 259
デンマーク（基本）体操　4, 13, 136, 140, 141, 143, 148, 150, 152, 153, 165, 167, 168, 176, 188, 237, 239, 245, 247, 267
東京 YMCA　3, 7, 9, 10-14, 31, 35-38, 40, 51, 60, 61, 62, 66, 75, 80, 89, 90, 93, 100, 101, 103, 106, 113-115, 117, 131-137, 140, 141, 143, 144, 148-152, 168, 187, 189-195, 197, 199-206, 220, 221, 229, 230, 235-239, 247, 259, 261-264, 266
東京基督教徒青年会規則　37
東京青年　15, 141, 150, 152
都市 YMCA　3-8, 11, 13-16, 59, 87, 90, 91, 94, 95, 99, 133, 139, 144, 236, 265, 267
ドッチ，W. E.　29, 100, 258
中村平三郎　49, 67-69, 262
奈良常五郎　15, 91
新島襄　39, 50
西川玉之助　49, 51, 71, 260
西村正次　136-138
日本 YMCA 同盟　14, 16, 87, 88, 92, 93, 95, 96, 100, 133, 134, 136, 138
日本学生 YMCA 同盟　16, 87, 88-92, 95, 96
日本基督教青年会同盟　8, 11, 41, 54, 59, 64, 92, 262
日本基督教青年会同盟憲法　92
日本都市 YMCA 同盟　90, 91
ニューヨーク YMCA　28-31, 62, 100, 258
ヌーンクラブ　124, 125, 162, 263, 264, 266
ネイスミス，J.　33, 259
野口源三郎　137
パリ標準　28
万国基督教市青年会同盟　27, 28
ビジネスメンクラス　4, 124, 125, 148, 149, 152, 159, 163-166, 169, 188, 218, 242, 244, 263, 266
平沼亮三　123, 140, 245
廣田兼敏　15, 131, 136, 137, 144, 217, 219, 264
フィッシャー，G. M.　71, 133, 134
フェルプス，S. J.　54, 72, 74, 185, 260
ブラウン，E. S.　229
ブラウン，F. H.　6, 95, 110, 115-117, 119, 123, 126, 127, 129, 131, 133-138, 156, 163, 189, 196, 229, 235, 236, 247, 263, 264
ボーリングアレー　12, 74, 102, 111, 113, 130, 131, 144, 177, 178, 183, 186-188, 233, 234, 247, 263, 264
北米 YMCA　4, 7, 9, 19, 29, 38, 72, 76, 91, 95, 100, 101, 134, 149, 185, 258, 264, 268
北米 YMCA 同盟　4, 25, 26, 27, 38, 59, 60-62, 65, 78, 90, 101, 108, 131, 133, 258-261, 263
ボストン YMCA　22-25, 31, 32, 258
本多庸一　61, 92, 261
本間重慶　3, 77
増田健三　104, 119
マックバーニー，R. R.　29
松葉徳三郎　121, 155
宮田守衛　6, 99, 126, 131, 133, 144
村松吉太郎　49, 67-71, 125, 260, 262
明治神宮体育大会　192, 195, 207, 208,

210, 216, 230
モーガン，W. 33, 259
モット，J. R. 53, 54, 66, 72-74, 80, 89, 94, 97, 133
柳田 亨 99, 118, 131, 135, 136, 140, 141, 144, 150, 168, 264
山本邦之助 62, 76, 100, 101, 116, 117, 137
ヤングメンクラス 165, 166, 169
湯浅治郎 14
湯浅八郎 185
洋式運動部 121, 128-130, 177
横浜YMCA 7, 8, 13, 15, 40, 41, 45, 46, 64-66, 81, 82, 90, 91, 94, 102, 108, 115, 122, 131, 135, 136, 139, 140, 141, 144, 161-164, 166-171, 188, 189, 194, 201, 202, 204, 215-219, 221, 230, 235, 236, 239-245, 247, 259, 261-264, 266

横浜基督教青年会会則 42
横浜基督教青年会会報 15, 45, 56, 64
横浜青年 15, 122, 137, 167
吉田信好 35
四方面事業 11, 16, 29, 30, 32, 65, 108, 258
ライアン，W. S. 15, 115, 121, 131, 135-137, 142, 148, 155, 156, 159, 173, 189, 238, 240, 264

六合雑誌 14, 36, 37
利用時間割 13, 147, 148, 152, 155, 161, 164, 165, 167, 168, 170, 172, 173, 187, 218, 246, 264

ロンドンYMCA 19, 20-22, 24, 258
ワシントンYMCA 25, 30, 66, 262
ワナメーカー，J. 8, 72-74, 94

著者略歴

服部　宏治（はっとり　こうじ）

【学歴】
1986年　広島大学大学院　学校教育研究科　修士課程修了（教育学修士）
2010年　広島大学大学院　総合科学研究科　博士課程修了　博士（学術）

【職歴】
1987年　広島大学附属小学校　教官
1998年　広島国際大学　保健医療学部　講師
2007年　広島国際大学　保健医療学部　准教授　現在に至る

【主な著書】
・総合型地域スポーツクラブ設立・育成ガイドブック―つくろうみんなの総合型地域スポーツクラブ―（共著　広島県体育協会　2002）
・スポーツ社会学―歴史から学ぶスポーツの未来―（共著　共栄出版　2007）
・体育・スポーツ史の世界―大地と人と歴史との対話―（共著　溪水社　2012）
など

日本の都市YMCAにおけるスポーツの普及と展開
―大正期から昭和期（戦前）を中心としたYMCAの「体育事業」―

平成27年8月20日　発行

著　者　服部　宏治
発行所　株式会社　溪水社
　　　　広島市中区小町1-4（〒730-0041）
　　　　電話 082-246-7909／FAX082-246-7876
　　　　e-mail: info@keisui.co.jp
　　　　URL:www.keisui.co.jp

ISBN978-4-86327-302-3　C3075
© 2015 Printed in Japan